新时代金融教学和课程建设研究

主　编　张　云
副主编　程丽萍

中国财经出版传媒集团
中国财政经济出版社

图书在版编目（CIP）数据

新时代金融教学和课程建设研究／张云主编．-- 北京：中国财政经济出版社，2020. 9

ISBN 978 -7 -5095 -9782 -8

Ⅰ. ①新… Ⅱ. ①张… Ⅲ. ①金融学－课程建设－研究－高等学校 Ⅳ. ①F830

中国版本图书馆 CIP 数据核字（2020）第 073564 号

责任编辑：王佳欣　　　　责任校对：李　丽

封面设计：育林华夏

中国财政经济出版社 出版

URL：http：//www. cfeph. cn

E - mail：cfeph @ cfemg. cn

社址：北京市海淀区阜成路甲 28 号　邮政编码：100142

营销中心电话：010 - 88191537

北京密兴印刷有限公司印刷　各地新华书店经销

787 ×1092 毫米　16 开　17. 5 印张　339 000 字

2020 年 9 月第 1 版　2020 年 9 月北京第 1 次印刷

定价：78. 00 元

ISBN 978 -7 -5095 -9782 -8

（图书出现印装问题，本社负责调换）

本社质量投诉电话：010 - 88190744

打击盗版举报热线：010 - 88191661　QQ：2242791300

前　　言

在经济社会发展中，教育具有基础性、全局性和战略性作用。中国先后提出并实施了科教兴国战略、人才强国战略和创新驱动发展战略，把教育放在优先发展的战略位置上，全面深化教育改革，大力推进教育事业发展。教育本质上是培养人的事业，是面向未来的事业。中国高等教育正处于战略转型期和改革攻坚期，应不断深化教育教学改革创新，进一步将发展方式从注重规模发展向注重质量提升转变，将培养模式从以侧重知识学习为主向注重创新能力培养转变。

上海立信会计金融学院是一所会计、金融特色鲜明的公办全日制普通高等学校，被业界誉为中国现代会计教育的发祥地之一和未来金融家摇篮。在90多年的办学历史中，学校始终重视教育教学的研究与改革，坚持立德树人根本任务，培养具有“诚信品质、实践能力、创新意识、国际视野”的高素质应用型人才，努力使每一位学生经过大学阶段学习以后，能够成为专业精英与社会栋梁。学校坚持社会主义办学方向，扎根中国大地办大学，全面深化教育综合改革，实施质量立校、人才强校和开放办学战略，并围绕这几个方面进行了一系列深入研究，积极发挥优势学科和基础研究的溢出效应，坚持走特色发展、创新发展之路，积极为国家和地方建设发展作出贡献。

金融学院建院以来，努力对接上海五个中心、四大品牌和三大任务建设需求，发挥专业传统优势，适应金融新业态、新模式发展要求，以产教融合、学研并重为特色，致力于培养具有诚信品质、实践能力、创新意识、国际视野的高水平应用型金融人才。学院从社会经济需要和学科专业建设出发，教学和科研融合发展，积极承担各类教育科学规划或教改研究课题，注重开展校企及国际合作项目，不断提高科学研究和人才培养的水平；同时，为学生搭建学术科研创新平台，开展多类型学生科创活动，努力培养和提升学生对科创活动的兴趣，鼓励学生参与老师教学科研项目。在不断的改革和发展过程中，学院的教师及教学管理工作者积累了丰富的教学经验及教学改革的创新思想，这些教育教学探索创新成果积极推动了教育和人才培养质量的提升。

本书收录了上海立信会计金融学院金融学院近期以来在教育研究和教学改革方面师生合作研究的部分优秀成果，涵盖了本科教育阶段相关领域教育教学上的重点或热点问题。有的是对高等教育培养目标、培养模式等重大理论问题的深入精辟分析；有的是对本科生课程设置、教学目标、教学方法、教学手段、教学内容等具体方面的详细研究；有的是对教学质量控制、教学评估问题的理性思考；有的是对各类重点和精品课程建设经验的科学总结；有的则是结合中国经济社会发展，探索一系列高校人才培养模式与教学创新改革的真知灼见，以期进一步提高本科教育教学质量。

愿本书的出版，能对我校以及其他兄弟高校金融学院教育教学水平和人才培养质量的持续提高发挥助力作用，为中国高等教育发展作出更大贡献。由于时间有限和探索之意，疏漏之处在所难免，希望各位专家学者和阅读者能给我们提出宝贵的意见和建议，以便我们在今后工作中改进。

编者

2020 年 8 月

目　录

1　MATLAB 软件在"固定收益证券"课程教学中的应用研究

陈修兰　王中宇　刁元*

摘要： 金融类专业的核心课程"固定收益证券"在实际学习中需要大量的计算，为激发学生的学习兴趣，提升课堂教学效率，培养学生的实践能力，需要引入各类软件的使用。将该课程基于其理论知识划分成不同的知识模块，设计相应的教学案例，然后使用 MATLAB 软件进行实验教学是切实可行、效果显著的教学模式。基于"公式推导以理顺思路、实验操作以展示结果"的设计理念将 MATLAB 软件融入"固定收益证券"的课程教学中是本课程具体的教学实践做法。本文分析了教学过程中对主要知识点进行的案例设计及软件融入过程，期望能够为该类课程的实践教学思路提供有益的借鉴。

关键词： MATLAB 软件；软件应用；固定收益证券；课程设计

一、MATLAB 软件应用于固定收益证券教学的必要性

"固定收益证券"课程是经济、金融、投资等专业的核心课程，是一门理论与实用相结合的课程，其知识体系中涉及诸多的计算问题，各种复杂情况下债券价格及收益率的计算、债券价格与收益率的复杂关系、债券价格波动性的衡量指标、收益率曲线的绘制及分析、积极和消极的债券投资组合管理策略等知识模块都需要理论分析与实验操作的结合才能够更好地掌握和学习。因此，将 MATLAB 软件引入到"固定收益证券"课程中，基于"公式推导以理顺思路、实验操作以展示结果"的设计理念来优化设计该课程的教学流程，是非常有必要且有益的。

将 MATLAB 软件融入"固定收益证券"课程教学中，一是可以通过软件的快速计算功能，更加高效地完成理论模块的教学，二是使软件应用成为经济金融类专业学生的必备技能，为学生毕业后从事固定收益证券方面的分析工作提供基础工具及技能储备。通过重新规划知识模块，设计每个知识模块的典型案例，教授学生学习 MATLAB 函数并自主编制计算程序来完成案例实验，可以让学生自己发现知识，加深对固定收益证券

---

* 陈修兰，上海立信会计金融学院金融学院教师，博士，研究方向：国际金融、经济统计。王中宇，上海立信会计金融学院金融学院 2018 级 11 班学生。刁元，上海立信会计金融学院金融学院 2018 级 11 班学生。

的价格、收益等方面的理解，将学生从理解枯燥乏味的理论和公式中引导至应用软件快速计算得出结果的流程中，让学生体验发掘知识的整个过程，这种更加有趣、更加自主的方式更利于激发学生的学习兴趣，更利于形成学生自主式学习、探究式学习的态势。

二、MATLAB 软件应用于“固定收益证券”课程教学的设计思路

最近几年，将 MATLAB、Mathematica 等软件应用于实验实践类课程教学逐渐增多。闫红梅等（2018）、邓梓龙等（2020）在各自的实验教学中引入了 MATLAB 软件的应用；刘熙娟和刘云（2020）、王绍恒和王艺静（2013）在其实验教学中引入 Mathematica 软件的应用；马永刚和刘俊梅（2020）、司海平和习磊（2020）也在探索案例教学模式时注重强调了软件应用的重要性。本研究基于已有的教学实践研究成果来优化设计“固定收益证券”课程的教学流程。

“固定收益证券”课程的教学流程是基于学生的认知逻辑来设计的，力图让学生通过案例分析了解概念及基础知识、通过公式推导来理顺思路、通过实验软件操作来直观展现结果，最后三者互相呼应，从而更好地学习各个知识模块，全面体会整个学习流程，促进学生自主探索知识、自主积累知识这一能力的形成。本课程知识模块学习的整体设计思路如图 1.1 所示。

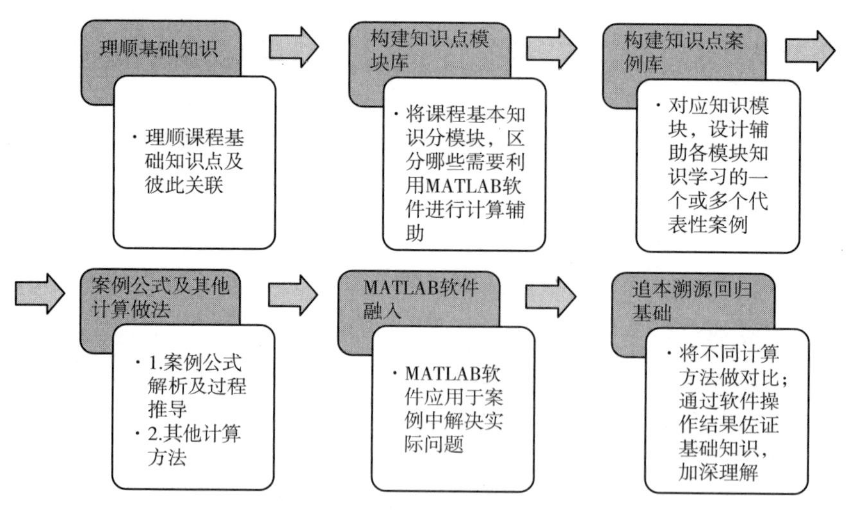

图 1.1　MATLAB 软件应用于“固定收益证券”课程教学的设计思路图

“固定收益证券”课程的教学与计算相关的知识模块主要有：现值和终值的计算、零息债券及附息债券的定价和收益率计算、各种不同类型现金流的计算、债券久期和凸性的计算、利率期限结构曲线的绘制等，这些知识模块的计算都通过对应的 MATLAB 函数来实现（见表 1.1）。若不使用 MATLAB 函数，很多知识模块的计算过程极其烦琐，在有限的课时内难以有效完成教学任务。因此将 MATLAB 软件融入固定收益证券的计算中是非常有必要的。

表 1.1 “固定收益证券”课程需计算的主要知识模块与 MATLAB 函数的对应

课程主要知识模块	MATLAB 函数
计算固定现金流的终值	FutureVal = fvfix(Rate, NumPeriods, Payment, PresentVal, Due)
计算变动现金流的终值	FutureVal = fvvar(CashFlow, Rate, IrrCFDates)
计算固定现金流的现值	PresentVal = pvfix(Rate, NumPeriods, Payment, ExtraPayment, Due)
计算变动现金流的现值	PresentVal = pvvar(CashFlow, Rate, IrrCFDates)
计算周期现金流的内部回报率/内部收益率	Return = irr(CashFlow)
计算非周期现金流的内部回报率/内部收益率	Return = xirr(CashFlow, IrrCFDates)
美国短期零息债券定价	Price = tbillprice(Rate, Settle, Maturity, Type)
计算美国短期零息债券收益率	[MMYield, BEYield, Discount] = tbillyield(Price, Settle, Maturity)
为附息债券定价	[Price, AccruedInt] = bndprice(Yield, CouponRate, Settle, Maturity)
计算债券久期和修正久期	[Duration, ModDuration] = cfdur(CashFlow, Yield)
计算债券的凸性/凸度	CFlowConvexity = cfconv(CashFlow, Yield)
计算利率的期限结构	应用 MATLAB 提供的 zbtyield 和 zbtprice 函数，根据市场数据计算利率期限结构
绘制利率的期限结构曲线	应用特定函数进行价格与到期收益率、收益率与零息票利率的转化，使用 plot 函数绘制利率期限结构曲线。具体案例具体分析

三、MATLAB 软件应用于固定收益证券教学的具体应用案例

[案例 1.1][①] 某 10 年期债券，在 10 年期间，连续 9 年支付债券购买者利息 2750 元，第 10 年还本付息 102750 元，贴现率为 0.0275，计算债券的久期和修正久期。

本案例引入 MATLAB 软件的分析思路如下：

（一）分析案例以了解概念及基础知识

本案例属于债券久期与修正久期计算的知识模块，目的是分析债券的投资者最为关心的问题：债券购买者多长时间能够收到债券承诺的全部现金流，即收回债券本息现金流的有效到期时间是多久。

（二）通过公式推导来理顺思路

普通债券的久期（麦考利久期）及修正久期的公式如下式，但从其公式来源推导更能理解其含义。因此，在实际的课程教学中要注重公式的推导，便于引导学生理顺该知识点的思路。

---

① 元如林等. 金融数据分析技术 [M]. 清华大学出版社，2016.

久期公式：$D = \sum_{t=1}^{T} t \times \frac{\frac{CF_t}{(1+y)^t}}{\sum_{t=1}^{T} \frac{CF_t}{(1+y)^t}} = \sum_{t=1}^{T} t \times w_t$

修正久期公式：$D^* = \frac{1}{1+y}\sum_{t=1}^{T} t \times \frac{\frac{CF_t}{(1+y)^t}}{\sum_{t=1}^{T} \frac{CF_t}{(1+y)^t}} = \frac{1}{1+y}\sum_{t=1}^{T} t \times w_t$

久期 D 的初始含义是债券价格变化受收益率变化影响的敏感程度。

与经济学中弹性概念及公式类似。因此其最初公式如下：

$$D = -\frac{\Delta P/P}{\Delta(1+y)/(1+y)} = -\frac{\Delta P/P}{\Delta y/(1+y)} = -\frac{dP/P}{dy/(1+y)} = -\frac{dP}{dy} \times \frac{1+y}{p}$$

久期 D 的第二个含义是收回债券本息的有效到期时间。

其含义来源于如下推导过程：

因为债券理论价格 $P = \sum_{t=1}^{T} \frac{CF_t}{(1+y)^t}$，求导后：

$$\frac{dP}{dy} \cdot \frac{1}{P} = -\frac{1}{1+y}\left[\sum_{t=1}^{T} \frac{t \cdot CF_t}{(1+y)^t} \cdot \frac{1}{P}\right] = \frac{1}{1+y}\left[\sum_{t=1}^{T} t \times \frac{\frac{CF_t}{(1+y)^t}}{\sum_{t=1}^{T} \frac{CF_t}{(1+y)^t}}\right]$$

所以 $D = -\frac{dP}{dy} \times \frac{1+y}{p} = \sum_{t=1}^{T} t \times \frac{\frac{CF_t}{(1+y)^t}}{\sum_{t=1}^{T} \frac{CF_t}{(1+y)^t}} = \sum_{t=1}^{T} t \times w_t$

其中，$w_t = \frac{\frac{CF_t}{(1+y)^t}}{\sum_{t=1}^{T} \frac{CF_t}{(1+y)^t}}$ 是有效到期时间的权重。

因为修正久期与久期关系式为：$D^* = \frac{1}{1+y}D$

因此修正久期：$D^* = \frac{1}{1+y}\sum_{t=1}^{T} t \times \frac{\frac{CF_t}{(1+y)^t}}{\sum_{t=1}^{T} \frac{CF_t}{(1+y)^t}} = \frac{1}{1+y}\sum_{t=1}^{T} t \times w_t$

上述推导过程中 CF_t 是每期的现金流，y 为收益率，p 为债券价格，w_t 是计算债券有效到期时间的权重。通过这个推导过程可以让学生理解久期的两个含义：债券价格变化受收益率变化影响的敏感性（利率敏感性的测量工具）和债券本息全部收回的有效到期时间（与债券期限相区别）。这种寻求公式来源含义的做法比单纯使用最终公式来计算更有利于学生的深入学习和理解，通过这种追本溯源式的教学方法，可以让学生知道公式的起源，从而能够更深刻地了解其含义，为其后续更好地应用软件来计算和分析结果提供驱动力。这种做法比仅仅讲授软件操作会有更好的教学效果，而且，在推导后再教授软件，会让学生更深入地进行各个知识模块的学习。

（三）通过实验软件操作来直观展现结果

用 Excel 计算久期与修正久期的方法如表 1.2 所示。

表 1.2　久期与修正久期的 Excel 做法

t	CF_t	$CF_t/(1+y)$^t	$CF_t/(1+y)$^t/ sum($CF_t/(1+y)$^t)	t * $CF_t/(1+y)$^t/ sum($CF_t/(1+y)$^t)
1	2750	2676. 399027	0. 02676399	0. 02676399
2	2750	2604. 767909	0. 026047679	0. 052095358
3	2750	2535. 053926	0. 025350539	0. 076051618
4	2750	2467. 205768	0. 024672058	0. 098688231
5	2750	2401. 173497	0. 024011735	0. 120058675
6	2750	2336. 908512	0. 023369085	0. 140214511
7	2750	2274. 363516	0. 022743635	0. 159205446
8	2750	2213. 492473	0. 022134925	0. 177079398
9	2750	2154. 250582	0. 021542506	0. 193882552
10	102750	78336. 38479	0. 783363848	7. 833638479
		100000（债券价格）		8. 877678258（久期） 8. 640076163（修正久期）

用 MATLB 软件求解该问题的代码如下：

```
CashFlow = [2750,2750, 2750, 2750, 2750, 2750, 2750, 2750, 2750, 102750];
Yield =0. 0275;
[Duration,ModDuration]  = cfdur(CashFlow, Yield)
代码运行后结果如下：
Duration =8. 8777
ModDuration =8. 6401
```

即该金融产品的久期为 8. 8777，修正久期为 8. 6401。

从本案例的上述两种计算久期和修正久期的方法可以看出，Excel 计算过程虽然比手工计算更为迅速，但过程还是比较烦琐的，而使用 MATLAB 软件的 cfdur（CashFlow, Yield）函数可以很快计算出本案例，且后续相同问题可以直接带入相同的代码中完成，速度更快，过程更为简单。

［案例1.2］[①] 设有一项投资，2013年1月10日投入10000元，2014年2月15日收回2600元，2014年4月10日收回2200元，2014年6月5日收回2800元，2014年12月12日收回4500元。求该现金流的内部收益率。

（一）案例分析

该案例是计算非周期现金流的内部收益率，因为现金流时间不固定，虽然仍然可以使用内部收益率的计算公式及原始的计算方法，但过程非常复杂，对于这类问题直接使用MATLAB代码即可快速获取结果。

（二）实验操作

用MATLAB软件求解该问题的代码如下：

```
CashFlow = [ -10000,2600,2200,2800,4500];
IrrCFDates = ['01/10/2013';'02/15/2014';'04/10/2014';'06/05/2014';'12/12/2014'];
Return = xirr( CashFlow, IrrCFDates)
代码运行后结果如下：
内部收益率为：
Return =0. 1361 =13. 61%
```

从上述两个案例的具体教学过程中可以看出，分析案例后公式的推导为后续的软件计算结果提供了理论基础，软件为公式的推导提供了快速且无差错的计算。这种教学设计可以使学习过程中的各个流程互相呼应，使理论、公式与工具紧密结合，达到深入学习的效果。教师在实际教学中可以使用MATLAB软件更好地拓展案例，通过改变案例中各个数据生成新的题目，让学生自主操作练习，这样既能加强熟练使用软件的能力，也拓展了课堂教学内容。

四、小结

通过“固定收益证券”课程中知识模块和案例设计流程可以看出，这门课程引入MATLAB软件是非常有益于课程教学的。为了更好地将软件融入这门课程中，对课程的教学设计要进行优化，这样才能在合适的知识模块插入软件应用的部分。在实际的教学过程中，我们对与软件应用相匹配的知识模块进行了归纳，并重新优化设计了案例教学流程，既注重引导学生理顺学习思路，又注重实际结果的获取和展示，这种做法能够最大限度地实现让学生“知其然且知其所以然”“学以致用”的教学目标。

随着技术的进步，软件的更新换代不断加快，我们的教学工具也更加多样化，部分

① 元如林等．金融数据分析技术［M］．清华大学出版社，2016.

学生因为对理论内容理解困难、对公式推导感到厌烦、对所学知识的实际运用不了解等而出现的学习困难情况可以通过引入软件工具而得到改善。“固定收益证券”这门课程中引入 MATLAB 软件的做法，希望能够为该类课程在教学中注重实践教学、引导学生学习兴趣提供一定的借鉴作用。

参考文献：

［1］刘熙娟，刘云．Mathematica 软件在高等数学教学中的应用研究［J］．教育教学论坛，2020（5）：254～256.

［2］王绍恒，王艺静．Mathematica 软件在大学数学课程教学中的应用［J］．教育理论与实践，2013（21）：39～40.

［3］马永刚，刘俊梅．案例教学模式在《数理统计学》教学中的实践［J］．教育教学论坛，2020（7）：304～305.

［4］司海平，习磊．大数据技术下软件工程教学模式探索［J］．教育教学论坛，2020（8）：252～253.

［5］邓梓龙，徐泽，张程宾．基于 MATLAB/GUI 的工程流体力学可视化教学与上机实验［J］．实验技术与管理，2020（2）：136～143.

［6］闫红梅，张鸣，李远征等．基于 Matlab 的系统稳定性分析实验设计［J］．实验技术与管理，2018（4）：144～146，150.

［7］元如林等．金融数据分析技术［M］．清华大学出版社，2016.

［8］Frank. J. Fabozzi. 固定收益证券分析（原书第 2 版）［M］．机械工业出版社，2015.

［9］李磊宁，周欣．固定收益证券的估值定价与计算［M］．北京师范大学出版社，2011.

［10］类承曜．固定收益证券［M］．中国人民大学出版社，2018.

2　基于超星学习通平台的“行为金融学”课程思政教学设计思考

黄雨晗　贺刚　冯格非　黄桢*

摘要：以“行为金融学”课程教学为例，结合超星学习通平台，基于课程思政角度，从线上和线下角度对教学目标、教学方法、教学内容、考核方式进行设计，将思政元素有机融入专业课程教学的全环节，实现德育内容与专业内容的相互促进，构筑育人大格局。

关键词：超星学习通；行为金融学；课程思政；教学设计

引　言

2014 年起，上海课程改革经历的第三阶段，将德育纳入教育综合改革重要项目，逐步形成“课程思政”理念，探索从思政课程到课程思政的转变。2016 年，习近平总书记在全国高校思想政治工作会议上也强调：“要用好课堂教学这个主渠道”以及“其他各门课都要守好一段渠、种好责任田，使各类课程与思想政治理论课同向同行，形成协同效应。”

在互联网技术飞速发展的今天，手机等电子产品纷纷应用于大学课堂教学。学习通、雨课堂、雷课堂、蓝墨云平台等网上学习平台将线上线下教学模式完美融合，取得了一定的教学效果。在互联网学习平台纷纷面世的背景下，借助互联网学习平台对高校专业课程进行课程思政教学设计具有重要意义。由于金融市场存在的规章制度约束着行为人的行为方式，在“行为金融学”这门课程中，教师的育德意识和育德能力直接关系课程思政的质量和效果。当教师将思政元素融入专业课程中时，能够正面引导学生价值观、职业观的塑造，使学生自觉加强个人思想道德修养、提高个人政治觉悟、增强社会责任心，进而激发学生为国家学习、为民族学习的动力。

* 黄雨晗，上海立信会计金融学院金融学院 2018 级金融学（国际化方向）2 班。贺刚，上海立信会计金融学院金融学院讲师，博士，研究方向为行为金融、国际金融。冯格非，上海立信会计金融学院金融学院 2017 级国际化（合规与反洗钱方向）班。黄桢，上海立信会计金融学院金融学院 2019 级金融工程 1 班。

一、基于超星学习通平台的“行为金融学”课程思政教学设计的思路

（一）“行为金融学”课程学生的学习情况介绍

信息化时代的今天，在校大学生的手机拥有率接近100%，对电子产品的使用极为熟悉。但据了解，当代大学生使用电子产品多是基于娱乐用途，主要用于网络社交、网络游戏以及电影、电视剧的网上观看。只有少部分大学生会将大部分上网时间用在学习上。此外，“行为金融学”对初学的大学生来讲是全新的课程，是从未接触过的领域，学生的知识储备比较薄弱，学习经验不足，理解和应用新知识的过程较为困难。在这种背景下，发挥电子产品的学习效用就极为迫切。任课老师通过超星学习通APP平台引导学生充分利用电子产品来学习的便利，结合线下学习和线上学习的优势，贯穿大思政格局于整个过程，调动学生的积极性，引导学生积极主动接受思政教育。

（二）“行为金融学”课程思政教学设计思路

围绕“协同育人”的核心理念，为了真正实现育人的“协同效应”，“行为金融学”课程应具有育人功能，积极融入大思政的育人格局，体现出时代性。在了解了课程思政发展历程，对学生学习情况进行分析的基础上，我们对“行为金融学”课程的教学目标、教学方法、教学内容以及考核方式进行了设计（见图2.1），以期达到“春风化雨，润物无声”的效果，力争在日常点滴中，为祖国培养出品德高尚、专业过硬、体魄强健、审美高雅、热爱劳动的社会主义新时代接班人。

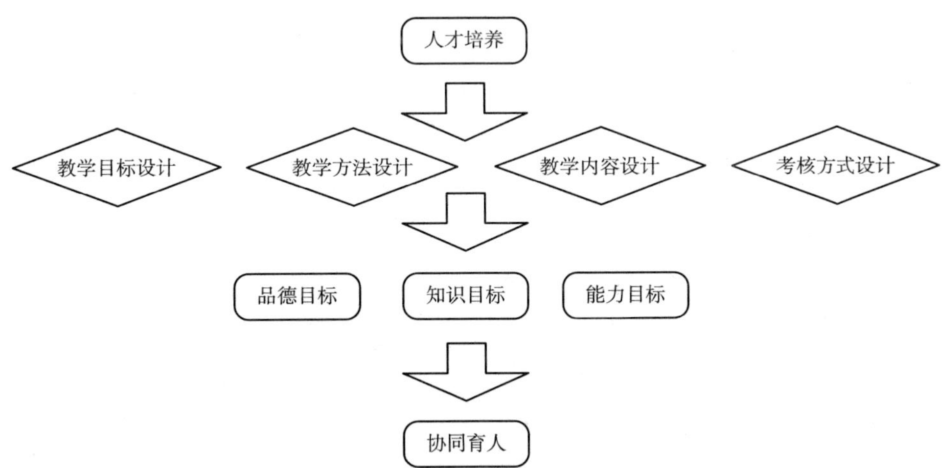

图2.1　“行为金融学”课程思政设计思路

二、“行为金融学”课程思政教学设计（见图 2.2）

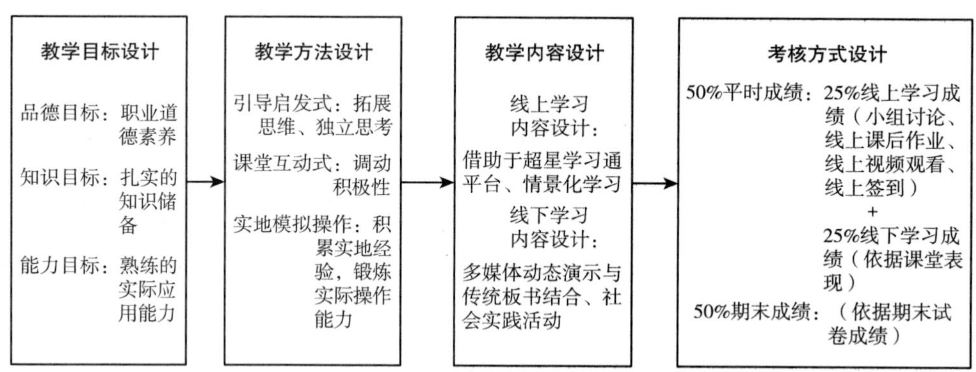

图 2.2 “行为金融学”课程思政教学设计流程

（一）教学目标设计

基于金融专业的人才培养目标，围绕大思政格局的“协同育人”理念，为了推动专业课程与课程思政协同前行、相得益彰，构筑育人大格局，我们将“行为金融学”课程的教学目标分为品德、知识、能力 3 个目标（见图 2.3）。

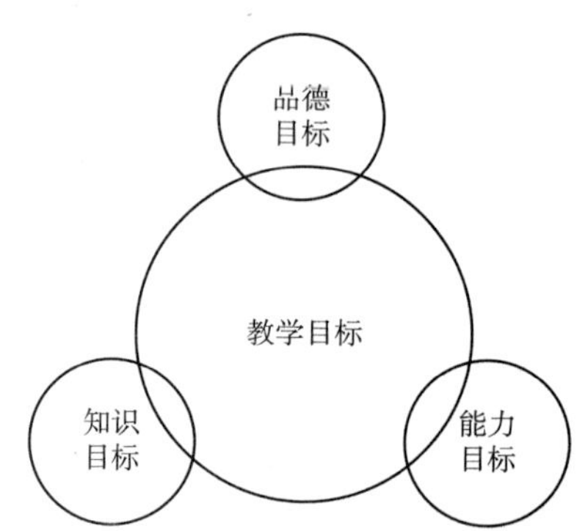

图 2.3 “行为金融学”课程教学目标

1. 品德目标

从事金融业的工作，不论是金融实务工作还是金融科研工作，首先都应培养学生的团队合作精神、诚实守信品质和职业道德素养，教导学生应做到严格遵守规章制度、爱岗敬业和明辨是非，内化学生爱党爱国的情感。

2. 知识目标

学生学习“行为金融学”这门课程，要掌握扎实的理论知识，必要时还要辅修其他相关的知识，要增加相关课外书的阅读量，不断丰富自己的知识储备。

3. 能力目标

能够熟练运用行为金融学的基础理论，可以从行为金融学的角度分析金融市场和进行金融理财，具备自我学习、自我管理、自我总结的能力，熟练掌握基本的数据分析软件和计算机应用软件。学生通过学习“行为金融学”课程，需要做到能通过股市实际操作将所学知识应用于实践，积累投资经验。

（二）教学方法设计

根据“行为金融学”这门课程自身存在的基础理论知识晦涩难懂以及知识实际被应用的难度大的特点，从课程思政角度出发，我们着力培养学生的知识理解能力、实践运用能力以及职业素养，将课程的教学方法分为：引导启发式教学、课堂互动式教学、实地模拟操作教学。

1. 引导启发式教学

习近平总书记在学校思想政治理论课教师座谈会上指出，“要加大对学生认知规律和接受特点的研究，要坚持灌输性和启发性相统一”。引导启发式教学主要是为了激发学生自身的潜力和创造力，通过前期老师对学生思维的训练，逐步使学生形成个人独立的思维方式，引导学生进行独立思考及深入探索，鼓励学生积极拓展思维，提出个人见解。

2. 课堂互动式教学

课堂互动式教学主要是针对学生兴趣有针对性地开展课堂教学，可以采用的方式有：教授理论知识与引用案例相结合，让学生分组讨论、分析案例；学生扫描二维码加入老师创建的班级，线上即时回答课堂问题，进行问题抢答或者发表言论及看法；课堂上进行有奖（平时成绩加分政策）竞答等活动形式，调动学生的积极性；课堂上的知识交流及分享环节等。

3. 实地模拟操作教学

“行为金融学”是理论、实践与技术密切结合的一门课程，其实用性非常强。如今，不少财经类高校及某些综合类高校都开设了虚拟股市比赛以锻炼大学生的实际操作能力，让大学生积累投资经验。在这种意义上看，“行为金融学”的课程已经深入到金融市场。所以，专业教师带领学生进行实地模拟操作十分有必要，主要的参与形式有模拟炒股、实际分析股市大盘走势图等。

（三）教学内容设计

1. 线上学习内容设计

“行为金融学”课程的线上学习借助于超星学习通平台，在该平台上，依据课程思政的教学设计，教师按课本上的理论内容分为不同专题的板块进行线上教授，即将每种行为金融学的基础理论作为一个板块主题进而介绍课本上的相关内容以及必要的课外拓展内容。课程界面主要包括教学课件、教学视频、师生互动讨论区、课程进度、课程日历、课程相关教材以及线上课程作业等。值得注意的是，课件包含所有的视频是课堂上重难点问题的再述，应融合情景、问题、图片，将思政元素融入情景之中，使学习过程情境化，使重点突破、难点化解顺应过程、容易接受，能够帮助学生复习、总结以及及时整理笔记，每单元视频时长约 1.5 小时。线上课程作业包括选择题、解答题、案例分析题以及实践题；师生互动讨论区由教师和助教负责为学生答疑解惑；课程进度实时同步学生的任务学习情况和作业完成情况。超星学习通平台为教师安排课程教学任务提供了极大便利，也使学生对课程的学习产生了积极影响。

2. 线下学习内容设计

在传统板书的基础上，应用多媒体动态演示与传统板书相结合，传统板书总结的是知识点的讲授，多媒体演示的是课程相关案例介绍、课堂思考讨论题以及用作分析的股市大盘走势图等。为了将思政元素融入专业课中，教师可以用多媒体演示体现中国开拓进取、求真务实精神及价值观的案例并对案例进行分析讨论，使教学内容变得更为直观和生动，充分激发学生的学习动力，培养学生高度的社会责任感。每次授课之前，教师可以用 3 ~7 分钟与学生讨论与所讲专业课程专题紧密结合的时政热点，营造出浓厚的课程思政氛围。

另外，线下学习过程中要鼓励学生积极进行社会实践活动，制作微视频、PPT 等，以培养学生的团队协作、发现与质疑以及积极探索的精神，与此同时训练学生客观严谨、细致的科学观。在课堂上给予学生充足的时间进行成果展示，可以通过 PPT 进行展示，也可以通过演出的形式展示。

课堂作业方面，主要是课程论文的撰写及展示、课堂知识点小测验以及课程思考题答案要点等。

（四）考核方式设计

“行为金融学”课程采用“50% 平时成绩 +50% 期末成绩”的考核方式，注重过程性考核，以求将思政元素融入学生的考核方式中，并锻炼学生的学习理解能力和实践能力。

50% 的平时成绩中线上学习成绩占 25%，线下学习成绩占 25%。线上学习成绩考核借助超星学习通平台，分为 4 个板块：小组讨论、线上课后作业、线上视频观看、线上签到。线下学习成绩考核主要依据学生的课堂表现，考察标准参照课堂活跃度，课堂作业完成情况、课堂考勤、课堂小测验、课堂实践成果展示等。平时成绩考查学生独立思考、分析及解决问题的能力，同时可以反映学生的学习态度及学习情况。将平时成绩算入期末总评可以有效地活跃课堂气氛，调动学生思考和回答问题的积极性，培养学生积极的人生态度和竞争意识。

50% 的期末成绩主要考察学生的基础知识及理论的掌握程度、随机应变能力以及掌握知识的灵活度和应用能力，有限的期末考试时间还可以考察学生的心理素质。期末考试的题型建议采用选择题、案例分析题及开放式问题，稳固基础的同时鼓励学生发散思维，表达自己的见解。

三、总结

“行为金融学”课程更注重人的实际心理和经济行为，学生需要更多的实践活动进行深入体会与理解，因此，加大“行为金融学”课程思政教学设计实践环节考察比例是很有必要的。在教师实际教授课程的过程中，要时刻牢记课程思政的育人大格局，要把握道德教育的良好时机，及时将思政元素有机融入专业课程的全环节，避免思政元素与专业课程的机械组合。培养出一个优秀的社会主义建设接班人并非一朝一夕的事情，专业课老师能做的就是言传身教，用自身的道德品质感染学生，正面引导学生，努力培养学生的专业能力以及政治素养。

参考文献：

［1］李金花．基于蓝墨云班课的移动混合式教学模式探究［J］．中国管理信化，2018（10）：223～225．

［2］臧泽华．基于蓝墨云平台的“财务管理”课程思政教学设计思考［J］．吉林化工学院学报，2019（10）．

［3］梁思源．基于“混合式教学”的课程思政教学改革探索——以社区管理课程为例［J］．河南教育学院学报（哲学社会科学版），2019（6）．

［4］陈金平．基于超星学习通的思政课混合式教学模式改革初探［J］．黑龙江工业学院学报，2019（11）．

［5］雷丽华．基于 MOOC 的混合式教学设计与实践［J］．大学教育，2018（7）．

［6］赵延燕．基于微课和慕课的大学英语混合式教学模式研究［J］．教育理论与实践，2018（36）：59～60．

［7］郑迎飞．高校课程思政教学改革的思考——以“投资学”课程为例［J］．高教学刊，2019（4）．

［8］高锡文．基于协同育人的高校课程思政工作模式研究——以上海高校改革实践为例［J］．学校党建与思想教育，2017（24）：16～18．

3　以复合能力为目标的团队化教学在应用性全英语课程建设中的作用与实施

梁炜　费凡　沈思源*

摘要： 当今社会，依然处在全球化发展的大环境之中。根据我国的经济金融建设发展战略，未来仍然坚持并深化改革开放，一系列新政策、新规定和新措施出台，将加快推进我国的金融开放，人民币国际化以及“一带一路”建设与合作。有鉴于此，国家需要更多朝气蓬勃务实能干的金融人才投身到建设洪流中去。我校针对金融学大类专业学生的培养目标是“复合型、应用型、创新型、国际化”人才。为了切实达成培养目标，多年来，我们在教学实践中不断摸索、探求、学习、总结，积累了一定的经验和成果，也收获了很多的体会和感悟。本文着重分析以复合能力为目标的团队化教学在应用性全英语课程建设中的作用，并相应提出具体的实施措施。

关键词： 复合能力；应用性课程；全英语教学；团队化教学

一、复合能力的内涵

我国经济的不断发展，对经济领域的人才有着大量的社会需求，作为一所长期具有金融财会专业教育特色和优势的地方性大学，我校对于本科生的专业培养，可以视为对应的教育供给。众所周知，金融、贸易、商务、财会专业学习除了需要学生了解、掌握相关的专业理论知识之外，同时还应具有很强的实践应用性，需要学生进一步掌握相关的实务知识和技能，而以上各专业之间，甚至与其他相关专业之间又有着紧密而实际的联系。理论结合实践的需要，专业知识的不断交叉融会，导致社会以及行业工作岗位需要复合型的，具备复合能力的人才。所谓复合能力，是指以本专业素养与实务技能为核心，并能够同时兼备相近相关专业甚至跨专业的知识和技能，且善于综合思考、运用这些知识以应对实际问题，同时保有主动学习和终身学习能力的一种素质综合。

---

* 梁炜，上海立信会计金融学院金融学院国际金融系教师。费凡，上海立信会计金融学院金融学院 2016 级金融学 3 班学生。沈思源，上海立信会计金融学院金融学院 2018 级金融学 2 班学生。

举例来说，以金融专业毕业生以往的就业从业经历和工作实践来看，工作岗位的职能要求有着明显的发展变化。前些年，我校毕业生应聘进入银行等金融机构，多数从事柜员柜面工作，完成业务操作，仅需要一般简单技能，但对熟练程度和准确度有较高要求。换言之，职员在工作中并不太需要灵活性、能动性和主动性，也不需要复杂高深的专业技能。近年来，出于商业模式、盈利模式、客户的吸引和维护以及成本管理等方面的考量，一个明显趋势是越来越多的商业银行在改变对客服务的模式，大量的柜员业务和大众化无差别服务在不断减少，取而代之的是客户经理工作模式。一方面，这是为了更好地满足来自客户的需求主动采取的措施，专属的客户经理能够更细致多面地提供有区别的、个性化的、精细化的专业服务。另一方面，随着科技迅速发展和金融科技的实际运用，许多新型的电子化、网络化和智能化的服务设备和设施替代了原有的人工服务，来帮助客户完成简单的或是单纯的业务操作。被解放的柜员，则被动转型为客户经理。显而易见，客户经理所需要的就不仅仅是简单操作技能了，他们需要多面知识和综合运用的能力。一般来说，商业银行对公客户的服务内容包括：信贷融资、销售信用控制、应收账款管理、现金管理、外汇风险管理、信托项目管理、海外投资，等等。对私客户的服务内容包括：储蓄、理财（国内，海外）、保险/基金产品代理销售、信托投资，等等。银行职员工作岗位的变化联动对其职能要求的变化，角色任务从一般单纯担当柜员或出纳继而在原有岗位职责之外再兼顾或负责销售，并进一步成为咨询师或经理人。在此基础上，具备了一定资历的员工还可能被提拔到更高的管理岗位或者是从事内部控制、合规监管等工作岗位。随着我国金融的进一步改革开放，银行工作也势必会服务于更多的海外人士和企业。

这不仅是未来社会和行业需求对毕业求职的学生提高了要求，同时也直接对教学部门提出了新的要求。无论是达成学生培养目标的需要，还是毕业生实际工作岗位的需要，教育供给方都需要设定能够使合格毕业生具备基本的专业素养以及长远发展的潜力的教学计划，并为此形成和配备相应的师资和教学资源。有鉴于此，为了培养具有复合能力的学生，我们的教学实践和教学研究也应当具备复合的实力和能力，那么团队化教学便是当下必要和可行的方法，事实也将证明这是行之有效的方法。

二、金融应用性课程特点及其全英语教学实践

（一）金融应用性课程特点

以金融专业为例，在专业教学计划中，应用性课程不在少数，诸如“国际金融（外汇交易实务）”“国际结算（国际银行业务）”“金融市场学（证券交易实务）”“金融活动学”“金融计划（即投资理财规划）”，以及新近开设的“金融分析报告写作”“统计分析与软件应用”等。应用性课程的最主要特点就在于不仅需要学习理论基础，而且需要学习实务知识和技能，对毕业生来说，这些课程属于特别有用、特别实用的学习

内容，其教学效果最好地展现了“学以致用”“活学活用”以及“融会贯通”“触类旁通”“举一反三”的教学和能力培养目的。对于毕业生就业来说，熟悉并掌握实务技能甚至积累相关实习实践经验，显然更受用人单位的欢迎和青睐。职员上岗之后应能尽快适应业务需要，这样才会显得更加踏实务实。

应用性课程的教学实践不同于纯理论课程，教学大纲中会有显著比例的实验内容和要求，往往依托于业务案例的编制以及实务环境的模拟，需要训练学生解决应用题，有时甚至需要综合运用贸易、金融、会计、保险、投资等知识。对学习效果的考核，也不仅仅是使用标准化或典型性命题来检查学生对理论知识的掌握，而是会使用“任务型”试题。例如，给出一个综合任务，由同学来着手解决，提供方案或者完成业务全流程操作；再如，在规定期限内，考察学生的交易或投资成果。相对于不少学生常见的“考前记笔记背笔记，考后扔笔记全忘记”的学习效果，应用性课程的学习效果考核往往比较扎实，会不会能不能精不精，一考便知底细，技能掌握之后考过不易忘记。

以上提到的有关金融实务的应用性课程，全英语教学在我校已经实践多年。高等学校全英语教学，多年前便由教育部以及地方教委大力推动实施，多年来不断投入，并已经积累了相当的成果和资源。在母语非英语国家开展全英语教学，而且是在截然不同的语言体系国度开展全英语教学，自然有很多的现实困难。全英语教授应用性专业课程最大的难点在于以下三个方面：专业英语不同于通用英语；专业英语应用和专业知识的传授需要齐头并进；授课教师需要既熟悉理论又熟悉实务。而我们对需要应用数学或者信息专业知识的新课程增加了学习难度，目的是使学生获得复合能力，这需要投入更多的精力，同时也对师资提出了新的要求，需要专业兼容。

（二）全英语教学实践及存在的问题

自 2002 年秋季学期国际合作办学项目开始，我校便逐步开展了金融专业课程双语和全英语的教学。在这十多年间，先后在我校的中澳（本科）项目，中丹（专科）项目，上海市高校金融专业高地建设项目，上海市全英语示范课程建设，上海市本科高校内涵建设竞争项目，卓越人才创新工程竞争项目等一系列教学实践和研究中，逐步积累教学经验，深化教学内涵，强化了专业师资，提高了教学的能力和水平，归集了扎实的教学资源，获得了丰硕成果，在国际化人才培养和国际化办学的道路上走出了扎实的一步。承担全英语教学的资深教师多为国家级国际金融教学优秀团队骨干成员，活跃在教学一线，在以往教学年度课堂教学竞赛中先后多次名列前茅，获得过校级教学优质奖，前期全英语专业教学的基础研究获得了校级的一、二等教学成果奖。年轻教师都具有海外留学背景，是教学团队中的新鲜血液和新生力量。为了充分保证和发挥应用型课程在教学中的特色和优势，努力培养学生的专业素养，锻炼他们的实践技能，能学以致用并复合创新，我们依托行业开展实施“国际结算”课程考核改革，并且在改革实践中获得良好的效果和业界实务专家的肯定。我们积极鼓励支持学生参加各种金融技能赛事，以上海市大学生投资理财规划大赛为例，该赛事已连续举办3届，我校学生有两届获得一等奖，通过大赛锻炼选拔了人才。有鉴于此，我们有动力也有信心继续深化全英语专业课程教学的实践和研究。

从双语以及全英语教学实践的发展过程来看，初期乃至目前，有关课程的遴选，基本上是以师资储备、教师个人能力是否能承担教学任务作为主要的依据。而全英语课程在教学计划中的课程性质（必修或选修）和授课阶段（开课学期），基本上是依循并与原中文授课课程的相关安排保持一致。客观一向如此。然而，从教学实践体会和教学效果评估反观如此安排，反思其中利弊得失，发现的确是存在一些问题的。其一，学生在没有接触专业英语和全英语理论基础选修课的情况下，没有选择地需要修学高阶（后续）的全英语专业课程，或者由于学生自身原因，专业和英语基础都比较弱，以致直接修学必修全英语专业课程十分吃力。其二，某些专业课程缺乏符合国内实际教学需要的优质原版教材，学生自学的积极性、能力和效果可能因此受到影响。受传统学习方法以及课内计划教学时间的局限，学生主导型教学和问题导向教学实践效果不明显。其三，由于多年来面临的师资紧缺直至近一两年才稍稍得到改善，所以全英语师资的准备和遴选也显得后继力量不足。全英语备课需要耗费倍增的时间和精力，能够精熟教学内容，同时又能够准确熟练流利地使用英语教学的师资绝对是稀缺资源。“学院型师资”缺少实务部门经历和实践经验，相比“双师型师资”，在应用性课程，尤其是实验实训、实务操作类教学中显得不接地气，纸上谈兵。“海归师资”学历和科研水平高，而在教学实践和经验方面相比资深“国内师资”显得不足，教学“输出”效果欠佳。其四，即使是同一专业，不同课程的教学和课程建设基本上是各自为政。曾经出现过在课程建设和市级示范课申报过程中因为课程名称相同，特色不显而被评委放弃，又或者课程本身建设质量很好却因为听课学生规模未能达标而同样落得被放弃的结果，以致教学资源最终没有得到整合利用。以上种种，是我们在进一步完善教学实践和提高教学质量的后续过程中迫切需要能够调整优化和解决的问题。

三、团队化教学在应用性课程全英语教学中的作用

前文提到，团队化教学便是当下必要和可行的方法。此处所说的团队，可以分为内线的团队和外线的团队，以及双线合璧的团队。

围绕全英语专业课程教学，需要区分性质不同的专业课程，比如应用性课程以及相关拓展性课程，本专业计划课程以及外专业适用课程。在教学中既有共性要求，又存在很多的个性差异。在备课、讲授以及课程资源建设中，教学实践和研究的思路从内线和外线双线展开。内线上，综合金融专业教学计划下设不同全英语课程的教学特点和教学目标，在教学方法/模式的设计与创新，教学资源的建立和使用，教学效果的保障与提

升，课程建设的深化优化等方面进行分析研究。外线上，将实行全英语教学的金融专业课程分为金融专业和金融相关专业（经贸、工商管理、法律等）适用课程。甚至于，将外线进一步延展到与实务单位合作培养的教学计划，用人单位委培定制的课程，相应地，教学师资便可包括行业实务单位以及相关业内人士和专家。针对应用性金融专业课程，无论是内线还是外线教学，都必须重视团队建设和优势资源整合。

过去的实践和未来的建设会证明，团队化教学在应用性课程全英语教学中能发挥以下作用：

（一）提高优化教学水平和效果，促进学生复合能力的形成和强化

无论是通过教研室内部的常规教研活动交流，还是通过建立与外系外院教研团队的合作交流，都能够明显有效地加强新信息、新动态、新知识、新方法的获取和学习机会的获得，使教学一线教师能够拥有更宽的视野，更高的追求，更新的知识储备，更丰富的手段，不断充实和更新教学内容，始终追踪前沿，保持专业水平不落后，不被专业发展淘汰。更加丰富新颖的教学内容和教学方法，也能够更好地激发学生的兴趣和热情，增进对所学专业的热爱。学生求学阶段，积极鼓励并指导他们参加科创活动、竞技大赛，培养他们学以致用，将知识转化成为内生的能力。无论是科创论文的完成还是竞技赛事的比赛过程，都需要学生综合全面的知识运用和能力展示，是一个很好的能力锻炼的过程，在此过程中指导教师团队能够提供更多资源和助力，通过集思广益，加快学生复合能力的形成和强化。

（二）整合教学资源，形成系统的专业综合优势和团队实力

优质师资的形成和优秀学生的培养，绝不仅仅在于一门课程、一个老师的功效，必定是一个优秀团队的形成过程以及优秀团队的作用。在教学实践和师资优化过程中，实行双语境（中英文）、双通道（理论和实验实训）教学，加强双师型人才的吸纳和储备，既要学院派的科研高手，也要实务派的应用高手；既要熟悉国内实务和教学发展现状的国内导师，也要具有国际视野、开放思维的海归学者；既要本专业的教学资源，也需要相关专业、跨专业的辅助资源；既需要本系、本院本校的人力资本，也需要校外和业界的人力资源。以课程和专业建设为核心，形成核心团队，再通过教学团队的交叉外向联络，层层套圈，扩大团队的内涵与资源，通过不断的交流沟通，相互学习，资源整合，步步提升团队实力。好的团队又会源源不绝地吸引更多的优秀人员和社会资源。

（三）横向对接用人单位的人才需求，满足实务单位订单式委培的需要

当下的社会，以金融企业来说，需要多专业基础，实务技能扎实的雇员，同时掌握并精通金融、证券、贸易、财务、保险、法律、网络信息甚至人工智能技术的人才更受欢迎，甚至未来可能成为必须。用人单位对应聘人员的更高期望相应地对教师资格水平

提出了更高的要求。有鉴于此，一个多面手的教学团队，有着丰富教学和实践资源，能够大大缩短毕业生与工作岗位距离，这无疑对学生和用人单位双方都是非常有吸引力的。相比于研究型大学更注重科研和理论研究，学校的特色和优势在于应用教育。教学团队和团队化教学就是为了打造多技能傍身，多方向适用，重实务不空谈，有能力解决问题而不只是纸上谈兵，受用人单位欢迎的从业者。

四、基于团队视角强化与优化教学的路径与建议措施

任何课程的教学效果需要从教与学两方面来评估评价。从教学视角切入，教师需要把握课程特点，循序渐进、由浅入深再深入浅出地完成授课计划，实现理想教学并达成目标效果，这取决于多方面因素。基于前文提到的教学问题，为了进一步提升和优化应用性课程全英语教学效果，在此侧重从团队化教学与研究的思路和角度来提一些建议和措施。

（1）教学团队根据以往经验，建议全英语教学专业课程试行学生自主选择注册修学的方式，并在学分上给予倾斜。前文提到，全英语教学始终面临一些客观的困难，其中，教学计划统一要求特定课程全英语教学。学生的英语水平和专业基础之间的差异，学生能否克服困难保持学习积极性，计划教学时间的有限性等困难始终无法回避。英语并非中国学生母语，语言能力需要语境熏陶和较长时间的积累。撇开学生是否足够刻苦努力的因素，这些现实困难确实影响了学生的理解能力，新型教学方式的有效运用，会影响教学效果。是否应该考虑将选择权归还学生，或者在学习效果评价上给予适当激励？可让学生自主决定选择上全英语专业课还是中文专业课，但是如果选择上中文专业课，可将全英语课的学分作为激励手段。避免一刀切，避免部分学生耗费了时间，结果专业和专业英语都没有学扎实。

（2）确立并形成模块式教研活动与集成式教研活动并举的常规。以教研室为分组单位，加强室与室之间、系部之间甚至二级学院之间的定期交流和沟通，共享新信息、新思路、新方法。教学团队自身必须是一个学习型组织，而且应该是一个开放性的学习型组织，接收相关专业、相关课程的信息，并且接收来自学生的反馈。要使学生成为主动学习、终身学习的人，教师自身需要先成为这样的人。学习型团队会很好地促进教师的自我学习和自我成长。通过更多的沟通和交流，也能够更直接地去发现自身的不足，从而去拾遗补阙。跨课程、跨专业团队的合作，更有利于团队以及学生复合能力的形成，在专业建设和人才培养过程中更利于积累特色和集中优势。

（3）教学实践和研究需要与时俱进，配合和衔接行业实务发展。“实务型”人才不是简单等同于“操作型”员工，需要具备综合以及创新的能力。如果只能从事简单重复的操作的话，这样的岗位未来很快会被人工智能所取代。作为教师，需要深入实践了解实务工作的内容、方式与流程，了解实务工作的关键和技能点，关注业界发展和动态。上海作为中国面向世界的国际金融中心，随着金融改革开放步伐更快、更大，业界

的发展会有超常的速度和创举。金融教育者必须保持与时俱进。由此，希望学校能够给新进教师和纯学院派教师更多的时间和机会，亲身到实务单位去访谈、调研、挂职工作，熟悉实务运作，将第一手信息带回来，使教学与行业实务接轨，使教学资源链接更多的业界资源和社会资源，以充实并更新现有的教学资源，为培养合格从业者打有准备、有底气的仗。与此同时，教学部门和单位支持教学团队积极与实务单位进行横向合作、深度合作，除了挂职或者访问实习形式以外，教师争取多多参加行业发展的会议，听取并了解业界动态，始终保持对前沿问题和课题的敏感与认知。

（4）课程模块资源建设和集成。借助学校的网络资源平台，积极开展团队共建和教学互动。目前凡是各级各类精品课程、重点课程、金课等，都需要按一定的规则完成网络课程建设，形成完整配套的网络教学资源。即使是新开新建课程，教学资源网络化也成了必然趋势。在资源库建设过程中，充分发挥团队力量既容易整合资源塑造特色和优势，又能够事半功倍。教学资源和教学能力需要可持续发展，建成和不断维护资源库，既可以很好地将成果传承下去，又可以不断为资源库增添新的价值。全英语教学同时面向国内生和留学生，以及少量的国际证书考证培训，其中的教学要求、大纲编制、教学法、案例使用、考核方法（含实验环节）等不尽相同，需要区别设计。与此同时，“翻转课堂”“问题导向型”教学模式的开展，给予学生更多的主动权和参与机会，激发学生与教师的互动，在教学资源建设中发挥了更多的作用。

（5）团队组织编写适用性好、实用性强的全英语教材以及配套案例，自主或联合业界单位建设与国际金融市场接轨的模拟实验系统等，未来还可以形成经典性、通用性教材，形成具有自主知识产权的教学成果。一旦拥有了自主知识产权的成果，将大大有利于国际化教学和办学的推进，扩大学校在学界和业界乃至海外的影响力。

综上，以复合能力为目标的金融应用性全英语课程团队化教学研究，旨在以前期全英语教学实践和研究成果为基础，从而更好地发挥教学团队在全英语教学中的功能，形成不同课程英语教学的专业整合优势和团队效用；以教学效果增进并达成学生专业能力复合，理论知识与实践应用平滑对接为目标和导向，进一步探索应用型、复合化、国际化人才培养的教学模式、教学途径和着力点，同时对全英语教学师资（个人与团队）的建设和全英语教学资源的整合提出有益的设想与建议。期待未来在教学实践，专业以及课程建设中，贯彻以上教学改革的新思路、新措施，不断取得更多的经验和成果，优化和强化我们的师资团队和金融本科专业，继续保持学科特色和优势。

参考文献：

［1］彼得·德鲁克．卓有成效的管理者［M］，许是祥译，机械工业出版社，2009.

［2］理查德·保罗，琳达·埃尔德．批判性思维工具（第三版）［M］，侯玉波，姜佟琳等译，机械工业出版社，2014.

［3］约翰·惠特默．高绩效教练（第五版）［M］，徐中，姜瑞，佛影译，机械工业出版社，2019.

［4］尼尔·布朗，斯图尔特·基利．学会提问（第 11 版）［M］，吴礼敬译，机械工业出版社，2019.

［5］鲁克德，团队行为心理学［M］，立信会计出版社，2016.

4　复杂生源背景下我国高校外国留学生课程思政的难点和应对策略

邹兆敏　Chimuka Takudzwa　Derevyanko Irina *

摘要： 随着我国高校教育国际化水平的不断提升，来华留学生数量激增，生源多样化趋势明显。目前，我国留学生课程思政建设还处于一个非常初级的阶段，尚未形成较为统一的课程类别和教学管理模式，严重制约了教育部教学趋同化的指示精神。本文结合当下外国留学生复杂生源地的特点，简单阐述目前我国对留学生思想政治教育的短板，然后强调对这一特殊群体开展课程思政的必要性，最后提出几点改进课程思想政治的有效对策。

关键词： 来华留学生；思想政治教育；课程体系；课程思政

引　言

截至2018年底，中国和世界180多个国家签订了政府间教育交流协议，支持双方互派学生到对方国家学习深造。而整个2018年度，共有近50万名外国留学生来华学习，其中靠中国政府奖学金自主留学的占来华留学生总数的12.8%，即6.5万人左右。尽管这个数目不算庞大，但是外国留学生的到来的确给我们的教育教学乃至学生管理带来了很多挑战。其中思政教育更是其中一个非常重要的部分。这首先是因为按照教育部颁发的《来华留学生高等教育质量规范（试行）》的规定中，明确提出要推进中外学生教学、管理和服务的趋同化，要求高校将来华留学生教育纳入全校的教育质量保障体系中，实现统一标准的教学管理与考试考核制度，提供平等一致的教学资源与管理服务，保障中外学生的文化交流与合法权益。既然这种教学趋同化管理模式即将成为当前来华留学教育管理的方向之一，那么，目前在各个高校逐步推行的课程思政的相关改革和实践也不能忽略外国留学生这一特殊群体。思想政治教育是我国高等院校的主要特色之一，课程思政更是当前高等学校的教学改革重点。但对于在华的留学生来讲，开展思政

---

* 邹兆敏，经济学博士，上海立信会计金融学院金融学院讲师，主要从事国际金融方向研究。近年来主要担任外国留学生的金融学专业课教学任务。Chimuka Takudzwa、Derevyanko Irina，上海立信会计金融学院国际交流学院2016级外国留学生。本文系上海立信会计金融学院2019年校级金课建设项目和2019年上海高校青年教师培养资助计划项目的研究成果。

教育有其自身的特殊性与复杂性。外国留学生作为我国高等院校的新兴群体，他们来自不同国家，语言、文化背景、意识形态都不尽相同。加上跨文化的不理解、语言沟通的不适应、生活习惯迥异等原因，其思想道德问题日益凸显，管理教育难度大幅提高。由此可见，在我国高等教育开放的新形势下，加强来华留学生思想政治教育是顺应时代发展的必然选择。

一、教学趋同化背景下外国留学生课程思政教育的新要求

事实上，尽管我国历史悠久，但是真正对外开放的时间并不长。在漫长的五千年历史中，中华文化的内卷化发展孕育了我国丰厚独特的思想政治文化。不过令人遗憾的是，这种文化体系对外的影响力自明清两代之后相当有限。哪怕是到了近代，我们的文化输出能力还是很弱。直到改革开放后，特别是我国加入世贸组织后，在世界全球化背景下，越来越多的外国人看到了中国经济实力的快速增长和国民生活水平的迅速提高。可以说，中国经济的崛起让外国留学生开始真正由于欣赏中国特有的政治经济制度选择来到中国高校进修，与中国的学生一起接受文化、思想的中国式高等教育。那么，我们的问题是，具有鲜明中国特色的思想政治教育是否同样适合于外国留学生？是否必须要求外国留学生学习？

其实这两个问题都是“伪命题”。对来华留学生进行思政教育不仅必要，而且对教学双方都有益处。说有必要，这是因为在如今高等教育国际化不断深入的大趋势化下，教学趋同化是高校发展建设的必要条件，同时也是促进和提高对外教育质量的一个必由之路。近几年，中国高等院校的教学管理、服务更加适应现代化的发展，越来越多的外教来华工作，外国留学生数量也越来越多，对他们的课程思政教育的忽视其实就是回避了教育部下达的教学趋同化这一要求。在习近平总书记倡导的新时期中国特色社会主义发展的背景下，倡导人类命运共同体这一概念是现今我们对外交流的一个重点。而思政教育恰恰是最好的平台。它不仅是解决外国留学生对中国思想产生认识的最便捷的渠道，也是促进中外文化交流的一个重要推手，更可以成为一股对外宣传中国形象、传播中华文化的重要力量。反之，如果我们高校的思想政治教育对外国学生开展的不到位，就不能真正使外国留学生切实感受到中国自身独特的文化魅力与制度优势，反而可能加深了他们对中华文化的偏见，产生抵触情绪。

二、当前外国留学生思想政治教育的主要问题

我们传统教育一直强调“德才兼备”，德在前，才在后。换而言之，在我国培养学生有 2 个层面，首先是培养学生成为一个君子，既有文化艺术修养，又要道德品质高尚。其次才是培养“术业有专攻”的职业性技术人才。在第一个层面中，思政教育扮

演着不可或缺的角色，是要纠正和培养学生思想和行为上的正确三观，即人生观、价值观和世界观。然而面对当前复杂的国际、国内形势，我们的思政教育工作显然是困难重重，面临着多元化的挑战。

（一）留学生思想政治教育内容目的性不强

高等院校对于留学生思想政治的教学目标定位十分模糊，导致相应的教学模式呈现碎片化，毫无针对性可言。目前，大多数高等院校都在外国留学生新生入学时开展思政教育工作，教育的内容也只是围绕安全问题和文化教育基础展开的。而进行文化教育的目的就在于可以帮助留学生快速地适应学习环境，熟悉教学的日常作息和课程规律，降低与别人交流过程中的阻碍。这种以介绍性内容为主体的教学与课程思政要求相距甚远。事实上，在适应新的学习环境的过程中，留学生难免会遇到在实际学习、生活、交流等方面的问题。例如，语言不通导致难以适应学习生活环境等。此时，如果再对留学生大学阶段进行灌输式的思想政治教育，就会导致留学生对思政教育产生抵触情绪。其次，开展留学生思政教育的针对性不够也造成思政教学目的性不强。对于国家、地区和年级不同的留学生，目前高校的思想政治教育呈现统一化，在思政课程内容的设置上没有体现出较强的差异性，也就不能满足留学生合理的个性化需求。据笔者了解，时至今日我国高等院校的教育模式还是以自身安全、遵守纪律和文化交流互动为主，在举行相关洽谈会时也只是统一对留学生进行法规校规以及文化的教育，而忽视了留学生的心理健康、专业认识等能力的培养。

（二）对留学生思想政治教育的重视程度不够

大多数高等院校对留学生的思政教育还停留在基础教育阶段，对留学生教育方面的管理工作还仅仅侧重于人身安全和基础文化交流水平，几乎没有开展对留学生进行思政教育的教学管理工作。因此，在进行相关思政教育工作时也会相对困难。即使一些院校认识到了开展思政工作的重要性，但这种教育工作也需要专门的教学人员，而不是简单交给一些有一定外语能力的辅导员。重视程度不够的直接后果就是很多高校在留学生思想政治教育方面的管理类人力资源缺乏、专业人员水平不足。高等院校普遍缺乏高素质的留学生教学管理人员。这是因为过去来华留学生人数不多，而且多数是以校际对换方式进行。近年来，由于各个高校的留学生的数量逐渐增加，而管理留学生的人员却始终没有增加。部分含有留学生专职辅导员的高校，由于留学生辅导员的主要工作重心放到了留学生日常生活管理工作中，且师生的配比严重不足，也就自然地形成了如今“重学习生活管理，轻思想政治教育”的现状。

（三）留学生思想政治教育形式方法过于单一

多数高校还依照传统管理中国学生的教学方法，采取统一填鸭式的教育方法对留学生进行思想政治教育，忽视了管理要结合留学生群体的文化特征以及专业兴趣爱好等。由于大部分高等院校缺乏对留学生的管理经验和方法，往往出现教学管理问题之后才由管理人员进行解决，原本可以避免的问题由于没有健全的管理体制造成更多的麻烦。事实上，目前来华留学生生源及价值理念的多元化趋势迫切需要思政教育加以引导。国际交流学院留学生生源复杂，既包括来自世界一些发达国家的留学生，也包括来自一些发展中国家甚至贫困战乱国家的学生。他们选择来华就读的目的不尽相同。外国留学生中有的是被中国经济发展的巨大成就所吸引，想毕业后创业从事国际贸易的；有的是崇尚中国悠久灿烂的文化历史，爱好中文而来华就读；也有少部分是为出国拓展眼界，甚至有的是为躲避国家战乱和经济动荡局势选择留学中国。这种多元化的生源及多元化的就学目标是学生多元化价值导向的根源，是不能通过我们传统的单一灌输式思政教学模式来达到原有的教学目的的。这都需要我们对外国留学生进行思想政治教育方式进行新的、有益的探索。

三、对外国留学生进行思想政治教育工作路径探析：课程思政优于思政课程

中外学生的教育趋同化并不意味着等同化或者单一化。既要对中外学生一视同仁，也要看到来华留学生学习背景、意识形态、甚至生活习惯和语言、文化存在差异，以合理、公平、审慎为原则，帮助来华留学生了解中国国情文化，尽快融入学校和社会。对来华留学生的思政教育，应该更加体现出特殊性和针对性，中外学生的思政工作要分开来看，更要统筹规划，形成综合有序的方式方法，才能更好地发挥育人作用。原则上，在教育教学方面，需要确定明确的教学目的，建立有效的教学辅导体系，向来华留学生提供学业帮扶；在管理服务方面，组织和引导来华留学生参加健康有益的课外教育活动，促进中外学生文化交流和互相理解。然而在实际操作中，其实并不容易。因为大多数思政课老师英语能力有限，所以需要专业课老师在课程思政上有所作为，才能保障思政教育真正在来华留学生中卓有成效地进行下去。

（一）思政教育内容与模式的创新

对于外国留学生而言，来华学习是他们生命中一个重要的节点。他们中的大部分是怀着对中华文明的好感和对中国经济崛起的崇敬之情而来的。但是由于成长环境、学习背景、生活习惯不同或者语言障碍等因素可能导致他们无法有效融入中国高校的学习和生活环境当中，长此以往会造成学生对中国的学习和生活产生厌恶情绪，在心理和思想层面有不同程度的困扰，对正确价值观的形成和发展极为不利。无论是来华留学生还是本国大学生，大学阶段是他们价值观形成的重要时期，思想观念和行为习惯极为敏感，不确定性极强，加之社会上蔓延的多元价值观念的影响，发挥思政教育功能，积极调整

和正确引导他们的价值取向，对于人才培养工作显得尤为重要。

面对外国学生，高校在进行常规课程思想政治教育的同时，要积极开拓新的教学内容和探索新的教学方法。首先，课程思政的安排，不仅要培养他们的专业技能，也要与时俱进地参考世界其他地区在思想教育方面的精髓，与中华文化特色的人文素养进行比较，从而突出自己鲜明的价值取向。如美国的“公民教育”以培养学生的“国民精神”和“责任公民”为目标；英国突出“德行、智慧、礼仪、学问”；法国强调“公民责任感”和“热爱法兰西共和国品质”；德国突出强调“政治教育”“和平教育”“环保教育”等。而我国高校思政教育可以通过重点宣扬中华民族传统文化和传统美德的方式进行德育培养。中华民族自古以来就是礼仪之邦，尊崇“仁、义、礼、智、信”的核心价值理念，在思政教育的过程中有意识地与之相结合，继承其精华。其次，我国的思政教育内容也应该与时俱进，结合新时期思政教育工作的新情况加以完善。比如，强调习近平总书记提出的“人类命运共同体”的理念，着力把中华民族的伟大复兴和世界的和平发展联系来一起。这样才能切实地把来华留学生当作教学的一分子来看待。事实上，思政教育需要将理论教育与社会实践相结合，加强国内学生和国际学生的互动，为外国学生提供多方位的实践条件和物质保障，而在实践中解答他们的疑问，促进思政教育内容中正确价值观的传播更为重要。从留学生入学初期至最后毕业，我国的高等院校都应该有计划、有方向地制定留学生在中国整体学习阶段的思政教育目标，避免设置的思政教育在具体实施过程中流于形式。在开学初期，高校可以在开展安全教育的同时，培养留学生树立正确的人生观、世界观和思想观，同时也要传递符合我国文化的职业观、学习观和发展观。在具体操作上，可以在讲授专业知识的同时，开设对留学生开展相关的心理健康教育和职业生涯规划教育，把思政元素有机地融入教学之中。

（二）顺应生源变化，加强教学针对性

上文中，我们提到关于学生来源的多样化带来的一些思政教育难点。这些年我们的来华留学生生源地逐渐由西方发达国家向“一带一路”沿线国家扩展。而这种趋势还在不断加速。笔者在教学实践中发现，有相当一部分来华留学生的学习积极性和自觉性较差，缺乏钻研和独立思考能力，生活上注重寻求个人价值的最大化，集体意识、社会责任感弱化，价值取向功利。如不加以正确引导很容易出现思想问题和价值导向偏离等问题。这些深刻变化需要我们在思政教育上引起重视。由于多元的文化思想元素的影响，他们容易在学习中产生不同的价值观念及行为的对立和冲突，容易受到多元的意识潮流和复杂文化背景的影响，能否掌握一定的辨别能力和判断能力，也迫切需要高校思政教育加以引导。在过去，我们的思政教育主要通过中西方两种文化的对比，让学生了解中西方文化的不同特点，培养他们对中华优秀文化的认同，并学会正确处理文化的民族性和世界性的关系。这里的西方，主要还是指发达的资本主义

国家。但现在，中国经济的蓬勃发展让很多发展中国家看到了另一种发展的可能，也大大扩展了课程思政的发挥空间。新中国成立 70 年的心路历程证明，一个国家在坚持独立自主的发展路线，维持政治体制稳定，始终把经济发展和改善人们生活水平放在施政目标的首位，比起那些虚无缥缈的所谓“普世价值”宣扬下的无序化民主进程要有用得多。坚持把“富强”放在社会主义核心价值观的首位，秉着实用主义的精神坚持走和平和发展道路，正是中国崛起的根本原因之一，也是大多数发展中国家可以借鉴的。由此可见，我们的思政教育不仅要面对西方发达国家的学生，更要针对一些发展中国家学生。后者更多地对中国的经济发展模式抱有一种钦佩的态度，对西方的殖民历史却深恶痛绝。这种反差可以作为一个思政的重点加以开发，让更多的留学生理解中国和平崛起所蕴含的深刻意义和重大价值。

结　语

目前，我国高校应紧跟时代发展的潮流和国际形势的变化，不断地改进和调整关于留学生的思政教育内容。对于不同群体的留学生特征，结合不同个体的实际教学需求，有针对性地对留学生开展思想政治教育。单纯以安全教育、心理健康和文化教育为主的思政教学内容显然是不够的。在学习的中期阶段，留学生适应校园生活后，学校应及时调整教学模式，在专业课中加大思政教学力度，不断结合社会实事，帮助留学生理解支撑中国崛起背后相关制度、人文、意识形态的相关因素，用以比较他们本国的发展现状，促使他们不断进行比较式的学习以提高专业水平；在阶段后期，留学生即将面临毕业以及择业的问题，这时学校的教育就主要以职业生涯规划和就业创业教育为主，帮助他们理解实现自我价值的“小我”和社会价值的“大我”之间的相辅相成的关系，树立正确的职业观和发展观。

参考文献：

［1］翟国．高校留学生群体思想政治教育策略研究［J］．教育探索，2015（3）：115～117.

［2］许超．“人的全面发展理论”与“大学英语”课程思政教学［J］．文教资料，2019（1）：229～230.

［3］赵晖．“课程思政”推行中的若干思考［J］．湖北经济学院学报（人文社会科学版），2018（12）：128～130.

［4］胡捷．刍议海外留学生思想政治教育的价值把握［J］．改革与开放，2016（15）：100～101.

［5］冯洁．中国高校外国留学生思想政治教育的问题与对策［J］．海南广播电视大

学学报，2017（1）：11 ~15.

［6］唐建兵．刍议中共民族政策的价值取向［J］. 嘉兴学院学报，2011（1）：68 ~73.

［7］张俊玲．将“课程思政”理念基因式融入专业课堂教学的探索［J］. 教育教学论坛，2018（46）：49 ~50.

5 “固定收益证券”课程教学若干问题探析

花俊洲　喻嘉琦　顾梦青*

摘要：为了顺应债券市场上知识内容的更新、时代的发展和科技的进步，各高校近年来就“固定收益证券”这门课程，进行了课程教学方法的改革和探讨。本文结合“固定收益证券”这门课程的具体特点，以及在教学过程中存在的若干问题（例如，课程结合实践不强，学生的数理基础较弱，课程改革困难较多，理论性和应用性不紧密等）进行了一定的分析，并结合一些实际经验，给出了课程建设过程中的注意原则和解决策略，以期能给予这门课程建设一些借鉴。

关键词：固定收益；课程建设；数理基础

引　言

“固定收益证券”课程是金融学、金融工程等专业的选修课或必修课之一，该课程具有综合性、应用性、理论性等特点，形成经济、金融和投资学科的交叉。通过本课程的学习，不仅使学生掌握固定收益证券的基本原理，而且要掌握固定收益证券定价在当前我国金融市场管理中的诸多运用，从而获取新的知识和金融技能。固定收益证券课堂教育不仅在于知识的传播，更在于债权债务的经济关系中诚信道德的塑造。为了贯彻落实国务院及教育部的有关要求，该课程在教学过程中已运用多种多样的教学方法，希望在教学过程中向学生传达证券行业的诚实守信精神，形成金融人才的自我约束和要求。明确高等教育和课程思政目的是培养既有高技能，又具有金融诚信价值观的证券从业人才。通过这门课程的学习，一方面，掌握固定收益证券知识有助于拓宽企业的融资渠道，改变目前企业融资过度依赖银行和股票市场的状况。另一方面，“固定收益证券”课程的相关技能有助于学生帮助企业进行流动性管理，在实际中研究固定收益证券市场，开发新的固定收益证券品种。

随着利率市场化进程的推进，我国的债券市场经过几十年的发展，截止到 2019 年

---

* 花俊洲：上海立信会计金融学院副教授，博士，核心期刊发表学术论文 10 多篇。喻嘉琦、顾梦青：上海立信会计金融学院 2016 级金融工程 1 班学生。

底，债券市场规模已经超过 90 万亿元，标志着固定收益证券知识的普及越来越重要，许多高等院校的金融学相关专业都相继开设了“固定收益证券”这门课程，由于这门课程是一门综合性较强的课程，其需要有经济学、金融学、投资学等相关课程作为基础，加之以前又没有开设过，因此也没有经验可供借鉴，在“固定收益证券”课程教材的编写、课程的教学方法、课程的实验、课程的考核和网上教学等方面，都存在一些不足和问题，值得进一步探讨。

一、课程教学存在的若干问题

（一）缺乏适应学生的优秀教材

在我国的资本市场发展中，债券市场的发展落后于股票市场的发展，出现“重股轻债”现象，这也直接导致了高等院校对于债券市场的研究相对较少，对于固定收益证券教材的编写也相对滞后。改革开放以来，我国高等院校对于固定收益证券教材的编写，大部分有 2 种途径：一种是直接翻译国外的教材；另一种是自行根据教学笔记进行编写。直接翻译过来的教材，往往有水土不服的问题，不太适应我国的证券市场，而根据教学笔记进行编写的教材，往往又有重理论、缺案例等不足之处。由于我国市场经济也仅仅才几十年时间，专业课程方面，包括金融学术概念和名词等，要想和国际市场接轨和统一，还有一定的差距。

（二）学生的金融和数理知识储备不足

由于“固定收益证券”课程，需要以金融学、投资学、计算机和数学等为基础。学生在学习课程时，首先，需要熟练掌握金融学的基础知识，利用金融学思想来分析固定收益产品的风险和定价。其次，学习“固定收益证券”课程还需要一定计算机编程能力，比如，在对到期收益率、利率衍生工具进行定价时需要借助于计算机程序。最后，还要具备一定的数学知识来分析定价模型和公式的推导等。但是，在“固定收益证券”课程的教学中发现，很多学生对于这方面知识的掌握并不突出，尤其是数理能力不足，其原因可能是因为学生的大学学习时间较短，很难在这么短的时间里掌握综合性的知识，这就对授课老师的教学提出了挑战。

（三）教学理论与实践联系不紧密

长期以来，为了提高“固定收益证券”课程的实践教学效果，积极探索，采用理论与实践相结合的教学方法，将实践教学与理论教学有机地结合起来，取得了良好的效果，但仍然存在“纸上谈兵”的现实，理论不能很好地与实践相结合。

从老师的角度出发，教师的素质和能力是培养人才的保证。“固定收益证券”这门课的实践性很强，需要结合债券市场的实际投资案例进行讲解。需要老师不仅仅了解传统的课堂教学模式，还应熟悉国内的资本市场运作，熟悉债券市场的交易规则和运作方法，了解债券的发行、定价、管理的整个操作过程。而老师通常只擅长对理论知识的讲解。如果只是把书本上的知识灌输给学生，学生不会把理论运用到实际，那么就失去了教学的意义，导致教学与实际应用脱节。另外，从教学内容上去考虑，课程内容也应该随着我国经济的发展和金融领域的改革，不断更新，把最新的研究成果传递给学生。

从学生的角度出发，必要的投资岗位实习和实践锻炼机会太少，学生实践创新能力的提高不显著。固定收益证券实践教学平台相对缺乏，实习基地较少。缺乏投资实验室和专业培训平台，难以保证本科“固定收益证券”课程的实践性教学质量。

（四）对于课程的教学改革动力不足

“固定收益证券”课程的教学改革不是一个月，一个学期就能改革完成的，它需要老师有很好的探索精神。这种探索精神，是建立在老师的实际教学经验基础上的，在教学中思考、在总结中发挥，是需要老师长期不断的积累形成的。这样的教学改革才具有针对性，才能够适应学生。然而长期以来，老师们对于教学改革往往缺乏主动性和积极性，其原因主要有两方面：一方面是课程经费不足，即使有一点经费，在经费的报销等各个环节非常烦琐，需要耗费老师的大量精力，从而使很多老师安于现状，不愿意做这件事。另一方面，教学改革往往是一种新事物，具有创新性，需要得到上面各级管理机关和领导的支持和认可，才能最终实现，所以一项课程改革往往需要上下统一，并且要充分给予老师主动权才能实现。

二、课程教学的一些建议

（一）教材和课外阅读相结合

由于国内外教材很难满足当前“固定收益证券”课程的教学需要，即使编订了达到教学要求的教材，其更新速度也很难跟上债券市场日新月异的变化。只要选取基本满足固定收益证券教学的教材，结合学生的课外阅读即可。鼓励学生们多看经济新闻，多了解当前国内债券市场的结构变化，债券市场产品的开发与设计，国家的宏观政策变动，以及法律法规的更新。同时老师也要帮助学生，在现实当中寻找固定收益证券案例，与学生共同讨论和分析，并结合当前国家的形势和政策，利用所学的固定收益证券的基础知识，引导学生来对案例进行剖析，并总结出结论。有条件的还可以进行一些模拟债券实证操作，比如对于债券的定价，可转换债券等含权债券的定价，进行实际的分析与模拟操作对比，这样一定能起到很好的教学效果。从而，也可以弥补教材带来的一些不足，避免过分依赖教材。

（二）根据学生知识结构因材施教

“固定收益证券”这门课，理论比较丰富，操作性、应用性比较强，学生要需具备较强的知识储备，比如数理能力。由于学生在短短的大学几年，很难有非常丰富的知识储备，那么，作为老师要掌握学生的知识结构，根据他们基础知识的掌握程度，因材施教。应该着重讲解固定收益证券的金融思想、经济学思维，把其他的课程比如数学和计算机等，看成是学习“固定收益证券”这门课的工具和手段，对于工具而言，根据自己的课程学习需要多少就学习多深，不一定非要达到精通，但最终对于“固定收益证券”这门课程的金融思想、金融思维一定要掌握，要教会学生，如何把固定收益证券的问题转化为数学问题或计算机方面的问题，至于转换好了的数学问题和计算机方面的问题，学生可以在其他时间根据自己的情况下功夫去学习。

（三）创造校企实践的合作机会

充分利用学校实践基地，争取实践基地企业的合作教学是保证“固定收益证券”课程教学质量的重要基础。学校应继续开发、建设一批具有示范性、创新性的实践基地，了解企业在融资过程中，如何利用债券融资，如何对债券进行定价，如何对债券的风险进行管理等一系列的实践活动，帮助学生把理论知识运用于实际。同时，作为学校，也应该积极提供机会给老师到企业或者金融机构进行产学研活动，并在产学研活动中，给予老师积极的帮助和支持，使老师能真正地融入企业的实践活动当中去。这样通过老师和学生的共同实践努力，一定能够取得较好的教学效果。此外，通过组织学生到实践基地见习，学生不仅可以将理论应用于实践，还能提前熟悉工作环境，为将来就业打下基础，提高应用水平。条件允许，还要和一些海外机构或企业建立长期合作，培育学生的海外实训经验，增加国际化视野。

（四）创造良好的教改环境

教学改革和教学研究对于“固定收益证券”课程建设规划和实施方案研究、专业人才培养目标落实有着明显的推动作用。在“固定收益证券”课程建设过程中，注重教师课程组织能力的提高和学生课程参与程度的提高，围绕着教学手段更新，教学改革应分 3 个阶段进行。第一阶段：案例教学改革通过编写原创的案例集辅助课堂教学，充实本土化的内容；第二阶段：结合网络教学开展，将案例讨论的平台转移到网络，扩大了师生之间和学生之间相互的沟通时空；第三阶段：过程管理则更加注重课业平时的考核，将平时考核细化，比例适当增加，增加了学生学习的过程检测力度。目前，网络教学已经在全校覆盖，所有教学资料都采用了无纸化运作，发送学生通知和课程相关案例讨论等全部通过网络教学平台进行，提高了教学的效率。此外，建立良好的师生互动机制是实现“固定收益证券”课程培养目标的重要途径，只有创造了教师和学生良好的氛围才能更好地激发学生学习兴趣，引发更多的批判性思考和对话，促进知识的融会贯通并将其运用于实践当中。

参考文献：

［1］类承曜．固定收益证券（第四版）［M］．北京：中国人民大学出版社，2016.

［2］李延喜等．金融学课程与教学资源建设的改革与实践［J］．大学教育，2013（02）.

［3］郭君默．金融工程课程教学中存在的问题及对策［J］．金融教育研究，2016（04）.

［4］郭素贞．《固定收益证券》教学中的几个概念分析［J］．现代商贸工业，2017（35）.

6　关于“金融市场学”课程教学与思政教学的方法探索

莫天瑜　张一鸣　孟飞*

摘要：“金融市场学”课程是一门介绍金融市场及金融产品运作机理的学科。随着金融市场的不断发展，如何在新的金融市场政策与产品情况下完善金融市场学课程的教学，如何让学生最大限度地在有效的学习时间内学好相关理论并加以运用，这是对金融市场学授课教师提出的几个问题。同时，根据课程思政教学的要求，培养学生正确的价值观与金融道德，将教书与育人有机结合，这是从课程思政教学角度教师需要考虑的又一问题。本文结合以往的教学经验，在不断发展的金融市场环境下，总结了金融市场学授课的基本内容与最新发展，挖掘了思政元素与金融市场学课程教学内容的结合点，并寻求适宜多元的教学方法，以充分调动学生的积极性，提高学生对金融市场的切身感受，提出了对未来金融市场学课程教学与思政教学的一些思考。

关键词：金融市场学；课程思政

引　言

“金融市场学”课程在专业知识结构层面，全面系统地介绍了金融市场的基本知识及功能发挥，货币市场、资本市场、股票市场、债券市场、衍生品市场的基本知识和实际应用策略，当前我国和国际金融市场发展现状以及金融产品的发展现状，以及相关的金融投资理论，包括投资组合理论、有效市场假说、投资组合评价等。随着金融市场实践和理论的不断发展，对传统的金融市场学授课内容提出了众多的挑战。同时，此课程在应用型课程中占有基础性和重要性地位，能够使学生对金融市场的实际情况和产品运用获得全面的知识，对于专业金融人才的培养具有重要作用，因此对教师的授课方式方法也提出了挑战。

此外，在思政层面，从宏观来看，“金融市场学”课程将根据“如何培养金融人才、为谁培养金融人才的问题”向学生传授金融行业的基本生态；从微观来看，本课

* 莫天瑜，金融工程专业博士，上海交通大学高级金融学院与中国金融期货交易所联合培养博士后。现任职上海立信会计金融学院金融学院，讲师。主要研究方向：金融工程，资产定价，风险管理。张一鸣、孟飞，上海立信会计金融学院金融学院金融学专业本科生。

程将为学生讲解金融道德的重要性，金融市场和金融产品虽然都是追逐高收益的工具，但在金融工具背后操作的金融从业人员，支撑他们在金融行业持久生存下去的往往不是高收益，而是他们的职业操守。对于即将步入金融行业工作岗位的大学生，金融知识是否深厚和能力的强弱关乎他们能“走多快”，而金融风险意识和职业素养关乎他们能“走多远”。基于此，本课程思政真正做到将金融知识传授与社会主义价值观引领相结合。

本文将结合以往的授课经验，从以下几个方面对金融市场学课程授课与思政授课提出一些思考。第一，金融市场学传统的授课内容在最新发展的金融市场环境下有哪些不同，又如何与思政结合点紧密结合。第二，金融市场学的授课方式方法在最新的金融市场对人才要求的情况下需要做哪些调整，又如何提升思政教学的效果，提高学生积极性。第三，结合目前开展金融市场学授课过程存在的普遍问题，如何在宏观和微观层面推进相应举措进行完善。

一、金融市场发展下金融市场学课程内容与思政知识点相结合

（一）金融市场学课程内容与最新金融市场发展的结合

金融市场学教材的传统授课内容包括以下几个方面（见表6.1）。

表6.1 金融市场学传统授课内容

授课主要章节	授课主要内容
金融市场与工具	股票、债券、外汇、基金、衍生品等
投资组合理论和有效市场假说	1. 假定投资者风险厌恶和均值—方差效用函数的条件下，求解最优前沿边界 2. 金融市场价格是否快速有效地反映各种信息
资产定价	资本资产定价模型、套利定价模型、三因子模型、基于消费的资产定价模型、行为金融模型等
证券估值	主要基于现金流贴现模型的股票和债券估值
投资组合评价	主要基于夏普比率和詹森 Alpha 等指标的评价判断

可以看到，金融市场学课程是一门涵盖了整个金融市场产品运行、金融政策与金融投资理论的一门学科，金融市场学传统授课知识点较多，涉及面较广，对学生应用实践性的要求较高。

目前，随着金融市场实践和理论的不断发展，教师应该根据新情况、新理论适时调整相应的授课内容，做到与市场紧密贴合，学生可以学以致用。总结来看，目前与金融市场学授课内容相关的金融市场最新的发展涉及以下几个方面。

第一，新的金融工具和金融产品不断推出。我国金融市场的现货市场包括股票市场

和债券市场，作为整个金融市场的基础市场获得了长足的发展，在交易品种和市场体量方面都发展得较为成熟。国际欧美成熟市场的经验表明，一个成熟发达的现货市场往往存在一个同样发展成熟的衍生品市场与之相配套。然而，我国在金融衍生品市场发展程度方面远远赶不上国际市场的脚步，也与我国现存的现货市场发展水平不相适应。近几年，我国已陆续推出一些金融衍生产品以弥补此类空白，比如2018年推出了短期国债期货产品，2020年即将推出利率期权产品。这些新的金融衍生品的推出将不断丰富市场品种，丰富交易策略，因此高校教师在“金融市场学”课程讲授相关的金融市场与工具这部分内容时，可以更新此部分最新内容，让学生了解市场的最新产品与发展。

第二，新的金融定价理论不断提出。比如，在资产定价理论方面最经典的因子定价理论出现了最新的理论发展，Fama－French的五因子模型，Hou，Xue，Zhang（2015）等提出的Q因子定价模型等，这都是在讲授资产定价模型授课内容时可以适时给学生相应的介绍，让学生对资产定价理论的最新发展前沿有所了解。再如，在行为金融领域，有大量学者研究了非理性投资者的投资者情绪会对资产定价产生影响，这也是最新的一个研究热点。

第三，新的数据分析工具软件不断应用。金融市场本质上是各类交易数据汇集的市场，交易员所进行的投资决策主要基于对现存数据的提取和分析。因此，学生能熟练掌握几门数据分析的工具，对未来金融市场的实践应用具有重要作用。以往，涉及金融市场领域的数据分析工具无外乎Matlab、Sars、R语言等，如今随着IT科技的发展，新的分析工具不断推出并获得应用，比如Python、人工智能、机器学习等。如果金融市场学教师能够让学生初步了解这些新工具的优势和应用方法，对其日后面对金融市场的实际工作将大有裨益。

（二）金融市场学课程内容与思政知识点的结合

从思政教学角度来看，金融市场学课程授课内容中也存在与思政知识点的结合之处。

在中共中央政治局第十三次集体学习中，中共中央总书记习近平就完善金融服务、防范金融风险发表讲话，要深化对国际国内金融形势的认识，正确把握金融本质，深化金融供给侧结构性改革，平衡好稳增长和防风险的关系，精准有效处置重点领域风险，深化金融改革开放，增强金融服务实体经济能力，坚决打好防范化解包括金融风险在内的重大风险攻坚战，推动我国金融业健康发展。

根据习近平总书记的讲话精神，本文认为要做到“金融市场学”课程授课内容与思政知识点的结合，需要做到几下几点。一要深入分析“金融市场学”授课知识点中的思政内容，结合金融市场从业人员职业操守和金融产品风险点，做到将“金融市场学”课程知识传授与社会主义价值观引领相结合。二要引入历次金融危机案例，引导学生正确认识收益与风险并存的特征，建立风险管理意识，树立“防范系统性风险”的行为底线。三要结合中央经济工作会议提出的“防风险、降杠杆”要求，在课程中传授给学生各个金融市场产品的杠杆特性，把握我国未来经济发展趋势和监管要求。

1. 把握金融本质，金融需为实体经济服务

“金融”顾名思义是资金融通，从宏观层面来看金融市场应是服务于实体经济，促进社会的资源配置。次贷危机以来，由于金融市场复杂的产品设计，从业人员在追逐高利润的利益驱使下，发生了众多的风险案例，在多米诺骨牌效应的作用下，金融市场风险波及至实体经济，给实体经济带来一定的负面影响。因此在这一系列事件之后很多人产生了对金融市场发挥作用和意义的质疑。那么，金融市场的宏观意义究竟是什么，如何来理解和维护，这是学生在学习“金融市场学”这门课初始概论时需要掌握的基本知识点，同时这也是思政教学中的一个知识点。只有树立了对金融市场正确定位的认识，学生在未来从事金融市场工作时才能树立正确的行为准则和道德规范。

2. 防范金融风险，平衡好稳增长和防风险的关系

从微观层面来看，各个金融产品的不同主要是风险与收益的不同。风险与收益这对概念，是贯穿于金融市场学授课内容中的一个重要知识点。在日新月异的金融市场发展情况下，金融产品不断推陈出新，各种交易机会出现的当下，如果培养的学生未来成为金融从业人员只关注收益而忽视风险，这将对其个人甚至从业公司乃至整个金融市场来说都会是一个不稳定因素。防范金融风险，平衡好稳增长和防风险的关系，这是中央经济工作会议提出的要求，落实到“金融市场学”的授课过程中，就需要让学生明确风险与收益的具体关系。

3. 深化对国际国内金融形势的认识，了解货币政策趋势

我国的金融市场在一定程度上受央行政策的影响深远，因此金融市场的运行不可能脱离对金融政策的分析与解读。思政教学要求学生能够与时俱进，与国家经济金融政策保持一致，因此适时引导学生深化对国际国内金融形势的认识，了解货币政策趋势，这也是“金融市场学”课程授课与思政知识点的结合之处。比如，十八届三中全会明确提出发挥市场在资源配置中的决定性作用，客观上要求完善主要由市场决定价格的机制，凡是能由市场形成价格的都交给市场，政府不进行不当干预。利率作为要素市场的重要价格，是有效配置国内国际资金的决定性因素，实现利率市场化是金融市场发挥市场资源配置作用的体现。因此，随着利率波动加大，金融资产定价面临新挑战，客观上要求通过市场交易形成权威的人民币基准收益率曲线。如何健全人民币基准收益率曲线，是当前金融市场改革面临的重点和难点问题，具有重要的理论意义和现实意义。

二、“金融市场学”课程教学与思政教学的方法探索

以下结合以往的“金融市场学”教学经验，针对目前不断发展的金融市场环境，

以及如何做到“金融市场学”课程教学与思政教学相结合，提出寻求适宜多元的教学方法，以充分调动学生的积极性，提高学生对金融市场的切身感受。

（一）抓住教学核心内容讲深讲透

由于“金融市场学”授课时长有限，而整部教材所涵盖的知识体系较多，因此在有限的时间内任课教师很难对所有的授课内容进行深入全面的讲授。任课教师可以将授课内容分为核心内容与非核心内容，在非核心内容的筛选上具体结合最新的金融市场发展与思政知识点来进行，对核心内容讲深讲透，让学生获得扎实的学习和掌握。而对于非核心内容，任课教师可以介绍性地对整体内容进行一个概述，详细具体的内容交由学生进行课后的资料查找和自我学习。

（二）增加案例教学、课堂讨论、课后搜集资料完成作业

在教学形式上，任课教师可以改变以往单纯由教师授课的方式，充分调动学生学习的积极性，采取案例教学，让学生分组，进行前期资料搜集以备课堂讨论，课后进一步搜集资料完善作业等方式，加深学生对知识点的直观认识，提高其对金融市场的切身感受。

（三）加强数据采集与分析的动手能力培养

最新的金融市场发展对学生采集与处理数据的能力提出了非常高的要求。金融市场学的授课内容中涉及了很多金融产品的运行与数据分析，因此任课教师可以设计一系列数据采集与分析的作业，将金融市场学授课知识点从前至后串联起来，让学生自己动手，构建一个数据文件夹，从下载数据开始一步步完成数据分析、结果总结的实证研究工作。

三、完善金融市场学课程教学的一些建议

针对以上提出的在金融市场不断发展情况下，金融市场学授课与思政授课的知识点结合与新的授课方式运用，目前来看，对任课教师提出了不小的挑战。建议未来可从以下几个方面为教师提供渠道提升自我，以达到最好的授课条件。

（1）利用产学研平台，教师可以深入到银行、证券、基金等金融衍生品业务开展成熟的金融机构，与相关交易人员交流学习，熟悉金融衍生品市场交易制度，掌握金融衍生品交易流程，了解交易员交易策略形成的逻辑思维，最后总结出一些影响金融衍生品市场交易的宏观经济因素，提炼出一些特征鲜明的教学案例，将其使用到实验教学内容中。

（2）可以邀请金融业界的专家来校开展系列讲座或是培训活动，拓展高校教师的

视野，分享业界分析问题的思维模式，弥补高校教师实践经验缺陷。

（3）积极鼓励高校教师承担金融行业内监管部门、交易所、金融机构等招标的相关课题研究，高校教师可以借助课题研究，与业内监管部门或机构建立紧密联系，加强人员往来，增进经验交流，同时提升科研水平。

参考文献：

［1］毕玉江．财经类高校专业课程推行课程思政的对策建议［J］．大学教育，2019（9）．

［2］周月朋，丁兆明．高校教师推进“课程思政”建设主体作用研究［J］．北京教育（高教），2018（11）．

［3］蒲鸿志，韦静月．新时代高校思想政治理论课实践教学创新路径［J］．大学教育，2018（10）．

［4］耿刘利，王琦，陈若旸．高校财务管理专业课程思政教学改革的思考［J］．西南石油大学学报（社会科学版），2019（2）．

［5］董洪亮．坚持立德树人思想引领，加强改进高校党建工作［N］．人民日报，2014（1）．

［6］吕宁．高校“思政课程”与“课程思政”协同育人的思路探析［J］．大学教育，2018（1）．

［7］李鹏．“课程思政”在“风险管理”课程的实施路径［J］．智库时代，2019（35）．

7　在智能金融背景下金融工程专业建设创新研究

尚秀芬　柳杨　谢佳佚*

摘要： 当今在智能金融的发展背景下，随着云计算、大数据、物联网等现代化高科技脱颖而出，人工智能、云计算等技术在被广泛应用于金融专业领域的过程中，金融工程专业的人才培养也面临着诸多机遇与挑战。本文分析了智能背景下金融工程专业的发展优势，探讨金融工程专业课程的改革与建设，不断优化金融工程专业的课程体系设置，满足智能金融发展对金融专业的人才需求。

关键词： 金融工程；智能金融；课程体系；课程建设

引　言

智能金融是人工智能与金融的全面衔接融合，将人工智能、大数据、云计算等现代化的高科技为代表的核心技术融入现代金融专业中，对提升金融机构的服务效率、拓展金融领域的广度和深度，提供高效、便捷、个性化的金融服务起着重要作用。智能金融在智能获客、身份识别、大数据风控、智能投顾、智能客服、金融云以及区块链等方面也有广泛的应用。金融工程专业于 20 世纪 90 年代兴起，是一门将数学、信息技术、金融学、统计学等知识进行融合来解决金融问题的新兴学科，它也是一个门类比较宽泛的专业。该专业的学生主要学习经济学、金融学、金融工程以及金融管理等方面的理论知识和基础知识，接受投资、理财、融资以及风险管理方法和技能等方面的训练，掌握设计、开发，运用各种金融工具创造性地解决金融实务问题的能力，同时也能够进行金融风险管理、公司理财、投资战略策划和金融产品定价研究。以智能金融在金融行业的广泛应用为背景，在总结金融工程专业课程体系，对高校金融工程专业调研总结的基础上，根据金融工程多学科高度交叉的特征，提出智能化背景下各高校金融工程专业课程合理优化设置的基本框架与实施建议。

* 尚秀芬，上海立信会计金融学院教师，副教授。研究方向：金融风险管理，资产定价。柳杨，上海立信会计金融学院，2018 级金融学专业本科在读。谢佳佚，上海立信会计金融学院，2017 级金融学专业本科在读。

一、智能金融背景下金融工程专业的发展优势

（一）金融工程提高金融机构的微观效率

金融工程最终目的是提高微观金融主体的金融效率，同时也最大限度地提高微观经济主体的经营效率。金融工程的出现鼓励了金融市场的自由竞争，提高了金融机构的核心竞争力，促使金融机构不断运用现代化的智能手段建立高效的运转机制，提高金融系统的管理水平。金融工程创造出的大量的新型金融工具为投资者提供了丰富多样的选择，可以促使投资者进行有个性的投资组合。

（二）金融工程提高金融市场的效率

一方面，金融工程创造出的金融工具以其高度的自由流动性加快了国际国内金融市场的一体化进程，进一步调动了金融市场的活跃性，促进了金融市场交易规模的不断扩大，提高了金融市场的运营效率。另一方面，金融工程提高了市场的沟通转化效率，同时，金融工程衍生出的资金流通系统、投资理财选择、支付手段在物质和技术上满足了市场的多样化需求，提高了资本运营的效率。

（三）金融工程提高金融宏观调控的效率

金融工程综合运用多种金融工具和金融手段创造性地解决众多经济金融问题，实现风险管理。金融工程为政府金融监管部门规范和监管金融市场和金融机构提供了技术上的支持。金融工程的出现使金融工具、金融市场、金融机构不断创新，为金融机构的流动性拓宽了更多的渠道。

二、金融工程专业对人才能力的培养要求

（一）大数据应用分析能力

大数据是人工智能在金融行业开展应用的技术基础，复杂的数据格式和庞大的数据量，使得大数据的应用能力将成为未来金融机构的核心竞争要素。大数据为商业银行、证券公司、保险公司等金融机构新型金融工具的研发设计提供了精确决策的依据，也为金融机构精准化营销、提升服务能力提供了强大的支持，但这也要求金融人才拥有较强的业务理解能力、数据资产管理能力、数据处理能力以及数据挖掘能力。因此，金融工程人才培养须强化大数据的应能力，利用数据分析为金融机构更加科学地评价经营业绩、控制金融风险和配置金融资源。

（二）金融建模分析的能力

当金融行业重复性高的手工操作业务逐渐被人工智能技术替代，那么金融工程人才的价值将更多地体现在对金融问题进行抽象，用严谨的数理模型进行表述，并转化为机器语言，由具有人工智能的机器人进行执行。比如，人工智能在智能投顾上的应用，其软件仍然是由人来编写，离不开人类对运算规则的设定。一个恰当的模型决定了投资的收益，也为机器开展深度学习提供可能。

（三）处理复杂金融问题的能力

随着金融业务在不同金融机构的渗透，综合性金融服务是未来金融机构发展的趋势。因此，需培养金融工程人才处理复杂金融问题的能力。基于对现实经济金融生活的理解，学会利用有效的途径解决处理金融业务时可能存在的冲突；主动学习，扩大知识边界，拓展解决问题途径，并具有较强的适应变化的能力。通过处理复杂问题能力的培养，才能使金融工程人才借助人工智能更有效地解决问题，降低金融成本，提升金融效率，而不是被人工智能替代。

三、我国高校金融工程专业存在的问题分析

我国金融工程专业起步较晚，近年来开立该专业的院校数量增长迅速，截至2017年，我国开设金融工程专业的高校已达到183所。由于金融市场不够成熟、法律法规设置不够完善等一系列因素，现阶段我国金融工程专业人才培养体系较为薄弱，体现在以下两个方面：

（一）培养目标不明确

现阶段我国很多财经类高校不能清晰定位自身培养目标，课程设置缺乏针对性，学生在学习过程中不能把握学习重点，难以形成自身核心竞争力。

（二）实践教学环节有缺陷

现阶段我国大部分财经类院校金融工程专业学生缺乏实践能力。从校内环境看，部分高校甚至没有金融工程实验室，而部分高校哪怕建立了金融工程实验室，学生也很难有效利用。从校外环境看，学生在实习过程中难以接触到核心的技术操作，校外实习对学生实务操作能力的提升作用不大。

金融工程专业改革的必要性如下：

金融工程是一个理论与应用较强的专业，一方面，金融工程专业对理工科要求较高，另一方面，金融工程的金融理论知识也较为全面，专业课程的设置较能满足金融科

技的理论要求，与金融科技的内容也有较多的交叉内容，可为金融科技行业输出大量的人才。比如，此前上海立信会计金融学院的金融工程专业，曾下设金融科技方向，立项为上海市应用型本科试点专业。

金融工程是一门与数学、计算机融合的交叉学科，旨在培养金融复合型人才，可为金融科技行业输送大量的专业人才。CFA 考试在 2019 年加考金融科技（Fintech）科目，可见金融科技的发展已经得到了社会的广泛关注与认可，金融科技人才的培养刻不容缓，而金融工程专业是为金融科技行业输送大量人才的重要培养基地，对金融工程专业课程体系的改革与建设，应符合金融科技发展的最新需求。金融科技的发展，也为传统的金融工程的人才培养提出了更高的要求。科技的创新带动了金融的发展。而科技的创新需要人才，只有加快人才培养的进程，才能促进金融科技的发展，促进校企合作，实现双赢。

我国金融工程专业存在的问题和不足如下：

1. 与计算机专业的融合度不够

目前我校虽然也配备了相应的实验课程，如 Matlab 与金融计算。但是总体而言，学生接触的计算机语言的种类较为单一，导致实践课程内容相对容易难以深入，与计算机专业的交叉融合度不够。在金融科技的发展背景下，大数据技术、爬虫技术、数据挖掘等技术都需要学生掌握并精通一门以上的计算机语言，目前金融科技行业比较主流的语言是 Python，企业招聘时大多要求应聘者精通 Python 语言，但我校在课程设置上未将 Python 语言纳入专业选修课或是实验实践课程，导致学生在就业时，很可能会降低毕业生与企业对我校本科阶段培养的双向认可度与满意度。

2. 与数学相关的课程的广度与深度不够

在课程的设置方面，学生在大一阶段学习了微积分、概率与统计等先修课程，对金融工程专业课的理解有所帮助，但是其他一些数学的相关课程如随机过程、偏微分方程等，学生知之甚少，而金融工程与衍生品定价等专业课中，会大量地涉及随机过程以及偏微分方程的知识，在目前的教学中，由于学生数学知识的匮乏，这部分相关知识一般是略讲或不讲，导致学生的理解比较肤浅。事实上，偏微分方程与随机微分方程之间存在着某种联系，当标的资产不再是简单的几何布朗运动时，而是更复杂的随机过程时，欧式期权价格可能不再存在精确的解析，此时传统的概率论方法不再适用，所以要用更一般的偏微分方程的方法来求解。

3. 课程的设置不够科学

由于我校的金融工程专业建设时间较短，人才培养方案还有诸多不够完善的地方。比如，金融工程学与衍生工具定价课程，但是从内容与难度上来说，衍生工具定价是金融工程学内容的延伸与扩展，难度也较大，这两门课程放在一个学期上的话，不够科学，应该是先学金融工程学，再学衍生工具定价。此外，与专业核心课程相关的基础课程还不够完整，比如与金融工程学联系较为密切的随机过程，有的年级的培养方案上没有设置或是设置在与金融工程学同一个学期上，这就不太合理，最好是放在金融工程学之前修完。再者，目前与专业相关的计算机软件实验课程较少，目前我校开设了 Matlab 与金融计算的相关课程，但是专业的计算机编程语言比如 C 语言、Python 语言、R 语言，在本科阶段金融工程专业的学生接触的机会较少，在金融科技发展的大背景下，这样的课程缺失不够科学。

4. 核心课程重理论轻应用，校企联系不够密切

金融工程专业的核心课程，如金融工程学，内容较为偏数理分析，远期、期货、互换、期权的实际应用却较少提及，这造成了课程知识和实践应用的脱节，因此可以适当增加一定的课时向学生展示金融工程的实际应用知识。在如今金融科技的发展背景下，对学生的动手能力与实践应用的能力要求较以往有所提高，金融工程专业的学生在掌握理论知识的同时，还应该对大数据技术、机器学习、云计算、区块链技术等最新科学技术有所了解与掌握，这对推动金融工程的创新应用有着积极的影响意义。目前，我校已在校内开设了一些专业实验课程，但还没有建立起与一些优秀企业的长期联合培养关系，校外实训基地还有待进一步建设。

5. 专业课程设置未充分考虑学生知识储备缺乏的问题

金融工程是一门具有高度学科交叉性的专业，其对学生的知识储备广度和深度有较高的要求，很多专业课程在没有掌握前期课程知识的情况下难以有效讲授。国内部分高校在设置金融工程专业课程时，没有遵循难易与深浅循序渐进的教学规律，不注重对学生专业基础能力的培养，导致开设的后续专业课程超出学生的接受能力范围和具备的知识结构，使得学生对金融工程专业课程的学习不够透彻。

比如，金融工程有较多专业课程均涉及复杂数学模型和数理推导的内容，这要求学生掌握较为全面的高等数学知识并具有扎实的推导能力。如果学生数理计算与推导能力不足，则难以理解包括伊藤引理在内的随机微积分的内容及其在金融衍生品定价中的应用。又比如，金融工程的目的是解决各类金融实际问题，因此学生若要透彻地掌握金融工程的知识结构，就需要对金融学的理论知识有较深的理解。如果学生对金融学的理论与实践知识理解不充分，在建立和解决数理模型时便可能无法把握金融问题的本质，那对金融工程专业课程的学习就如同无根之木、无源之水一般，难以从根本上掌握其学科精髓。此外，金融工程关于衍生产品定价及各种数据处理与分析的课程都要求学生有计算机编译能力，对于业界公认的计算机语言，如果学生不具备相应的编程能力，或者前期计算机课程教学内容过于浅显，将在理论知识应用实践时遇到阻碍。

6. 课程设置与业界需求匹配度不高

我国金融业正面临金融科技深入发展的冲击，传统金融模式被颠覆，新的金融业态和问题使得金融工程面临新的机遇和挑战。随着金融科技和大数据技术的发展，业界需求不断向掌握大数据挖掘与分析、机器学习、区块链技术等金融科技知识的金融工程人才倾斜。国内高校金融工程专业大都偏向于开设培养学生金融基础、数理推导、统计分

析等方面的能力培养的课程，而有关于大数据挖掘、区块链、人工智能等方面的课程几乎尚未涉及，而这些正是金融科技所需人才应该学习掌握的课程。

四、智能金融背景下金融工程专业创新建设的建议

（一）加强金融工程专业课程体系的构建

（1）金融工程专业是一门融合工程学、金融学以及计算机学科理论方法的交叉性学科。在课程体系设置方面要着力改变过去课程设置中存在的“重理论、轻实践”的状况。因为金融工程专业是一门应用性极强的专业，学校在注重理论教化的同时也要不断完善实践教学体系，采用理论与实践结合起来的原则设置课程，平衡理论课和实践课的课程设置比例，在理论课程设置方面不断加大计量学、经济学、金融学等学科内容和学时比重，强化学生对金融基础知识、基本金融理论的掌握程度。理论学习不是学习的终点，在完成理论知识讲解后，在课程与市场对人才需求对接的基础上，学校要加强学生运用计算机金融软件处理、整理和分析数据的能力，强化学生运用工程学思维构建金融方案和解决金融问题的能力。

（2）课程设置上要坚持与时俱进的原则，时代在不断进步发展的同时，金融工具和金融体系结构也在不断优化。金融工程专业的课程设置要与时俱进，即随着经济、金融市场、科技发展步伐的变动随时调整。学校在课程设置方面应增加有关人工智能、大数据、物联网等理论基础知识，培育学生的国际化视野，帮助学生掌握最前沿的金融领域基础知识，增强学生对学科发展以及金融市场的预判能力。

（二）明确金融科技背景下金融工程专业的人才培养目标

（1）金融工程专业是近年来市场需求最旺盛和各大高校最热门的专业之　，该专业设置的根本目的是促使学生利用金融学、数学、计算机科学等知识与技能解决由于经济变动引起的金融问题。随着云计算、区块链、大数据等技术的应用，传统金融工具存在不适应经济发展形势和不能及时解决某些金融问题的弊端，构筑新型的金融理念、金融模式、金融管理方法是未来金融智能背景下金融工程专业的发展趋势。因此，新时代的金融人才应该是能掌握计算机核心技术、利用人工智能开发金融产品、能够根据所学知识不断地创新金融管理和数据分析工具的人才。

（2）金融工程专业具有跨学科、跨行业、涉及领域广的特点，并且包含了经济学、管理学、金融学、数学等多种学科。本专业需要培养精通信息、通信、法律等多种学科，适应经济发展形势和发展需求，能够进入银行、证券公司、保险等各类金融机构从事风险决策、风险管理、数据分析等工作的跨专业、复合型人才。

（3）随着我国金融资本体系的高效运转和与国际市场衔接程度的不断深化，中国在不断打开国际证券资本运作市场的同时，更多的外资金融机构也入驻了中国市场。同

时，随着我国在国际市场上地位的不断提升和对外经济交流的不断协作，培养具有国际化思维和战略眼光的金融人才成为我国金融专业人才培养的目标之一。

（三）金融工程专业“双师型”教师的队伍建设

（1）“双师型”教师就是理论教学过硬、实践能力极强、教学经验丰富的深受学生欢迎的教师。国家在《面向21世纪深化职业教育教学改革的原则意见》和《国家中长期教育改革和发展规划纲要（2010—2020年）》中也提出了以建设“双师型”教师为重点。当前大多数高校金融专业教师队伍特点是青年教师居多，这些教师在取得相关的证书之后便立即走上教学岗位，没有经过上岗前相关培训，对学生的实践指导显得有些吃力。因此，构建丰富完善的金融教学体系，不断提升金融专业教师的教学能力和教学素质成为当务之急。

（2）为了培养高素质的金融专业人才，要不断培养教师增强金融理论和教学能力，结合理论动态用先进的研究成果和研究方法强化学生对重难点理论的实践意义和重要性认识，注重采取先进的教学手段，依托多媒体教学设备实现金融专业电子授课、在线答题、数据共享，为学生提供自主学习平台和师生交流平台。金融专业的目标之一是促成它的国际化建设，教师的知识结构要不断更新才能适应国际化市场的需求。学校可以加强对金融专业教师的培训力度，鼓励优秀的金融专业教师去国外顶尖学院进行访学和交流合作，参加学术经验交流会，切实提高自身的理论素养。同时，院校对外出交流的教师要给予经费支持。

（四）拓宽专业选修课范围，提高课程作业质量

优化金融工程课程体系，最主要的目标是使开设课程的内容适应金融行业对当下和未来人才素质的要求。在各高校对专业必修课学分逐步约束的实际背景下，一个较为有效的措施是扩充高质量的专业选修课内容。这里所讲的增设专业选修课并不是一味地增加选修课程的数量，而是通过增加师资力量的方式拓展学校开设专业选修课的知识范围，特别是增加大数据分析、区块链、人工智能等金融科技方面的系统知识。通过教师辅助学生选择专业选修课的方式对学生的培养方案进行“二次规划”，就可以从专业必修课与选修课2个方面，动态地促进金融工程专业课程体系培养出满足市场当下及未来需求的高水平专业人才。

金融工程专业学生，特别是财经类高校的学生，需要培养多动手练习与实践的习惯。须知不仅是理工科专业的学生才会有培养动手实践能力的需求，对于金融工程专业的学生而言，动手实践能力的范畴也包括推导演算、搜集数据、编程及写作等，这样才能够实现让学生真正理解掌握所学的知识，成为市场发展所需的复合型金融人才。

（五）增强校企合作，联合培养复合型人才

高校的主要功能是向社会输出人才，金融工程专业的培养目标是向金融行业输送高

层次的复合型人才。在人工智能的背景下，银行、证券公司、金融企业目前已经从国外引进或正在自主研发诸如程序化交易等智能交易软件，未来金融行业的发展需要多学科背景的复合型人才。高校和校外金融企事业单位应加强战略合作，联合培养高素质的金融人才。学生可以到校外的金融机构、企业去学习实务金融，增强自己的金融业务素养，实践创新能力。而高校的金融工程实验室也可以承接校外企业的培训业务。增加校企之间的长期合作，有助于实现共同进步，达到双赢的局面。

参考文献：

[1] 安乾．基于智能金融背景的金融工程专业的创新建设［J］．教育观察，2019，(35)：63～65.

[2] 牛华伟，颜荣卿，李旭东．金融科技背景下金融工程专业课程体系优化研究——基于5所“985工程”高校的调研［J］．金融教育研究，2019（05）：75～80.

[3] 牛华伟，李旭东，颜荣卿．金融科技背景下财经类高校金融工程专业人才培养体系研究［J］．山东农业工程学院学报，2019（09）：178～182.

[4] 钱燕，史嵘．人工智能背景下金融工程专业人才培养探索［J］．教育现代化，2019（33）．

[5] 邢钰．金融科技背景下金融工程专业的课程改革与建设［J］．教育现代化，2019（10）：91～93.

[6] 孙璐，孙榆棋．金融科技背景下金融专业人才培养创新研究［J］．对外经贸，2018（10）：136～137.

8　加强应用型高校金融工程专业课程建设的思考

张利兵　张行健　吴智利　李南汐*

摘要：应用型高校的金融工程专业以培养学生应用能力为目标，课程建设应符合市场发展和人才需求趋势，与金融科技相结合，增强学生的应用能力特别是实战能力。因此，需要在课程设置优化、科创实践环节和师资力量培养方面加强提升。

关键词：应用型高校；金融工程；课程建设

随着国内金融市场的飞速发展，国内金融市场对外开放程度的日益加强，可用于金融领域的高新技术日新月异，对熟悉金融创新，特别是对精通金融产品（策略）的设计与交易/实施的人才缺口日益扩大。

金融工程专业主要培养金融产品设计、交易与应用的高级金融人才，可以说是金融类专业里最微观也最复杂的部分。目前，从世界上顶级高校、国内一流大学，到许多地方性和应用型大学都开设了金融工程专业。对研究型大学的金融工程专业来说，专注金融工程领域里的理论和技术创新和研究型创新型人才的培养，而对应用型高校金融工程本科专业，理应更强调培养应用型人才。在人才培养中，课程建设是重中之重。然而，由于多方面的原因，应用型高校金融工程专业课程建设中还存在着一些问题需要解决。

一、培养目标和培养方案脱节，专业辨识度不足

应用型本科院校的人才培养目标，应是培养具有一定创新意识和创新能力，熟悉该专业的基础知识，掌握运用专业知识所需的各类工具的应用型人才。在应用型本科院校，特别是应用型财经院校的金融工程专业的人才培养也是如此，既要掌握扎实的金融学和金融工程基本理论，更要熟悉金融工程在实务中的应用及相关技术。

一方面，从人才培养目标可以看出，应用型高校金融工程专业需要培养的人才应熟练掌握各种工具，能灵活应用解决实际问题。虽然看似不难，但要实现熟练掌握工具和

---

* 张利兵，博士，副教授，上海立信会计金融学院金融学院教师，研究方向为资产定价与风险管理，金融与经济周期，创新与经济增长。张行健、吴智利、李南汐，上海立信会计金融学院金融学院金融工程专业学生（2018级）。

灵活解决问题，需要在培养方案特别是课程设置上下足功夫。

另一方面，还要有较强的创新意识和创新能力，这是因为金融业的发展非常快速，金融机构和市场中各类参与者对金融创新的要求层出不穷，具备较强创新意识的金融工程专业人才才更具有市场敏感性和洞察力，从而发现需求，具备较强创新能力的金融工程专业人才才能迅速找到技术手段获取解决方案，从而满足需求。要实现所培养人才具有创新能力，理论课堂和实验课程是关键，而创新意识则不是仅仅由课堂教学环节可以实现的，而应通过实训、实习等环节等解决。

由此可以看出，应用型高校金融工程专业人才培养强调专业知识和工具的应用能力，兼顾创新意识和创新能力，因而在培养方案和课程设置上应该紧紧围绕这个目标进行设计。

从目前来看，国内应用型高校金融工程专业的培养目标定位都很精准，但在培养方案设计上始终存在着不足，即并没有找到很好的方案，能普遍性地培养出与培养目标一致的人才。这固然是许多其他专业也存在的普遍性问题，也有本专业自身的特点产生的原因。

金融工程是一门交叉学科，是金融学相关专业内技术手段要求最多、最杂也可能是最难的领域，在应用型高校培养中，既要考虑学生的接受能力，也要考虑师资力量的支撑，满足“学”与“教”这种供求关系的均衡本身就不是易事。考察国内各大应用型高校的金融工程专业（方向）培养方案可以看出，许多培养方案和金融学、投资学、国际金融等专业区别并不大，往往只是在专业基础课和专业必修课中有少数课程的调整。这样的结果必然使金融类专业的学生所学的内容没有太大差异，专业辨识度偏低。

二、课程设置与市场需求脱节，知识更新速度偏慢

金融工程专业人才的需求随着金融市场的发展而增大。从目前来看，金融工程专业人才在中国的就业主要在以下几个领域。一是基金公司，主要从事基金绩效评估风险控制、资产配置；二是证券公司，主要从事包括集合理财等产品设计、量化投资和程序化交易等；三是期货公司，主要从事期货交易、策略开发和设计等；四是银行，主要从事内部风险管理模型，固定收益证券，如公司债券市场、抵押支持债券设计等。这几个领域既需要高端的金融工程人才，同样也需要应用型高校的金融工程本科专业人才。

虽然发展速度迅速，但目前中国金融市场的发展程度与欧美成熟市场相比还有差距，商品市场、金融衍生品市场都还比较小，而且在交易中有自己的特点。目前金融工程的专业课程、基础理论方面主要延续发达市场的框架体系，这从实施架构上并无问题，内容也很全面，但从应用人才角度，就容易产生“大而全、博不精”的后果，什么都知道，但什么都不透彻，导致什么都不能落地。因此，需要在课程设置中安排中国金融市场或中国市场金融工程专题，将一般性的专业理论与中国实际结合，在应用中引

入中国市场特点。

金融工程需要利用数学、信息技术和工程思想等多方面的技术，可以说只要可以用来解决金融问题的技术均可为我所用。然而，金融工程可以采用的技术进步速度非常快。近年来，随着大数据、云计算、人工智能、区块链等技术创新全面应用于支付清算、借贷融资、财富管理、零售银行、保险、交易结算等金融领域，金融与科技的融合正成为未来金融行业发展的新趋势。在当今金融科技快速发展背景下，金融工程专业的人才培养也面临着诸多机遇与挑战。机遇在于存在借助新技术解决老问题的可能，挑战则是在教学安排上增加了新的维度和难度。

金融工程专业在课程设置上如果不能很好地解决这方面的问题，必然导致人才培养中知识传授比较老旧，难以满足飞速发展的市场需求。

三、理论知识与实战技能脱节，应用训练环节缺乏

金融工程理论知识是基于数学、信息技术、工程思想和金融学理论而形成的关于金融工具和产品（策略）的设计与交易实现的综合知识体系，既包含依据金融学理论解决问题的思路，也包含根据技术方法提供的验证手段和实施手段。在人才培养中，这两个方面同等重要，缺一不可。这两方面的结合主要通过课堂教学与实验教学来实现，对课程设计与安排提出了很高的要求。

应用型本科高校金融工程专业课程建设中，教学内容安排虽然有理论和实验支撑，但许多实验内容偏重于重复课堂教学内容，即课堂教学内容在实验课中的具体化和形象化。固然，这有利于强化课堂教学效果，巩固学生对知识的掌握，但离人才培养目标——应用型人才还有较大距离，即如何去应用的问题尚未解决。对学生而言，金融工程专业涉及的内容多、难度大，学会理论知识和有关技术并不意味着在真实世界中会应用。从行业反馈信息来看，许多学生的应用能力偏弱，是因为在学与用之间缺乏了一个重要缓冲环节。

实践实训是重要的弥补措施，但目前在许多地方应用型高校的金融工程专业中，学生实习只是为了获得相应学分，而缺乏将学习当作专业知识提升手段的意识，学生创新、创造、创业能力的培养尤为缺乏。而银行、基金、投行等金融实务部门，也往往难以安排实习生培训。这个问题亟须解决，难度不小。

四、解决措施与建议

前面提到的这些问题，主要体现在课程体系设计、课程内容设计、教学环节等方面。针对这些问题，我们认为应该从如下几个方面加以解决或改进。

（一）优化专业课程体系

课程体系优化主要解决专业辨识度不高的问题。

（1）要扎实金融学和金融工程理论知识。金融工程是金融领域最复杂的专业之一，要解决的是金融领域的关键问题及其应用。应用型高校金融工程专业培养的人才，虽然偏重于具体问题的解决和应用，但并非从事重复性的操作，而是要能抓住问题的实质、厘清解决思路、找出解决方法并加以实现。要有这样的能力，必须有扎实的金融学和金融工程理论知识（有助于抓住问题实质）、较强的数学分析特别是建模能力（有助于厘清解决思路），而后者本身就深入到金融工程基础理论知识的各个方面。因此，在课程体系建设中要进行调整和优化，除了金融工程专业基础外，应该强化具体的衍生品交易（特别是中国已有的商品期货和期权）、固定收益证券和股权等证券交易方面的内容，培养学生了解整个金融市场和金融体系，并熟悉各种产品的定价、设计和交易等内容。重点是，课程体系安排必须突出思维训练，特别是复制证券组合，以及投机、对冲、套利等基本的交易策略设计和应用。

（2）加强数据分析、编程等技术能力培养。用相关数据处理及编程软件对金融数据进行分析，从中发掘金融运行规律是当今金融信息全球化的重要手段。金融工程作为一门实践性很强的学科，要求学生在掌握金融基础理论、熟悉相当程度的数理知识的同时，还要求学生能够熟练运用计算机技术进行操作分析。一方面，既要充分利用各种金融工程领域通用平台，如量化交易的各种第三方平台（如优矿等），另一方面，也要大力培养学生的程序编写能力，如 Matlab 和 Python 等，结合大数据分析技术等，培养在市场中发现机会、利用机会的能力。通过加强数据分析和编程等技术能力的训练，提升学生的量化技术水平，促使学生结合模拟仿真等手段定价、设计产品和交易策略，并利用量化交易等技术加以实现。

（3）要将理论和技术方法有机结合。在金融工程专业人才培养中，很容易陷入技术方法课程与金融工程专业训练结合度不高的问题，在应用型高校尤为如此。一般来说，技术方法课程如编程等技术基础课程通常是围绕技术问题本身而展开的，如何结合金融工程专业本身来开展则需要加强探索，唯有实现两者的有机结合，才有助于人才培养目标的顺利实现。由于计算机及编程技术知识更新速度较快，显然教学过程的调整并不经济。因此，合理安排教学内容，培养学生的自学能力和创新能力，使其拥有能力在新技术出现时能够尽快学会并掌握更加重要。此外，还需要及时将可用于金融工程领域的金融科技，如云计算、人工智能等前沿内容介绍引入课堂，激发学生利用新技术解决金融工程问题的思想碰撞，提升其创新意识、激发其探索精神。

（二）强化科创实训环节

金融工程的实务操作要求很强，课堂教学与直接应用之间的差别可能很大。从市场对人才的需求来看，仅仅靠课程实验和现有的综合实验还远远不能满足对金融工程人才解决具体问题能力的需要。应用型高校的许多专业，都存在着教育教学和实际应用两个环节之间一定程度脱节的问题，金融工程专业因为自身特点，在这方面更加明显。解决这个问题的重要途径，就是通过科创实训（甚至实战），促进学生将知识转化为应用能力。

传统教育主要是应试教育，考试分数是检验教师教学效果和学生掌握知识程度的唯一标准，在很大程度上抑制了学生的创新和动手能力。学生参加科创等活动，是进行实践，培养学生分析问题、解决问题的能力的有效途径。积极引导、鼓励学生通过科创活动和专业竞赛，去应用和检验金融工程专业知识。

应充分利用校内资源和产学研基地，除了在课堂教学中引进行业师资，拉近教学与应用的距离外，更重要的是要强化学生的实践实训，让学生在实践实训中接触、感受真实的市场与市场交易，设计交易策略和产品，即使这样的策略和产品只能通过真实市场数据反馈模拟交易效果，仍然是促进学生从课堂走向实际应用并解决问题的重要手段。

（三）加强师资力量的培养

专业课程建设的一个重要问题是师资力量的培养。应用型高校的金融工程专业强调应用，专业教师既需要有扎实的金融工程专业理论，也需要熟悉行业发展。而大多数教师通常都是从校园到校园进行了角色转换，对行业、实务的理解和现实往往有较大差别。而且，金融领域本身变化迅速，需要借助金融工程来解决的问题也在不断发展变化。因此，金融工程专业教师本身也需要不断向行业和市场学习和参加培训，不断提升。师资队伍要提高双师型比例，突出金融工程重应用的特点，这样才有助于课程体系动态优化、教学内容更新调整及教学方法探索创新等，才有助于应用型人才培养目标的实现。

此外，为了加强应用型、实践型师资力量的培养，需要学校出面打造产教融合的高地，做好校校、校企、校地、校所合作，促进产业链、创新链与教育链、人才链的有机衔接。

结　语

引导部分本科高校向应用型转变是高等教育结构调整的重要着力点和战略突破口，但目前应用型本科院校发展中，还存在一些不容忽视的挑战与困难。要破解这些困难和问题，就要走好应用型本科院校的特色发展之路，尤其在学科建设和专业建设中做足文章。金融工程专业是典型的应用型专业，其课程建设中还存在着一定的问题和不足。这些不足可以通过短期的课程设置优化、教学内容调整以及长期的师资力量加强来加以改善。

应用型高校金融工程专业课程建设中，有些问题深层次的解决不是课程建设本身能够实现的，还需要学院甚至学校在制度等方面给予支持。例如，实践实训环节薄弱的问题，如果市场不能解决（这种可能性很大），可能需要学校出面协调，或者学校自行建设实践实训平台，通过仿真交易系统等来化解。

参考文献：

[1] 张虹敏．金融工程专业金融衍生工具课程设计的研究与探索［J］．商业经济，2012.

[2] 邹晓峰．面向投资理财的金融工程本科培养定位和教学改革——以应用型地方财经院校为例［J］．继续教育研究，2013.

[3] 王打醒，张海永．金融工程实践环节建设和校企协同实训教学改革［J］．实验室研究与探索，2017.

[4] 何静．金融工程专业人才培养模式研究［J］．湖南城市学院学报，2015.

9　利用上证 50 期权套期保值研究及相关课程实验项目设计

郑伟　荣元鑫　郑文婷*

摘要：在本文中，笔者使用上证 50 股指期货合约和 50ETF 期权合约，对 50ETF 资产进行了套期保值的实证对比研究。在实证研究的基础上，设计了一个金融工程专业实验课程的实验项目，有助于丰富金融工程专业实验教学的内容。

关键词：上证 50 股指期货；上证 50ETF 期权；套期保值；实验设计

股指期货合约和期权合约都可以用于套期保值，规避标的股票类商品的价格风险。在我国内地证券市场，同时有股指期货合约和期权的合约交易。因此，有必要对这两种合约的套期保值进行对比研究，并将研究结果用于相应实验课程的项目设计，丰富实验教学的内容。

2019 年 12 月 23 日，沪深 300 指数衍生出的三大期权品种一起上市。其中，上交所上市交易沪深 300ETF 期权合约（标的为华泰柏瑞沪深 300ETF），深交所上市交易沪深 300ETF 期权合约（标的为嘉实沪深 300ETF），中金所上市交易沪深 300 股指期权。由于沪深 300 的相关期权上市时间较晚，交易数据很少，还不足以支持实证研究，因此，本文采用上市较早的上证 50ETF 期权进行研究。

一、上证 50 股指期货与上证 50ETF 期权

（一）上证 50 股指期货

上证 50 指数是挑选上海证券市场规模大、流动性好的最具代表性的 50 只股票组成样本股，以便综合反映上海证券市场最具市场影响力的一批龙头企业的整体状况。上证 50 指数自 2004 年 1 月 2 日起正式发布。

上证 50 股指期货是以上证 50 指数作为标的物的期货品种，在 2015 年 4 月 16 日由

---

* 郑伟，管理学博士，上海立信会计金融学院讲师。主要从事金融工程方面的教学和研究。已在国内外公开及核心刊物发表论文近 20 篇，主编教材 1 本，专著 1 部。荣元鑫，上海立信会计金融学院 2017 级金融工程专业学生。郑文婷，上海立信会计金融学院 2016 级金融工程专业学生。

中国金融期货交易所推出，买卖双方交易的是一定期限后的股市指数价格水平，通过现金结算差价来进行交割。上证50股指期货合约概况如表9.1所示。

表9.1 上证50股指期货合约表

合约标的	上证50指数	最低交易保证金	合约价值的8%
合约乘数	每点300元	最后交易日	合约到期月份的第三个周五，遇国家法定假日顺延
报价单位	指数点	每日价格最大波动限制	上一个交易日结算价的±10%
最小变动价位	0.2点	交割方式	现金交割
合约月份	当月、下月及随后两个季月	交易代码	IH

资料来源：中金所网站。

（二）上证50ETF期权

2015年2月9日，上海证券交易所上市上证50ETF期权，正式开启我国金融市场期权时代。上证50ETF期权标的资产是华夏上证50ETF（510050），即每张50ETF期权合约对应10000份华夏上证50ETF。50ETF期权的到期月份为当月、下月及随后两个季月，共4个月份。

上证50ETF期权分为认购期权和认沽期权两种类型，认购期权就是买方花钱（期权费）获得一种以行权价格买华夏上证50ETF的权利，卖方收钱（期权费）承担在期权买方提出行权要求时，以行权价格把华夏上证50ETF卖给期权买方的责任。认沽期权就是买方花钱（期权费）获得一种以行权价格卖华夏上证50ETF的权利，卖方收钱（期权费）承担在期权买方提出行权要求时，以行权价格向期权买方收购华夏上证50ETF的责任。

上证50ETF期权合约基本条款如表9.2所示。

表9.2 上证50ETF期权合约基本条款

合约标的	上证50交易型开放式指数证券投资基金（“50ETF”）
合约类型	认购期权和认沽期权
合约单位	10000份
合约到期月份	当月、下月及随后两个季月
行权价格	9个（1个平值合约、4个虚值合约、4个实值合约）
行权价格间距	3元或以下为0.05元，3~5元（含）为0.1元，5~10元（含）为0.25元，10~20元（含）为0.5元，20~50元（含）为1元，50~100元（含）为2.5元，100元以上为5元
行权方式	到期日行权（欧式）
交割方式	实物交割（业务规则另有规定的除外）

续表

到期日	到期月份的第四个星期三（遇法定节假日顺延）
行权日	同合约到期日，行权指令提交时间为9：15～9：25，9：30～11：30，13：00～15：30
交收日	行权日次一交易日
交易时间	上午9：15～9：25，9：30～11：30（9：15～9：25为开盘集合竞价时间）下午13：00～15：00（14：57～15：00为收盘集合竞价时间）
委托类型	普通限价委托、市价剩余转限价委托、市价剩余撤销委托、全额即时限价委托、全额即时市价委托以及业务规则规定的其他委托类型
买卖类型	买入开仓、买入平仓、卖出开仓、卖出平仓、备兑开仓、备兑平仓以及业务规则规定的其他买卖类型
最小报价单位	0.0001元
申报单位	1张或其整数倍
涨跌幅限制	认购期权最大涨幅＝max{合约标的前收盘价×0.5%，min[(2×合约标的前收盘价－行权价格)，合约标的前收盘价]×10%} 认购期权最大跌幅＝合约标的前收盘价×10% 认沽期权最大涨幅＝max{行权价格×0.5%，min[(2×行权价格－合约标的前收盘价)，合约标的前收盘价]×10%} 认沽期权最大跌幅＝合约标的前收盘价×10%
熔断机制	连续竞价期间，期权合约盘中交易价格较最近参考价格涨跌幅度达到或者超过50%且价格涨跌绝对值达到或者超过5个最小报价单位时，期权合约进入3分钟的集合竞价交易阶段
开仓保证金最低标准	认购期权义务仓开仓保证金＝[合约前结算价＋Max(12%×合约标的前收盘价－认购期权虚值，7%×合约标的前收盘价)]×合约单位 认沽期权义务仓开仓保证金＝Min[合约前结算价＋Max(12%×合约标的前收盘价－认沽期权虚值，7%×行权价格)，行权价格]×合约单位
维持保证金最低标准	认购期权义务仓维持保证金＝[合约结算价＋Max(12%×合约标的收盘价－认购期权虚值，7%×合约标的收盘价)]×合约单位 认沽期权义务仓维持保证金＝Min[合约结算价 ＋Max(12%×合标的收盘价－认沽期权虚值，7%×行权价格)，行权价格]×合约单位

资料来源：上交所网站。

二、股票期权的套期保值策略

（一）等量对冲策略

该策略是最简单的套期保值方式，也叫等市值对冲或市值对冲，是指期权市值与现货市值按照1：1的比例进行对冲的方式。该策略在完成建仓后，一般只需要在期权即将到期时进行展期操作即可，通常在展期时仍选择同一类型（行权价）的期权。整个套期保值期间的套头比始终保持1∶1的关系。

例如，投资者持有上证50指数组合，由于担心指数未来会继续下跌，投资者买入等量的价内1%的近月看跌期权做对冲组合，当该近月期权合约将到期时，投资者可以继续买入当时市价的价内1%的近月看跌期权进行展期，很明显，当价格上涨时，这种套期保值方式仅仅是损失了权利金，但是可以获取价格上涨的收益。而在价格下跌时，由于买入看跌期权，现货部分的亏损可以由期权的盈利得到弥补，所支出的权利金像是保险费。

（二）静态delta中性对冲策略

期货价格和标的资产的价格是线性的，但是期权价格与标的资产价格为非线性（凸性）关系，二者相关系数的绝对值小于1。对于看涨期权而言，随着标的资产价格升高，期权权利金升高的速度越来越快；随着标的资产价格下降，期权权利金下降速度越来越慢。看跌期权价格随标的资产价格的变化方向则相反，如图9.1所示。

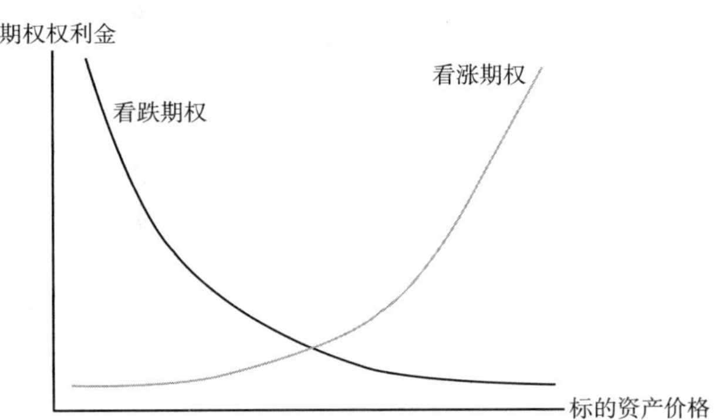

图9.1 期权价格与标的资产价格的关系

期权的这种特性使得期权套期保值更为复杂。由于期权价格与标的资产价格的收益曲线为非线性，这意味着当标的资产价格发生变化时，原先的套头比将不再适用，原先的套期保值组合将不再是市场中性。从这个角度看，简单的等量对冲策略仅仅只能对冲掉标的资产的部分价格风险，而不是全部。如果要完全规避价格风险，也就是说要达到delta中性，那么期权市值与现货市值比例应为1∶delta。

在具体操作时，该策略与等量对冲策略基本相同，即都需要展期，在持有期权期间不进行调整头寸的操作。唯一不同的是等量策略的对冲比例是1∶1，该策略的对冲比例为1∶delta，且在展期的时候，应根据变化后的delta来计算对冲比例。例如，投资者持有近月看跌期权delta为-0.6，那么初始的对冲比例（期权：现货）应为1∶0.6，即5∶3。当展期时，需买入进行展期的新期权delta变为-0.75，则投资者平仓掉原有期权头寸后，同时买入新的看跌期权，使得期权：现货比例为4∶3。一般来说投资者可以通过调整期权持有量来满足该比例，同时也可通过调整现货或期货头寸来实现。由此可见，相对于等量对冲策略，静态 delta 中性对冲策略更为复杂。

（三）动态 delta 中性对冲策略

第三种策略则在第二种策略的基础上更进一步，是更为精细化的套期保值头寸管理策略。由于期权的 delta 是不断变化的，静态 delta 中性对冲策略仅仅是在展期时根据新 delta 进行了头寸调整，而在非展期时，有的时候 delta 若发生巨大变化，因头寸仍没有得到及时调整，套期保值组合将会出现无法规避大部分价格风险的情况，因此我们需要引入动态 delta 中性对冲策略。即我们不仅在展期时考虑 delta 的变化，同时在非展期期间，若现货价格的变化超过一定阈值时，就根据新的 delta 来调整套期保值的头寸。从这种调整头寸的方式看，静态 delta 中性对冲策略是定期调整头寸，动态 delta 中性对冲策略则是“定期调整 + 定量调整”。从理论上来讲，动态 delta 中性对冲策略是三种套期保值策略中最能规避价格风险的做法，但是由于交易成本的存在，最终的套期保值效果可能要取决于现货价格变化阈值的设定。

三、期权套期保值的要素选择

在使用期货进行套期保值时，我们需要确定使用什么月份的合约、使用多少手合约来进行套期保值，在期权套期保值时，显然需要关注的要素更多，除了到期日需要考虑外，选择什么执行价格的期权同样很重要。

一般来说，根据套期保值月份相近的操作原则，应选择与现货操作计划的期限相匹配的到期日期权合约，但是由于期权具有时间价值，简单地根据月份相近原则未必得到最好的套保效果。而对于期权执行价格的选择则更为复杂，执行价格越有利，权利金成本越高，对于使用保护性看跌期权对冲策略的保值者，为了锁定利润，买入的看跌期权执行价格越高，收益越高，但其权利金成本也越高。而如果为降低成本买入执行价格低的看跌期权，其对现货的保值力度亦降低。对于使用看涨期权策略的保值者，卖出实值期权显然获利较高，但是被行权的概率亦大，风险较高，若卖出虚值期权，尽管被行权概率降低了，但收益亦减少了。而且一般情况下接近标的资产当前市场价格的执行价格的期权合约交易比较活跃，深度实值与深度虚值的期权合约流动性不足。这就要求保值者必须要在所提供的保护程度与所需的成本之间求得平衡。此外不同的保值策略，亦会对期权的选择造成影响，不能一概而论。综合时间因素等，使用价内期权是比较好的选择。在实际操作中，由于交易成本和远近月合约流动性不同的影响，在具体选择上可能又会有所不同。

四、指数资产利用股指期货和期权合约套期保值的实证分析

（一）实证研究思路

本实证部分采用等量对冲策略，目的是得到使用股指期货合约和期权合约对指数资产的套期保值结果的一般性结论，为金融工程专业实验课设计新的实验项目提供参考。

套期保值多数情况是对冲标的资产价格下跌的风险。因此，实证研究在时间上选择一段股指明显下跌的时间段。为了进行对比，标的资产选择上证 50ETF，套期保值的品种分别选择 50 指数的股指期货合约和 50ETF 期权，原因是二者本质上都是上证 50 指数的衍生品。

（二）数据选取

在套期保值时间上，选择 2018 年 4 月 27 日至 2018 年 9 月 17 日，从行情走势上可以看出这段时间是指数明显的下跌行情。

以上证 50ETF 为现货资产，以 50 指数的股指期货合约“上证主连”（IHL8）的价格计算使用期货合约套期保值的结果。以上证 50ETF 2018 年 9 月认沽期权合约的价格计算使用期权合约套期保值的结果。由于期权的品种较多，根据行权价格，分别使用该期权的平值、虚值和实值期权进行计算，比较不同期权的套期保值效果。

50ETF 交易数据和 50 期货合约数据来源于德邦证券股票交易软件，50ETF 期权数据来源于 Wind 数据平台。

（三）实证研究过程和结果

1. 50ETF 利用股指期货合约套期保值

假定以 2018 年 4 月 27 日至 2018 年 5 月 29 日的收盘价的平均价格，买入 500 万份 50ETF。并以这个时间区间的“上证主连”（IHL8）的平均价格建立期货的空头合约，合约的数量使用公式 $N=P/A$ 确定。

公式中 P 为要套期保值的资产价值，A 为一份股指期货合约的价值。上证 50 股指期货的一份合约的价值是 300 倍的指数。

假定以 2018 年 8 月 16 日至 2018 年 9 月 17 日的收盘价的平均价格，卖出 500 万份 50ETF。并以这个时间区间的“上证主连”（IHL8）的平均价格，平仓所建立的股指期货的空头合约。

现货和期货合约的开仓、平仓的价格，期货合约的数量，盈亏结果如表 9.3 所示。

表 9.3　　50ETF 资产利用股指期货合约的套期保值

项目	现货 50ETF	50 股指期货合约
开仓价格（元）	2.594	2693.8
平仓价格（元）	2.397	2443.5
交易数量	500 万份	16 份
盈亏（元）	-985000	1201440
套期保值结果	—	216440

计算过程如下：

50 期货合约的交易数量 =(2.594×5000000)÷(2693.8×300)=16.05（份）

现货 50ETF 盈亏 =(2.397-2.594)×5000000=-985000（元）

50 股指期货合约盈亏 =(2693.8-2443.5)×16×300=1201440（元）

套期保值结果 =1201440-985000=216440（元）

可见，使用 50 股指期货套期保值，总的结果是盈利 21.644 万元。

2. 50ETF 利用 50ETF 期权合约套期保值

假定以 2018 年 4 月 27 日至 2018 年 5 月 29 日的收盘价的平均价格，买入 500 万份 50ETF。并以这个时间区间的上证 50ETF2018 年 9 月认沽期权的平均价格分别买入该种认沽期权的平值、虚值和实值期权合约（行权价格分别为 2.6，2.45，3.0）进行套期保值。由于 1 份 50ETF 期权的规模是 10000 份 50ETF，所以 3 个期权合约需各买入 500 张。

假定以 2018 年 8 月 16 日至 2018 年 9 月 17 日的收盘价的平均价格，卖出 500 万份 50ETF。并以这个时间区间的上证 50ETF2018 年 9 月认沽期权的平值、虚值和实值期权合约的平均价格，平仓所买入的各期权合约。

现货和期权合约的开仓、平仓价格，交易的数量，盈亏结果如表 9.4 所示。

表 9.4　　50ETF 资产利用期权合约的套期保值

项目	现货 50ETF	50ETF 实值期权	50ETF 平值期权	50ETF 虚值期权
开仓价格（元）	2.594	0.3017	0.0656	0.0297
平仓价格（元）	2.397	0.5001	0.1270	0.0434
交易数量	500 万份	500 张	500 张	500 张
盈亏（元）	-985000	992000	307000	68500
套期保值结果	—	7000	-678000	-916500

计算过程如下：

现货 50ETF 盈亏 =(2.397-2.594)×5000000=-985000（元）

50ETF 实值期权合约盈亏 =(0.5001-0.3017)×10000×500=992000（元）

50ETF 平值期权合约盈亏 =(0.1270-0.0656)×10000×500=307000（元）

50ETF 虚值期权合约盈亏 =(0.0434-0.0297)×10000×500=68500（元）

套期保值结果：

50ETF 实值期权合约套保结果 = 992000 - 985000 = 7000（元）

50ETF 平值期权合约套保结果 = 307000 - 985000 = -678000（元）

50ETF 虚值期权合约套保结果 = 68500 - 985000 = -916500（元）

可见，使用50ETF期权合约套期保值，50ETF实值期权套期保值效果最好，现货亏损和期权的盈利基本相抵。

（四）实证分析的结论

通过实证数据对比，可以看出，在等量对冲策略下，使用实值期权的对冲标的资产价格下跌的效果最好，而使用平值期权和虚值期权套期保值的效果较差。从使用期权和期货合约套期保值的对比看，使用实值期权和期货合约都能较好地进行风险对冲，本例中使用实值期权对冲价格下跌风险，期权盈利和现货亏损基本相抵，套期保值的效果更好。

从套期保值成本上看，本例中使用实值期权初始资金占用约为150万元，使用期货合约，如果假定保证金比例为10%，保证金占用大约在130万元。考虑到交易账户中的保证金余额不可能只维持在最低水平，实际二者资金占用成本差别不大。

使用期权进行套期保值不但可以对冲价格下跌的风险，还可能获得标的价格上涨带来的收益，这是使用期权进行套期保值的优点。从本例来看，标的价格如果大幅上涨，比如超过10%，那么使用期权套期保值就可能比使用期货合约更有优势。

五、相关实验项目设计

根据本研究的实证结论，可以设计一个金融工程专业的实验项目，丰富金融工程实验课程的教学内容。帮助学生对使用期货和期权合约进行套期保值的理论有更好的理解，提高学生动手实践的能力。为此，设计实验项目如下。

实验名称：指数资产利用股指期货合约和期权合约套期保值的对比分析

（一）实验目的

熟悉50ETF等指数资产，熟悉利用股指期货和期权合约为指数资产进行套期保值的原理和操作，了解利用股指期货和期权合约进行套期保值的不同特点和区别。

（二）实验内容及要求

1. 指数资产使用对应指数的股指期货合约的套期保值

（1）假定在教师指定的时间段内的任意一天，以收盘价买入一定数量，比如100万份的上证 50ETF 资产。

（2）在买入上证 50ETF 的同时，以当天收盘价卖出上证 50 股指期货合约，这里假定卖出的是“上证主连”（IHL8）。

卖出的期货合约数量为：$N=P/A$

P 为要套期保值的资产价值；A 为一份股指期货合约的价值。上证 50 股指期货的合约乘数是 300。由于使用的是指数资产，所以假定 β 系数为 1。

（3）在教师指定的一段时间内的任意一天，结束套期保值。假定以该天的收盘价，平仓现货和期货合约。计算上证 50ETF 资产的盈亏，以及上证 50 股指期货合约“上证主连”（IHL8）的盈亏，计算套期保值结果。

2. 指数资产使用期权合约的套期保值

（1）假定在上部分中，买入上证 50ETF 资产的那天，以收盘价买入上证 50ETF 的某一个月份的认沽期权合约进行套期保值。由于上证 50ETF 期权一张期权合约的规模是 10000 份上证 50ETF，因此，需要买入 100 张认沽期权合约。使用期权合约结束套期保值的时间，与使用期货合约结束套期保值的时间相同。

如果使用当前市场上正在交易的期权合约进行计算，套期保值结束的时间可以指定为未来的 1 ~2 个月内。由学生自行决定使用哪个月份的认沽期权合约，并查询交易价格数据。

如果使用历史的期权数据进行套期保值效果的模拟，由于 50ETF 的期权历史数据不容易从公开的渠道获得，套期保值选用的各期权合约及其历史数据，可以由教师通过收费软件等渠道，查询后提供给学生。

（2）假定分别使用上证 50ETF 的认沽期权的实值、平值、虚值期权合约进行套期保值。

在选定的某一月份认沽期权各个合约中，任选一个实值、平值、虚值期权合约，计算在套期保值时间内，三个期权的盈亏。计算分别使用三个期权合约，对上证 50ETF 资产进行套期保值的结果。

要求在实验报告中，报告上证 50ETF 资产使用股指期货合约套期保值的计算过程及结果；报告上证 50ETF 资产分别使用实值、平值、虚值三个期权合约套期保值的计算过程及结果；思考并回答问题。

（三）实验过程及结果

（由学生填写实验结果）

（四）总结与思考

（1）对于上证 50ETF 资产来说，分别使用虚值、平值、实值期权合约套期保值，套期保值效果有什么区别？哪种更好？原因是什么？

（2）对于上证 50ETF 资产来说，使用期权合约套期保值结果最好的情况和使用期货合约套期保值相比，套期保值效果有什么区别？哪种更好？

（3）使用期权合约进行套期保值，与使用期货合约进行套期保值相比，有什么优缺点？

参考文献：

[1] 郑伟．金融工程专业实验教程［M］．上海财经大学出版社，2016.

[2] 中国金融期货交易所网站．http：//www. cffex. com. cn.

[3] 上海证券交易所网站．http：//www. sse. com. cn.

10 金融理财系构建教学质量保障体系探索

艾正家 白惠 薛盟*

摘要：提高课堂教学质量是实现人才培养目标的基本路径和主要手段，而提高课堂教学质量必须同时着力于两个方面：一是要积极调动学生课堂学习的主动性，二是要大力激发教师加强和改善教学管理、创新教学方式、规范教学行为的能动性，达到确保课堂教学质量和教学效果的目的。为了有效激发教师做好课堂教学的能动性，必须构建完备的教学质量保障体系，完善相关制度约束。基于金融学院金融理财系目前教学管理现状、专业特色定位、师资结构等特点，金融理财系构建教学质量保障体系的基本架构包括四个方面，即规范课堂教学行为、完善教学考核与教学效果评价、重构和优化专业方向特色课程体系、加强教师队伍建设。

关键词：教学质量保障；改善教学管理；规范教学行为；师资队伍建设

确保和不断提高教学质量是实现人才培养目标与打造专业方向人才培养特色的基本路径，而课堂教学是课程实施的主渠道和传授知识、技能的基本形式。因此，确保和不断提高教学质量关键是要加强和改善教学管理、创新教学方式、规范教学行为、确保课堂教学质量和教学效果。根据金融理财系教学工作、师资结构现状，本着讲求实效、管理到位、注重细节、操作可行、考核量化的原则，金融理财系构建教学质量保障体系的着力点应布局于以下 4 个方面：

一、规范课堂教学行为

课堂教学质量是构建教学质量保障体系的核心和关键。要确保和不断提高课堂教学质量就必须做到课堂教学每一个细节的高质量、高标准，因此规范课堂教学行为意义重大。

（1）教师上课要高度认真负责、仪表端庄、衣着得体、举止文明、精神饱满、关

---

* 艾正家，上海立信会计金融学院金融学院金融理财系专任教师，研究生学历，高级经济师，研究方向为金融理财理论与实务。白惠、薛盟，上海立信会计金融学院金融学院 2017 级金融学专业（金融理财方向）5 班。

闭手机或调整至振动状态，使课堂教学充满正能量和仪式感，体现我系教师昂扬向上的良好精神风貌，在三尺讲台树立、弘扬“我是金院人，金院是我家”的主人翁意识和集体荣誉感。

（2）教师在每周上课的第一节课要提前15分钟进入教室进行和完成相关课堂教学准备工作。

（3）教师要认真落实学生到课考勤要求。一是每学期第一周第一节课必须全员点名，并告知学生教师联络通讯方式、办公地址、易于联系的时间等信息，此外的每周上课的第一节课均要循环抽样点名，抽样点名时应突出存在迟到、早退、旷课等不良记录的重点关注对象。二是教师必须做好考勤记录并妥善保管考勤结果，系里要在期中或不定期检查、抽查教师考勤记录。三是教师要在期末考试前的最后一周（第14周）将本学期各个教学班的完整考勤记录或其复印件上交系部存档。

（4）建立和强化教师课堂上课操作的流程化与规范化管控。教师上课的流程为：一是在每周上课的第一节课上课铃声后须用约5分钟时间循环抽样点名；二是抽样点名结束后要用约5分钟时间回顾上周上课的重点、难点问题，帮助学生梳理、消化核心知识点；三是在回顾上周上课的重点、难点问题后要用约5分钟时间随机抽点学生回答上一周布置的课外作业或思考题的答案并予以点评，帮助学生巩固所学知识；四是点评课外作业或思考题后要用约5分钟时间介绍本周教学内容中将要涉及的重点、难点问题，为课堂教学内容的展开做好核心知识点引导、提示与铺垫；五是在本周课堂教学结束前的最后约5分钟要对本周上课的内容作一小结并布置适量的课外作业或思考题。

（5）学科基础必修课、专业方向必修课及多名老师参与教学的同一课程，基于培养规格与教材、教学大纲、授课计划、考核要求的一致性，课程建设的负责人要统一制作课堂教学使用的PPT课件，使不同老师讲授的同一课程在教学进度、教学内容的章节结构顺序、重点与难点问题、核心与基本知识点安排上保持基本一致。不同教师可以在课程的案例、实例、视频资料选用方面保持不同的特色与差异，可以在基本、核心、重要知识点上做理论、实务的深度解析。

（6）教师每学期初在向系部提交课程授课计划的同时须提交课堂上课课件，系部要检查教材、教学大纲、授课计划与课件在主体内容上是否匹配、衔接，以确保课堂教学内容与教材、教学大纲、授课计划保持一致。同时，为确保课堂知识紧扣最新的经济金融实践发展的步伐，教师要依据行业与市场最新动态信息，修正、丰富上课课件，做到每学期的课件内容相较于上一个学期要有不少于10%的更新与调整。

（7）要大力实施案例引导的教学方式。教师对每一章或每一节的教学均须选用合适的经典案例作为知识引导，将课程基本理论知识的讲授和讲解与案例解析有机结合，通过把课程核心、重要、基本知识点融入案例结构过程，加大课堂教学环节的信息量投入，以利于增强学生对基本知识点的理解、掌握，提高学生解决实际问题的能力，塑造课堂知识讲授的趣味性和吸引力，使课堂教学切实对接应用型本科学生培养规格的要求。

（8）要大力提倡和加强课堂教学互动。教师在每一节课上课过程中均须利用问答形式进行不少于5人次的教与学的互动，强化教师与学生之间以及学生与学生之间的互动交流。通过建立常态、强劲的教学互动关系，以活跃课堂学习氛围。

（9）大力加强网络课堂建设。从有针对性、实用性出发，不断创新教学方式，未建有网络课堂的课程要加大投入力量和力度，尽快建设网络课堂，已建有网络课堂的课程要积极、充分利用网络课堂的辅助教学功能和平台，加强教学互动，特别是要有效发挥网络课堂的学习论坛、答疑学生问题、网上阶段性测试等功能，充分发挥网络课堂的作用。

（10）系部要利用周三下午学习时间认真组织教师系统学习《上海立信会计金融学院教师教学手册》《上海立信会计金融学院金融学院课堂教学管理办法》等相关规定、要求，深入推动我系教师教学行为的规范化建设，进一步巩固业已形成的积极向上的良好教风与学风。

二、完善教学考核与教学效果评价

做好教学考核与教学效果评价是保障教学质量的重要环节。其内容包括对从平时测试考核到期末考试试卷评分、试卷装订和保管的一系列过程的规范要求。

（1）教师要在期末考试前的最后一周（第14周）向系部提交一份各教学班的学生平时成绩登记册并由系部存档。

（2）理论课的平时成绩由课堂考勤、课外作业、课堂提问、阶段测试、期中测试等5个元素构成，占平时成绩的权重分别为20%、20%、10%、20%、30%。每学期各教学班每个学生课堂提问不少于3次；每学期各教学班的阶段测试不少于2次。教师平时要将考核平时成绩的各构成元素的原始记载记录（考勤记录、课外作业成绩记录、课堂提问给分记录、阶段测试分数、期中测试分数）妥善保管，并在期末考试前的最后一周（第14周）将考核平时成绩的各构成元素的原始记载记录（除自留备份件外）均统一上交系部存档。

（3）期末考试试卷从题型设计到成册装订要标准化、规范化管理。一是试卷选题重在测试、考查学生对课程基本知识点、基本技能的掌握程度，难度要适中，无偏题、怪题、难题，做到考试结果在分数上呈正态分布。二是题型为单项选择题10题10分、多项选择题10题10分、判断题10题10分、问答题4题20分、计算题6题30分、案例分析题1题10分、论述题1题10分，无法设计计算题的课程试卷可增加问答题、案例分析题的题量与分数权重。三是参考答案要给出分步骤打分标准。四是教师在试卷评分时要严格按照参考答案及分步骤打分要求认真评分，学科基础必修课、专业方向必修课及多位老师参与教学的课程应流水改卷，避免打招呼说情对评分的影响，确保对学生学习结果评价的客观与公正。五是期末考试试卷和总评成绩应大体与平时测试成绩匹配，使期末考试试卷和总评成绩能够基本反映学生平时学习的状况，避免平时测试成绩过低而期末考试试卷和总评成绩过高的问题，控制平时测试成绩过高而期末考试试卷和总评成绩过低的问题。六是期末考试试卷装订时要在教学材料、统分与登分、试卷与批阅等方面满足相关观察点的规范要求，避免无监考人员和审核人签名、总分统计错误、修改处无签名等问题。

三、重构和优化专业方向课程体系

成功打造金融学专业（金融理财方向）的专业方向人才培养特色取决于能否科学设计富有特色的知识结构供给和具有突出与标志性意义的课程体系。针对金融学专业（金融理财方向）培养的学生应具备准确识别投资者和消费者风险收益偏好、熟悉各类金融市场理财工具与产品的风险收益特征、了解金融理财工具与产品的设计、营销和管理技能、掌握金融理财市场分析及各类金融市场理财工具与产品配置和组合技术、能够针对投资者和消费者风险收益偏好制订理财综合解决方案等知识的特点，要突出重构和优化专业方向课程体系的这个抓手，围绕金融理财工具与产品的开发、设计、营销、管理及金融理财规划的制作、金融理财市场分析等方向，结合专业课程思政建设的要求，重新设计、规划专业方向的必修课、选修课，构建特色鲜明的核心与主干课程体系。同时，根据科技金融发展趋势与行业和市场最新发展动态，立足保障课程质量，在专家论证、实务部门征询、教师试讲、学生评价的基础上，要大力提倡和鼓励教师积极开设边缘性、交叉型的创新类课程，并提供适当的经费保障，以从专业方向课程体系方面塑造人才培养特色，实现人才培养目标。

四、加强教师队伍建设

加强教师队伍建设、打造一支强大的教学团队是持续保障教学质量的基础性工作。金融理财系党支部要发挥基层党组织的堡垒作用，团结和带领广大党员教师发挥先锋模范作用，不忘初心，扎实做好自身工作的同时，影响和感召周边的教师努力做好本职工作。系部要充分、有效利用好周三下午的学习时间，加强教师的政治思想学习，落实“教育者先受教育、努力成为先进思想的传播者、党执政的坚定支持者”的要求，不断提高教师自身的政治思想素质和思想认识水平，进一步进德修身、净化心灵和思想，提高自身思想品行修养，寻找、找准思想认识水平上存在的差距和问题，不断总结经验和教训，真正把以德立身、以德立学、以德施教落到实处，形成一支具有较高政治思想水平、扎实和系统的专业知识与技能的德才兼备的合格师资队伍。要进一步完善和切实落实教学督导制度，从现有教师中选聘具有一定教学经验和学生评价良好的老教师担任兼职教学督导，督导在严格执行学校督导制度基础上要将听课意见及时反馈教师，并定期或不定期与青年教师交流教学经验，组织青年教师现场观摩有教学经验老师的示范课，不断提高教师特别是青年教师的教学水平和教学能力。要硬化教师自习辅导与坐班答疑制度约束，切实落实相关要求，并加强考核，避免流于形式和走过场，以强化师生互动关系，在学业、专业、就业等方面给学生提供指导，真正做好学生的良师益友和人生导师，使学生树立正确的人生观、价值观和职业观，助力学生健康成长。要大力提倡、鼓励教师指导学生积极参加“行知杯”大学生社会实践、理财规划大赛、假期社会实践、学生科创等校内、校际和相关部门组织的不同层级的课外社会实践活动，围绕社会经济金融生活中的难点、热点问题，指导学生进行课外科研、调研活动和撰写学术论文与调研报告，以利于学生全面、客观地了解和认识社会，建立正确的社会与专业认知，积累社会与专业经验，提高学生的综合素质。要大力引进高学历、富有行业与市场实践经验的双师型、复合型、应用型人才充实教师队伍，不断加强和壮大师资力量。系部要积极创造条件，同时教师也要积极、主动参与校内外的各类教育教学培训和教育教学论坛的交流，不断更新教育教学理念和创新教学方式，掌握新的教学技能和采用新的教学模式与教学手段。要鼓励年轻教师分期分批到实务部门挂职实习，通过校企共建拓展产学研空间。支持现有教师到国外和国内知名高校、研究部门访学和参加各类职业资格与专业证书的考证。要适当在经费上支持教师开展教学改革的尝试和保障教学质量的教学改革调研及发表相关论著。要细化和优化绩效考核、评价方式，加强教师考核，做到奖罚分明，形成比学赶帮超的良好工作氛围。要建立主讲教师教学交流常态化机制，由担任专业方向必修课的课程建设的主讲教师每月主持一次教学研讨活动，组织各教学团队成员集中进行课程内的教学观摩，互相交流教学经验、做法和体会。系部每月要召开一次教学研讨会，在教师之间交流教学经验、心得和教改做法，加强信息沟通，取长补短，积累和丰富教学经验，不断提高教师的课堂教学能力和教学水平。

参考文献：

[1]《上海立信会计金融学院教师教学手册》.
[2]《上海立信会计金融学院课程考核工作管理办法（修订）》.
[3]《上海立信会计金融学院金融学院课堂教学管理办法》.
[4]《上海立信会计金融学院金融学院教师师德师风考核要求》.

11　金融课程融合智慧教学的应用设计

——以上海立信会计金融学院为例

李佳蔚　蹇彦伶　陈兵*

摘要：随着互联网的不断发展，传统的教学模式已经不能适应时代要求，互联网+教育的智慧教学模式正逐渐成为大学教育教学变革的方向。本文基于"互联网+"背景，就智慧教学对创新金融教学模式的可行性进行分析，然后针对当前金融课程教学中存在的问题，结合智慧教学的优势，提出利用智慧教学改进金融专业教学的建议。

关键词：金融课程；智慧教学；线上教学平台

引　言

据第44次《中国互联网络发展状况统计报告》，截至2019年6月，我国网民规模达到8.54亿人。CNNIC数据显示，截至2018年底，中国互联网在线教育用户规模达2.01亿人，较2017年底增长约4600万人，用户数年增长率达29.7%，其中高等学历教育领域的用户数占比最大，达到38.3%。依赖于信息技术的发展、移动终端的普及和将来5G网络的建设，都将进一步助力智慧教学的普及，未来智慧教学将成为教育改革发展的重要趋势。

互联网和移动终端不仅改变了人们的日常生活，同样影响了当代大学生的课堂学习，课堂上移动终端如智能手机的过度使用，大学课堂"低头族"问题日益严重，凸显出传统教学被动式学习的弊端，显著影响了教学成效和人才培养质量。在此背景下线上教育平台利用互联网和智能设备的优势，将两者相结合，为创新教学模式提供了新思路。

线上教育的井喷式发展离不开政策扶持，为了实现高等教育教学质量的"变轨超车"，教育部于2017年开始打造"金课"，利用智慧教学系统推进"金课"建设，截至目前我国已有1291门国家精品在线开放课程，其中89.7%针对本科教育课程。2019年9月教育部发布《关于促进在线教育健康发展的指导意见》，文中提出运用互联网技术，

---

* 李佳蔚、蹇彦伶，上海立信会计金融学院金融学院金融学专业2016级本科生。陈兵，上海立信会计金融学院金融学院副教授，研究方向：金融稳定与金融理财。

整合教学资源，创新教学模式，构建不受时间和空间限制的学习环境。中国高等教育学会将举办第三届中国高等教育智慧教学与课堂教学改革高峰论坛，提出借助“一平三端”① 进行混合式教学、翻转课堂等教学创新设计。

在智能化时代，传统教学模式面临巨大挑战，移动终端的常态化使用需要我们思考未来教学创新的途径，不是拒绝手机进课堂的表面治理，而是将智能设备作为辅助教学的重要手段和有效工具融入课堂。随着互联网 + 教育进程加快，就创新课堂教学模式而言，智慧教学的新理念、新探索和新实践值得我们借鉴，如利用微课、学习通等智慧工具辅助教学，大规模开发慕课在线课程，融合以学生掌握主动权的翻转课堂等。

一、金融教学现状

学生课堂睡觉、玩手机，教师成就感缺失；师生关系淡薄、缺少浓厚的学习氛围，大学老师重返高中教书。随着教师因职业倦怠离职新闻的增多，高校师资流失的问题引起了社会的广泛讨论，也充分暴露了高校教学存在的问题。

（一）学生层面

1. 课内表现

当前，大学课堂现状堪忧，大学课堂问题多样，如学生上课玩手机、说话甚至睡觉，低头族现象愈发严重。据熊蕾（2018）有关大学生课堂行为调查数据显示，大学生上课使用移动设备多用于社交、购物、打游戏，然而利用移动设备辅助学习的仅占 11.7%（见图 11.1）。张建和杨帅（2019）对 59 所高校大学生手机使用行为的调研显示，八成学生每天上网时长超过 5 小时，平均长达 7 小时（见图 11.2）。

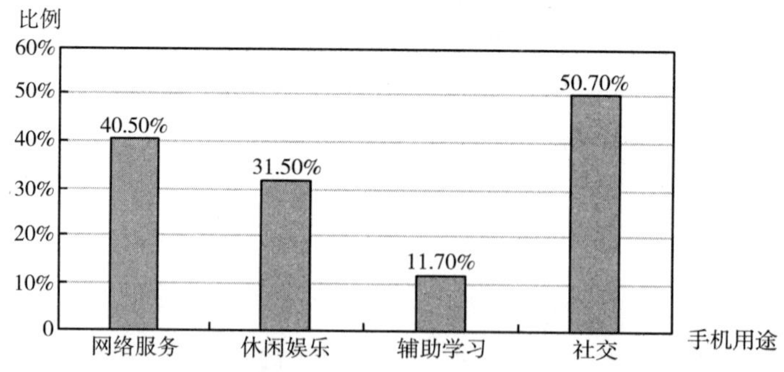

图 11.1 大学生手机使用行为

① “一平三端”是指云平台、教室端、管理端、移动端。

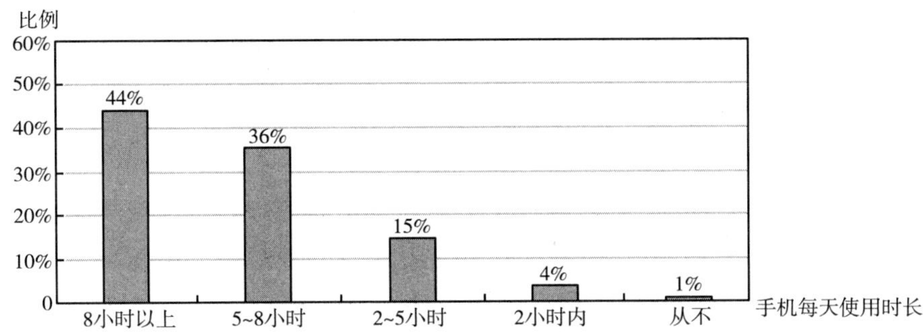

图 11.2 大学生上网时长分布

大学课堂中，师生间的交互沟通不仅可以让学生参与课堂讨论提高学习积极性、课堂专注度，同时也可以让老师了解学生的想法从而灵活调整教学进度，课堂互动本应该作为教学环节中的重要部分，但目前“低头族”的普遍存在，上课不顾学习只顾玩手机、师生互动少，课堂成为老师的“一言堂”，传统教学面临多重困境。

2. 课外表现

大学教育不同于中学教育，学生缺乏学习自觉和参与度，学习积极性普遍偏低。课堂外学生也很少会主动预习、复习，课外拓展阅读更是少数，多数学生习惯于先教后学的传统教学模式，根据老师的授课内容进行学习，学习缺乏积极性；师生缺少充足的交流时间，学生学习过程中出现的疑问课后不能及时解决；同时大学的课后作业更是少之又少，缺少必要的做题训练，学生和老师都难以全面判断知识的吸收和掌握程度，导致学生的课堂表现和考核成绩也不尽如人意。

（二）教师层面

1. 教学内容

（1）教学内容的创新不够。教学内容和课程安排受课时限制，金融教学多重理论轻实践，目前教师的“灌溉式”讲法主要依靠教材授课，而金融创新不断，金融市场瞬息万变，导致教师授课内容跟不上金融业发展，老生常谈的案例和毫不新鲜的“时事”打击学生积极性的同时也不利于高校人才培养。

（2）教学内容的难度不够。按照金课建设的要求，教学内容应具有高阶性，具有一定的难度和挑战，学生需要通过提前阅读、课外拓展学习才能解决疑惑，但是目前教师将知识一股脑地教给学生，课程内容缺乏挑战性，很大程度上不利于学生能力和水平的提升。

2. 教学手段

目前，多数教师采用“粉笔 + 黑板 + PPT”的多媒体教学，单调模板化的教学模式降低了课堂吸引力。甚至部分教师和学生过分依赖 PPT，出现“教师全程念 PPT—学生抬头拍照—低头玩手机—考前 PPT 自学突击”等依赖行为。课上少有习题实践，学生课堂参与度低，同时大班学习模式分散了教师精力，师生缺少互动，教师的教学积极性也受挫。

（三）金融课程设计层面

1. 金融课程特殊性

（1）基础内容重复学习。金融专业课程的设置缺乏系统性和整体协调，不少课程的内容存在交叉重复，导致教师在授课时重复讲解基础知识，反而降低了学生上课专注度和模糊了基础知识的掌握，对教师而言也会降低课堂效率。

（2）课程比较。金融专业不同于理工类学科，从课程内容来看，多数金融课程内容理论强于实践，而理工类强调理论实践并重。从学习难度来看，多数理工类课程难度高于金融类课程。从课程安排来看，大部分理工科专业课多且学习任务重、涉及知识面广，比如对物理和数学逻辑的高要求，对比来看金融课程压力相对较轻。从考核难度来看，金融专业的考试难度也相对较小。

（3）科技影响教学。科技改变金融，科技影响教学。在一定程度上，人工智能、大数据和区块链等新兴科技的应用改变了金融行业的发展方向，对金融人才创新培养带来了巨大挑战。未来金融科技人才的培养需要适应时代发展需求，金融课程的设计也将融入科技手段，课程内容向多学科融合方向发展，如金融专业学生也需掌握计算机和数学的专业知识。

但目前高校有关金融科技课程的建设还存在不足，首先，金融科技作为新兴学科专业出现，高校对于金融科技课程设计还处于探索阶段，还远不成熟。其次，师资力量不足，金融科技对教师来说也是新的挑战，在金融科技的学习方面，教师同样站在起跑线上，对金融科技的教学内容也处于学习阶段。

2. 过程状态的反馈

上海立信会计金融学院课程考核偏重期中和期末考核，过程考核相对弱化，导致学生不能有效判断知识点的掌握情况，无法及时查缺补漏，教师也不能根据学生具体学习情况精准教学，对于学生学习过程状态的反馈还有不足。目前主要包括考勤和课堂回答问题表现两方面，对学生的考察缺少综合素质评估，造成教师对于学生了解少、认识片面等问题，长此以往影响教学成效和学习成绩。

二、智慧教学发展应用分析

（一）网络教学平台发展分析

随着互联网＋概念的多重应用，互联网＋教学也走进了大学课堂，数字化学习模式对创新教学方式提供了新思路和新方向，线上教育平台逐渐成为高校的辅助教学“工具”，这种通过如智能手机、平板计算机等移动设备联网就可以实现随时随地在线学习的模式，突破了时间和空间的限制。

目前使用广泛并具有影响力的智慧教学平台包括：中国大学 MOOC、网易云课堂、超星学习通、学堂在线等，智慧教学平台各有优势，但普遍都有以下共性特征：丰富的学习资源、灵活的互动、考勤和测验模式。

1. 教学优势

教师可在线发布学习任务，丰富课前、课中、课后的教学内容，提高课堂效率。学生通过平台的视频学习等完成课前预习，上课前对教学知识点有一定的认识，也较大限度地弥补了学生学习程度的差异；课程中教师可通过平台共享 PPT，避免出现学生因为忙于做笔记和花费时间拍 PPT 而忽略听课内容；课后教师可通过平台发布作业，平台采集教学数据，方便教师更好地了解学生的知识掌握情况，提高课堂效率的同时减轻了教师的工作量。

2. 学习优势

传统的教学模式离不开教师和教室，而移动学习仅需依靠移动设备和互联网就可以实现教学时间、地点的自由，学生可以根据自己的学习需求、学习进度选择相应的学习课程，并且可以根据自己的接受程度随时暂停、调整视频速度甚至无限制重复播放、重复学习，这也契合了新一代大学生的学习习惯。

总之，智慧教学利用大数据统计学生学习表现、课堂参与、作业完成等学习数据，通过数据分析充分反映学生过程状态，有效实现精准教学，构建链状的过程状态的反馈机制。

（二）金融专业融合智慧教学应用分析

在知网中通过搜索互联网＋教育应用于大学课堂的相关论文发现，目前多数高校将在线教育运用于课程教学中并取得了一定的积极成效，但是有关金融专业课程的应用实践却很少涉及。

基于线上教育平台，很多学者尝试将智慧教学融入传统课堂，主要的代表性研究如下：李斌和武斌（2018）以“房地产金融”为例，基于翻转课堂对课前、课中、课后 3 个阶段设计了详细的教学安排，并根据实践情况优化教学设计。马建华（2019）以“金融服务营销”课程为例，利用互联网＋深化教学改革，阐述了翻转课堂的比较优势，结合课程特点将翻转课堂应用于教学，并肯定了该种教学模式对于课程改革的积极意义。李洪梅（2019）以“金融学”课程为例，介绍微课应用的重要性，并通过借鉴高校优质微课作品，探究“金融学”微课程建设的可行措施。谭薇（2019）以“国际金融”课程为例，基于蓝墨云班课的移动教学平台，结合混合式教学开展长达 3 年的实践，研究显示显著提高了教学效果。

三、高校智慧教学应用现状

目前已有超过 2 亿人次的大学生和社会学习者学习慕课（MOOC），中国多数高校联合在线教育平台输出精品课程参与 MOOC 建设，如中国大学 MOOC 平台已和 330 余所国内高校合作，学堂在线合作院校达 130 余所，好大学在线已和 110 余所院校合作，甚至很多高校建立了自己的教学平台。例如，清华雨课堂、北大云课堂等。

上海立信会计金融学院正在应用和探索的教学平台主要是超星学习通和智慧树。通过调研上海立信会计金融学院的智慧教学应用现状，结果显示上海立信会计金融学院教学平台建设现状以及金融专业课程开发情况并不理想。

（一）上海立信会计金融学院应用智慧教学情况

2016 年上海立信会计金融学院引进了超星尔雅部分课程，2019 年 3 月开始使用智慧树平台，主要开设的是面向全校本专科学生的通识类选修课，学生需要在课程期内完成规定的学习和考试要求。虽然学校从 2016 年就开始使用超星学习通，而超星学习通的平台功能也有利于教学，但教师课程教学中多用于考勤统计和提问，对其他互动功能并未充分利用，对平台的探索还处于初步阶段。

上海立信会计金融学院在教学研讨沙龙中探讨过关于混合式教学模式的运用设想，并将“雨课堂”教学模式运用于“税收学”“税法”等课程，并在“立诚”卓越创新实验班的教学中也引用了 MOOC 等先进教学手段，但实际应用于课程的还是少数，混合式教学缺乏足够的实践。

2017 年上海立信会计金融学院启动智慧校园建设，打造开放式网络课程教学平台。目前该平台包含 13 种学科门类，如哲学、管理学、经济学等总计 1238 门课程，金融学专业 85 门占比约 7%，投资学专业 38 门占比约 3%，金融工程专业 29 门占比约 2%。

各学院在线平台课程数情况如图 11.3 所示，外国语和国际经贸学院分别开设 134、133 门，多数学院开设的课程数在 60 ~ 70 门，而金融学院仅有 40 门。

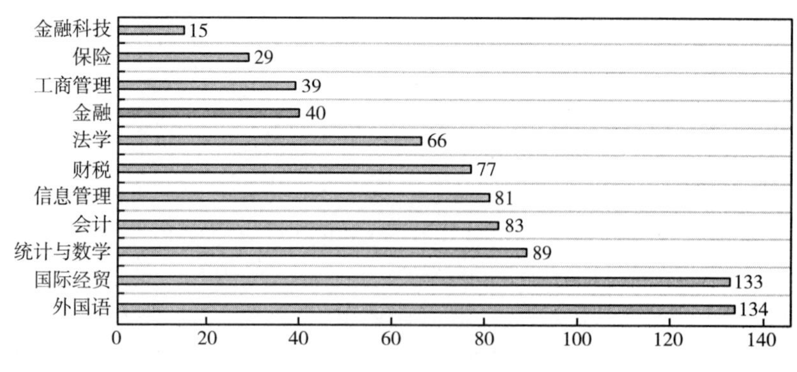

图 11.3 各学院在线平台课程数

（二）金融学院应用情况

金融学院上线精品课程共计 17 门，只有 2 门课和金融方向相关；43 门重点课程中只有中央银行学、投资学等 6 门课属于金融方向课程；8 门全英语课程中只有一门微观经济学属于金融类课程，而经济学类中金融课程仅占12%。

从金融学院开设的40门课程中选取了点击量较多且具有一定专业性的8门课程，通过课程点击量统计课程的有效利用率。从图11.4中发现课程点击量存在明显差异，最高点击量可达6846次，而最低的仅有232次，平均课程点击量为1650，结果显示学生使用率、主动积极性不高，并未充分利用平台学习资源。

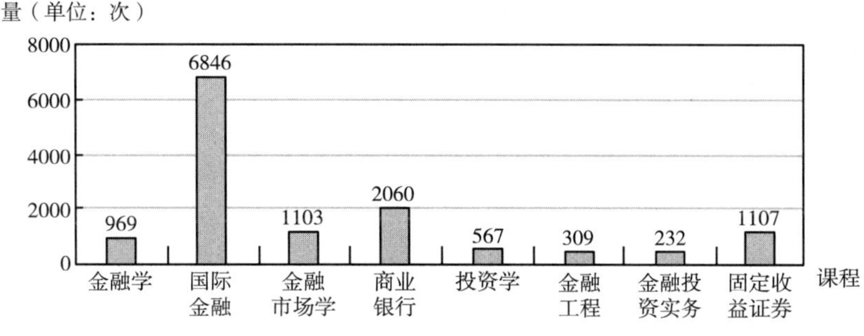

图11.4　金融类课程点击量一览

综上，上海立信会计金融学院目前并未重点开设专业类课程，对于金融方向开设课程重视不足，现有的金融专业课程数量少，精品、优质课程建设不足，系统性的教学应用设计还处于探索阶段，平台开发利用率低。

四、建议

虽然上海立信会计金融学院智慧教学平台正在不断完善，但目前依旧存在资源配置不合理、利用率低、教学成效和教学质量待提高等教学问题。结合学院的智慧教学应用情况，对创新金融教学模式，促进金融专业和智慧教学深度融合，提出下面的建议。

（一）丰富教学资源库

上海立信会计金融学院应推进创新、特色的高质量课程建设。教师立足学科特点进行教学设计，创新教学内容以及教学形式，通过收集优秀教学资料，丰富课程资源，如分享最新案例、优秀学习视频等。同时金融学院可结合金融特色与学科优势，建设具有学校特色与优势的在线课程。学院应充分利用线上教育的优势，借助教育联盟平台，联合其他高校共享学习资源，合作共建特色、精品课程，满足学生的个性化、多样化需求。

（二）普及教学平台的应用

普及智慧教学平台的关键对象在于教师。首先，学校可以对教师群体进行基础培训，目的在于让教师对平台有一定的认识，熟练使用平台功能，如制作上传课程视频、在线师生互动、题库建立、作业监督等基础操作。其次，加强青年教师队伍的教学技能培训，青年教师应尽快适应智慧教学新模式，积极主动学习新知识，创新教学内容。同时学校应建立优质教师团队，鼓励教师间合作交流，激发创新潜力，加强特色课程建设。

构建师生一体化的教学路径（见图 11.5），教师通过平台发布学习任务，平台通知学生学习要求，学生通过平台查看学习任务，完成后通过平台提交，平台将完成情况反馈给教师，师生利用线上沟通系统贯穿课中、课后交流互动，通过持续性的双向互动最终实现提高平台使用率。

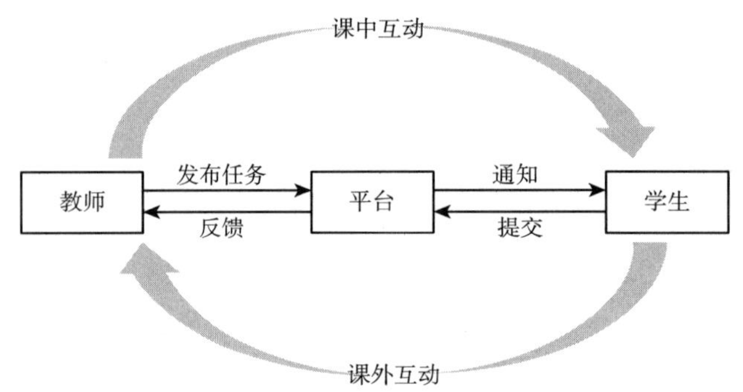

图 11.5　师生一体化的教学路径

（三）系统性教学流程构建

教师利用智慧教学平台如超星学习通将“课前 + 课中 + 课后”的三段式教学环节有机结合（见图 11.6），“教”与“学”深度融合，旨在构建系统性的教学流程。从课前预习、课中互动和课后评估监测进行全面教学跟踪，利用大数据统计、分析实时了解学生学习情况，并可依据学生对知识点掌握情况机动调整教学进度，实现精准教学，完成从局部到整体，静态到动态，微观到宏观到全面教学的评价。

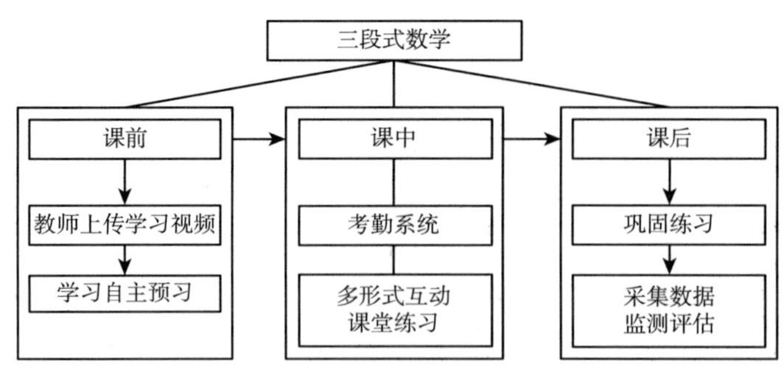

图 11.6　三段式教学流程设计

（1）课前：教师上传学习资源要求学生进行课前预习并通过平台监督预习进度。

（2）课中：利用签到系统统计学生出勤情况，学生可通过移动设备共享学习课件，同步教学进度，教师在线发布课堂练习，掌握学生听课情况，并利用多形式的互动模式调动学生积极性，如平台的选人提问、抢答、问卷调查等模式。

（3）课后：教师在线发布作业，经平台批改后可实时反馈给学生，学生完成作业后可以看到教师提前制作的视频或者文档，详细解析答案。教师通过平台采集并统计学生学习数据，实时评估学生学习情况，有效监测教学成效。

参考文献：

[1] 戴超琴，李菁．高校金融学本科专业设置存在的问题以及调整建议［J］．大学教育，2015（12）：177～179.

[2] 李斌，武斌．基于翻转课堂的“房地产金融”教学研究——以“个人住房贷款”为例［J］．教育理论与实践，2018（12）：43～44.

[3] 李洪梅．“金融学”课程微课建设研究［J］．产业与科技论坛，2019（3）：155～156.

[4] 刘军．智慧课堂：“互联网＋”时代未来学校课堂发展新路向［J］．中国电化教育，2017（07）：14～19.

[5] 马建华．互联网＋“金融服务营销”课程教学改革［J］．科技经济导刊，2019（19）：16.

[6] 毛愫璜．基于多媒体网络环境的金融实践教学探微［J］．厦门广播电视大学学报，2017（3）：62～66.

[7] 谭薇．基于蓝墨云班课的混合式教学实践——以《国际金融》为例［J］．课程教育研究，2019（12）：33～34.

[8] 熊蕾．移动学习环境下大学生课堂学习自主性提升［J］．中国成人教育，2018（19）：11～14.

[9] 谢维和．论大学课程的科学性［J］．中国大学教学，2018（2）：4～13.

[10] 谢妤，宋卫军．智慧课堂视角下智能手机在教学实践中的应用［J］．高教学刊，2019（7）：44～50.

[11] 张丽娟，柯斌．“空中课堂”网络教学平台建设的研究与实践——以西南林业大学为例［J］．软件导刊教育技术，2019（7）：36：（38）.

[12] 邹国锋，傅桂霞，姜殿波等．大学课堂信息化网络教学平台建设与应用探讨［J］．教育与现代化，2019（36）：151～153.

[13] 张建，杨帅．大学生“手机控”现状调查与对策分析［J］．西南民族大学学报，2019（1）：143～151.

12　学赛结合培养应用型人才的实践

——以“个人理财”课程为例

梁辉昌　闫东明　冯霜　陈兵*

摘要：应用型财经高校人才培养的目标是培养高素质的应用型人才，应用型人才除了要掌握专业基础的理论知识，更重要的是要掌握扎实的专业技能，突出实践和应用能力。实践证明，学赛结合、以赛促学是应用型人才培养的重要手段和途径。本文以“个人理财”课程为例，阐述了学生在课内系统学习理财知识的基础上，参与课外理财规划竞赛，实现学赛结合、以赛促学，促使学习模式由传统被动式学习向主动式学习、探究式学习、合作式学习的转变，学习成效显著，学生收获明显，在此基础上，针对高校当前学赛结合的教学现状，提出改进建议。

关键词：应用型人才；学赛结合；学习模式

一、学赛结合培养应用型人才的背景

习近平总书记在2018年末的全国教育大会上强调，要提升教育服务经济社会发展能力，着重培养创新型、复合型、应用型人才。近年来高校培养应用型人才的过程中越来越注重实验实践教学，其中，竞赛是非常重要的实验实践教学手段，学赛结合对于应用型人才的培养成效明显。

本文以上海立信会计金融学院“个人理财”课程为例，分析学赛结合对于应用型人才的培养。“个人理财”课程涉及金融学、会计学、投资学、保险学、税收学等多个学科知识，是一门综合性、实务性和实用性很强的金融专业课程。课程紧密结合中国金融市场，帮助学生了解基本的理财知识、掌握必要的理财技能、把握正确的理财理念，并能将所学知识应用于实践，为理财师的培养奠定基础。

理财规划比赛涉及财务报表分析、投资、保险、退休、教育、住房、税收和遗产等规划内容，这些内容与家庭理财需求紧密相连，相关知识正是“个人理财”课程的主要教学内容，必须以基本的理财知识作为前提，才有参与理财规划比赛的基础，但仅靠

---

* 梁辉昌、闫东明、冯霜，上海立信会计金融学院金融学院金融学专业2016级本科生。陈兵，上海立信会计金融学院金融学院副教授，研究方向：金融稳定与金融理财。

第一课堂的学习，对理财知识的理解、理财技能的掌握是明显不够的，通过参与理财竞赛，以竞赛方式促使课堂学习和课外实践有机结合，学赛结合，以赛促学，才能更有效地达成“个人理财”课程的学习目标，帮助学生掌握扎实的理财知识和技能，提高应用型人才培养的成效和质量。

根据《国家中长期教育改革和发展规划纲要（2010—2020 年）》，各高校积极推动本科人才培养模式改革和创新，注重学生专业素质，不断鼓励广大师生参与学科竞赛，近年来每年的最高奖项次数在持续增加（见图 12.1），这说明学生参与的学科竞赛越来越多。

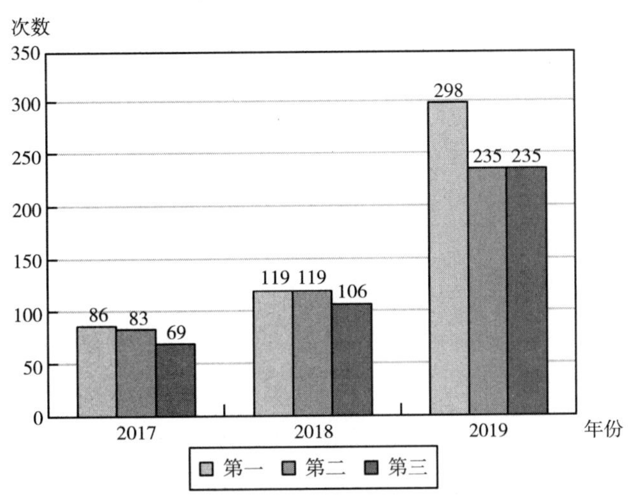

图 12.1 近三年全国普通高等学校学科竞赛排行前三高校奖项次数

数据来源：中国高等教育学会网。

作为应用型人才培养的重要举措，上海立信会计金融学院制定创新创业竞赛奖励政策，大力资助并鼓励学生参与学科竞赛，如表 12.1 所示。

表 12.1 上海立信会计金融学院创新创业竞赛奖励

级别	校级				市级				国家级			
	第四等次	第三等次	第二等次	第一等次	第四等次	第三等次	第二等次	第一等次	第四等次	第三等次	第二等次	第一等次
奖金	1000	1500	3000	5000	3000	5000	8000	15000	15000	20000	25000	35000

二、学赛结合促使学习模式发生转变

基于以赛促学的出发点，我们在修读“个人理财”课程过程中，组建团队参与 2019 年 11 月由亚洲金融合作协会主办的第四届全国大学生金融创新大赛之理财规划——明日之星赛项，团队三人在负责讲授“个人理财”课程陈兵老师的指导下，为这场比赛准备了一个多月，最终荣获团体二等奖、个人特等奖的优异成绩。第一阶段着重于基础知识的学习、对竞赛信息的了解；第二阶段着重于结合比赛环节与竞赛内容相适应的训练，提升自身应赛能力；第三阶段着重于提升速度，总结练习经验。参与竞赛能促使学生的学习模式发生转变。

（一）从被动式学习向主动式学习转变

被动式学习，学习过程由教师发起，学习活动完全是教师主导，学生不知道自己应该学什么，如何学，没有清晰的学习路线图。而主动式学习，学习过程由学生本人发起，学习活动由学生主导。传统课程教学中，学习过程表现为以教师单向授课而学生被动接受为主，学生参与性不足，难以激发学生的学习兴趣，教学效果和目标达成度低。相较于被动式学习的缺陷，主动式学习让学生参与到自己的教育中，它鼓励学生提出问题、分析问题、解决问题，通过讨论、协作、展示及其他探究活动来达成学习目标。美国著名学者爱德加·戴尔提出“学习金字塔（Learning Pyramid）”，金字塔从上到下有“讲座”“阅读”“看视频”“看演示”“小组讨论”“学了就用”“学了之后教其他人”共七个层次，采用不同方式学习或教学，效果显著不同。如“听讲座”只能记得5%；“小组讨论”学习可以达到50%。“学了就用”效果可以提高到75%；而“学了之后教其他人”，效果可以达到90%。显然，“看演示”以上为被动式学习，“看演示”以下为主动式学习，被动式学习和主动式学习的学习效果差异显著。

参与竞赛，能充分调动学生的积极性进行探究式自主学习，有利于培养学生独立思考和解决问题的能力。学科竞赛让学生有机会以开放性学习为主，学生通过自主学习，能根据实际问题进行理论分析，真正实现理论联系实际。通过学科竞赛，改变教学中以教师为中心、学生被动接受的传统授课模式，实现主动式学习，有效地达成学习目标，提高人才培养的成效。

（二）促进探究式学习

探究式学习又称为研究性学习，它倡导学生的主动参与。探究性学习是一种学习方式的根本改变，学生由过去主要听从教师讲授，从学科的概念、规律开始学习的方式变为学生通过各种事实来发现概念和规律的方式。探究性学习特别强调学生的感知、操作和语言等外部的实践活动，强调学生的直接经验和间接经验的交融统一，使认知活动建立在实践活动的基础之上，用学习主体的实践活动促进学习者的发展。探究式学习是一种科学的学习过程，主要指的是学生在科学课中自己探索问题的学习方式。问题情境是一种心理状态，当备赛训练过程中团队成员接触到与原有认知水平不匹配的信息，把问题作为出发点，通过动手做、做中学主动地发现问题，通过实验、操作、调查，收集与处理信息，表达与交流等探索活动，获得知识，培养能力，特别是发展探索精神与创新能力。实际动手、探索与实验的机会能够激活理论和实际之间的联系。动手实践可以向学生提供重要的具象式、语境化和多模式的内容体验，帮助学生建立和深化理解记忆。训练过程中团队成员遇到了很多问题，问题从编制“收入支出表”就开始出现，每一个公式、每一个数据，都是团队成员不断摸索研究、向他人求教得出的。提出问题、寻找问题的解决方案，最后总结归纳得出结论，这是探究的过程，是重新发现自己潜能的过程，不仅让学生更加善于思考，也让知识和技能随着探究行为的加深不断地扩充和提高。

（三）促进团队合作式学习

参赛团队不仅是一个简单的团队，它还有学习与活动的动力。参加比赛是提高学生学习思考能力和应用技能的重要环节。团队竞赛是培养学生团结合作能力、锻炼思维的一种特殊的考试，它要求具备较高的灵活性和较强的熟练程度。团队合作有利于学生充分发挥个人的优势，合理分工、密切合作共同完成某种特定的学习任务。合作式学习主要体现的是一种团队精神、一种凝聚力。通过团队合作学习，能够促进小组成员之间优势互补，实现知识之间的共享，并不断提升和开拓学生的思维能力、合作能力和创新能力。通过团队合作进行优势互补，可以将这些各自的优势资源结合，取长补短。促进学生之间的互相沟通和讨论，从根本上改变传统的“填鸭式”“灌输式”的学习形式。在学习中针对出现的问题而进行的学习合作、讨论和交流，潜移默化地提高了学习能力。使教师、学生彼此之间能够实现多边互动，同时也促进了团队的合作式学习，更重要的是让原本枯燥无味的训练过程变得更加有趣。

学科竞赛增强了学生主动参与、乐于探究、团结协作的能力。以学生为中心，就发现的问题通过开展探究式学习来分析、解决问题，并且拓展提升。个别或者多人对出现的共性问题、个别问题、疑难问题进行探究、归纳和汇总，再进行纠错回顾并反思完善。学科竞赛是在紧密结合课堂教学的基础上，以竞赛的方法，激发学生理论联系实际和独立工作的能力，是通过实践活动发现问题、解决问题，增强学生学习和工作自信心的系列活动。高校开展学科竞赛对大学生科研能力、创新能力、实践能力、团队精神等综合素质的培养起着积极的作用。毋庸置疑，学科竞赛的作用旨在培养大学生创造意识和创新精神，以使学生综合素质和动手能力得到全面提高等。参与过程可以说是解决问题、创新能力提升的一种训练过程。

三、学赛结合培养应用型人才的效果

（一）能力素质的培养

竞赛的最终目的不是简单地为了获得奖金和证书，最大的意义是提供平台让参赛者锻炼能力。比如数学建模，如果没有这样的竞赛，又有多少人会主动地去学习数学建模的知识与方法，锻炼数学建模和写论文的能力。即使有的大学生课后想锻炼这方面的能力，那也远远不如参加竞赛锻炼得彻底。竞赛是最好的督促。以赛促学，是这些活动的最大意义。最终锻炼的成果，表面上看是证书或者奖金，但最根本的是能力素质的提升。比如参加“互联网+”，不知不觉中，已经锻炼了分析问题的能力，有助于未来更好地胜任职场工作。而这整个过程都是潜移默化的，在付出努力的同时，就已经培养了一种能力。

（二）加深对金融市场的了解

借助这次理财竞赛，促使学生更加关注金融市场，金融市场瞬息万变，每天涌现出海量的信息，这些信息影响着金融市场的行情和走势，通过关注这些信息，学生对金融市场的分析能力得到提升，反过来促使学生对理论知识进行理性思考。金融市场的产品创新层出不穷，通过关注这些不同类型的金融产品，学生对各类金融产品的了解不断加深，对金融产品的分析能力也得以提升，而且能针对不同财务状况的家庭进行相应的资产配置。当然，最重要的是，通过参与比赛，学生逐渐养成跟踪关注金融市场的习惯，不断从金融市场吸收大量的信息和知识，这些信息和知识远不是课堂中能提供的，这对于培养学生的职业素养至关重要。

（三）实习机会的获得

大赛结束以后，举办方为获奖的团队提供了在建设银行等金融机构实习的机会，这样的机会是非常重要且宝贵的。平时在课堂中的学习，主要偏重理论知识，有机会在金融机构实习，能更好地理论联系实践，培养实践能力，提升自我竞争力，促进未来就业。

（四）紧跟时代步伐，做好实践与理论的结合

通过竞赛为教学指明了方向，对理论知识和实践技能都提出了明确的要求。在推进考试内容标准化、规范化的同时，应适当增加能够反映学生综合分析能力的试题，促使学生勤于思考及对专业问题的深入理解，实现应试教育向素质教育的转变。竞赛可以激发学生的创造性思维，并提升综合素质和专业能力。无论是院校还是学生自身都应关注技能大赛所反映出的行业企业最先进、最前沿的动态信息，找准技能型人才培养的方向和着重点，将职业技能竞赛融入课程教学设计中，力求实现“以赛促学、以赛促练、以赛促教、以赛促改”的目标。

四、对学赛结合培养应用型人才的建议

近几年，上海立信会计金融学院很重视学生参与学科竞赛。仅2017年就有36个老师带领指导的学科竞赛项目立项。目的是为了激发学生的学习兴趣和创新能力，提高学

生解决问题和发现问题的能力，从而在未来的就业工作中能够优先被录用，为以后的工作做好铺垫。但在学赛结合上还存在一些问题需要改进。

（一）构建“学赛结合、以赛促学”的教学模式

“学赛结合、以赛促学”是以课程项目化教学为中心，由专业的指导教师和学生组成项目训练团队。将竞赛引入本科生实验教学体系，以竞赛形式将课程教学课内和课外有机结合，并向其他课程延伸，使其作为一个重要的实验教学方法和手段广泛开展，将更有利于学生主动实践能力的培养。通过参加各种各样的大赛提升学生的专业技能，反思学习过程中的不足之处，不断改进学习方法，加强薄弱环节的训练，提升核心竞争能力，从而达到学赛结合、以赛促学的效果。

（二）加强竞赛指导教师队伍建设

金融经济专业需要的知识面很广、很复杂，实践起来也很困难。这就需要导师具有全面的知识结构与很强的学习能力，在面对各种各样新的金融创新变化时，能够给学生带来充分的指导。青年教师在经验与知识上，存在不足。而且现有高校考核制度和职称晋升制度，诱导青年教师重学术、轻实践，不愿花时间精力关注金融市场，积累实践经验，指导学生竞赛。因此，高校非常需要加强制度设计，加强竞赛师资队伍建设，引导教师努力提升自己的专业技能，注重培养学生的团队协作能力，通过学生的竞赛表现情况及比赛结果反思自身的教学，从而提高教学的实用性和针对性，与学习形成良好的互动，达到学赛结合的效果。

（三）“学赛结合、以赛促学”的改进

搭建校内大赛平台，扩大学生的参与面。一方面，把综合性比较强的大赛进行项目分解，实施项目式教学，将竞赛项目融入日常的教学中去，采用分组竞赛的形式来考查学生的任务完成情况，让学生能够参与进来。另一方面，多举办校级比赛，实现好中选优，这样既能选拔出优秀的学生，代表学校参加全国性的大赛，又能让学生一起学习，互相帮助，共同提高。学赛结合、以赛促学的教学模式改革能够激发学生的学习自主意识积极性和创新性，调动老师教学的激情与教学改革的积极性。在教学活动中，做到竞赛与教学改革，人才培养相结合。要求学生既要具备扎实的理论知识，又要能通过科学方法解决金融实务中的具体问题；既掌握完备的金融知识，又要有较强的市场意识和社会适应能力。实现教学相长，从而提高人才培养的质量，实现人才培养的目标。

（四）强化校内实验实践教学基础建设

学校要多渠道、多方式强化实验实践教学，通过校内仿真模拟实习、课程实习、专业社会实践以及举办学生创新性实验竞赛等方式，充分实现理论和实践互动、校内与校

外互动。突出高校在校企合作实践中的重要地位，建立由实业界人士组成的教学实践指导团队，深度参与实践环节的设计和实践过程的指导，与相关专业学生一起组成若干项目组，实施双导师制，利用学校实验条件，以模拟项目为载体，开展情景实践，实现专业知识综合应用体验，这样能更有效地掌握扎实的专业知识和技能，保证应用型人才培养的质量。

参考文献：

[1] 陈长彬，盛鑫．团队合作式多边互动教学模式改革与实践——以工商管理类课程为例［J］．现代商贸工业，2018（15）：167～169.

[2] 胡汇，张莉．应用型本科财会专业“以赛促学、以赛促教”人才培养模式的探讨［J］．教育现代化，2017（27）：90～91.

[3] 李贵安，刘洋，王力等．“以赛促教、以赛促学”的教育心理学理论依据与实践价值［J］．高等理科教育，2019（04）：59～63.

[4] 梁丽丽．互联网金融应用型人才培养模式探索［J］．中国国际财经，2018（02）：111.

[5] 习近平．坚持中国特色社会主义教育发展道路 培养德智体美劳全面发展的社会主义建设者和接班人［J］．教育学科论坛，2018（30）：7～9.

[6] 易姣娇．地方高校金融应用型人才培养模式研究［J］．西部素质教育，2019（15）：197～198.

[7] 杨清林，周博，李海霞．以赛促学，赛教结合，驱动实验教学改革［J］．实验科学与技术，2018（03）：128～131.

[8] 郑成阳．基于 OBE 教学理念——“以赛促学”教学模式的探索与研究［J］．才智，2019（36）：17.

[9] 朱政强，王官明，熊智文等．以科技创新竞赛提升高等学校本科人才的培养——以赛促教、以赛促学、以赛促用［J］．当代教育实践与教学研究，2019（15）：162～163.

13　人工智能对金融专业人才培养模式的冲击及应对策略

李玥瑶　石毓茹　方茜　陈兵*

摘要： 人工智能在金融领域的加速应用，催生了各种金融新业态，对金融人才的需求也发生了很大变化，由此对高校金融专业人才培养模式带来冲击。如何适应这一金融领域发展新趋势，本文基于人工智能冲击下金融专业人才培养模式面临的挑战分析，提出了相应的应对策略。

关键词： 人工智能；金融专业；人才培养模式

引　言

人工智能（Artificial Intelligence）是计算机科学的新兴分支，通过研发能感知环境并采取最优行动以实现目标的装置，进而实现某些与人类心智相关的功能。当前，人工智能正加速在金融领域的应用，人工智能与金融的融合催生了各种金融新业态，最典型的有以下几种：一是智能投顾，通过智能算法推荐投资理财产品，替代人工顾问。人工智能在最大化消费者收益需求的同时，能够针对消费者的个人情况做出个性化指导，满足人性化需求，减少金融投资风险的发生。二是智能投研，人工智能的应用加速了机器人顾问参与金融咨询环节的进程，金融市场数据可以被自动化处理和分析，大大提高了工作效率和分析能力。三是针对政府、银行等部门的智能风控和智能安防、智能巡检系统，能够实现对金融交易的事前、事中、事后管控。四是智能客服，即对金融行业提供流程自动化的服务，如上海九江路无人银行的智慧柜员、智能客服工行“小智”和建行“小龙人”等。

人工智能在金融行业的应用，对传统金融行业的冲击已经呈现，这使得金融行业对人才的需求也更加技术化。在这种背景下，研究如何重构金融专业人才的培养架构、改进人才的培养模式，从而培养出与技术发展同步的高端型、复合型、专业型金融人才具有十分重要的意义。

* 李玥瑶、石毓茹，上海立信会计金融学院金融学院，2016 级本科生。方茜，上海立信会计金融学院金融学院，讲师。陈兵，上海立信会计金融学院金融学院，副教授。

一、人工智能对金融行业的影响

在云计算、大数据等技术成熟的背景下，人工智能技术得到了迅速的进步与发展。人工智能与金融的深度融合也是深化发展的必然结果。基于算法和客观数据的人工智能在金融行业的应用具有高效、可信度高、稳定的优势。人类目前的生产模式在某些领域将彻底被改变，重复性工作也将实现结构性取代。在机器人可完成劳动密集型工作的条件下，人力将投向更具价值的工作。对于金融领域来讲，人工智能主要有以下几方面的影响：

（一）金融行业服务模式更加个性化、智能化

人工智能技术在前端可以改善客户体验，使营销更加精准，金融服务更加个性化；在中端，人工智能技术可以学习和分析历史数据，提供更加智能化的金融交易决策及服务；在后端，人工智能技术可以用于风险识别和防控，使管理流程更加自动化。

（二）金融大数据处理能力大幅提升

金融行业以研究工作为基础，研究工作一方面从实地考察、调研出发，需要金融从业者的交流思考能力来做出事件解读及未来预测，这一部分暂时无法由人工智能完全取代。另一方面则包括金融交易、客户信息、市场分析、风险控制等大量的基础数据搜集、整理和汇报工作。这些初始数据数量庞大，形态各异，却难以转化为可分析的有效数据。人工智能技术的应用能大大提高数据处理的时效性和准确率，有助于做出模式化决策。

（三）传统人工服务占比下降明显，人工智能有助于建立更高效的金融体系

目前的金融行业存在着大量基础性、重复性的工作，耗费了大量的人力资本。人工智能的发展促使更多金融机构使用新科技来处理日常业务，实现日常业务流程的自动化。例如，一线城市的银行柜员数量正逐步下降，人工智能主导的智能柜员正逐步替代人力，智能终端的部署代替了传统柜台服务模式。以招商银行为例，招商银行提出了建设金融科技银行的新定位，重视科技投入，敢于尝试新技术，每年投入在 IT 研发上的资金超过 50 亿元，并引入 IoT、AI、云计算等新技术应用。金融与科技的快速融合是招商银行成长因素之一，使其正向金融科技银行蜕变。

（四）以人工智能为核心的智能投顾在全球爆发

如今机器人替用户理财成为一大热点，通过数字化平台，提升理财服务效率。机器人通过 AI 算法来完成以往人工提供的理财顾问服务，还能依据用户风险偏好、财务状况等给出相应投资组合。智能投顾的创新服务模式起源于美国，并逐渐成熟，来自

Statista 数据显示（见图 13.1），2018 年全球智能投顾管理资产高达 3746 亿美元，年增长率高达 70%，预计到 2022 年，这一规模将高达 1.2 万亿美元。

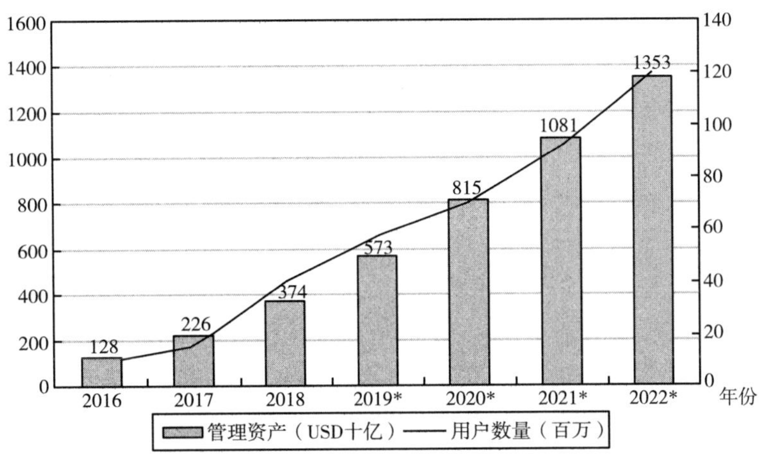

图 13.1　全球智能投顾管理资产规模及用户数量

数据来源：Statista，埃森哲研究部。

二、人工智能冲击下金融专业人才培养面临的挑战

（一）金融专业人才培养模式现状

1. 培养模式相对滞后

传统的金融专业人才培养模式通常以“通识类课程＋专业课程＋个性发展”为主线，其中通识类及个性化发展类课程一般由教育部或学校制定，金融专业课程也由《金融学类专业教学质量国家标准》确定。这种传统教学模式已无法适应行业的发展，课程内容的更新已滞后于金融行业的创新，尤其是结合金融科技的课程，更加需要金融专业人才培养模式适时调整策略、优化布局。

2. 培养模式创新性不足

传统金融专业人才培养模式中金融专业课程一般由“理论课程＋实践教学＋毕业论文”三部分组成，其中实践教学部分问题尤为突出。由于教学资源受限，地方高等院校对专业实践、专业实习重视程度不够，过于注重理论课程的教学，金融专业人才培养目标很难完全达成。同时，传统金融专业学生跨专业、多学科及校际交流的机会相对不足，视野受限。

3. 部分金融专业教师对行业发展新趋势缺乏深入了解

高校很多教师学历虽高，但实践经验比较欠缺，对新科技给金融行业带来的新机遇、新挑战了解不深，无法将自我认知融入实践教学中，这对培养高素质、复合型人才十分不利。

（二）金融专业人才培养面临的挑战

1. 资源缺口大

面对将智慧金融迅速落地的巨大需求，目前掌握人工智能技术人才的供给端出现了巨大缺口。一位人工智能科学家的培养周期至少为6年，若需要同时具备人工智能知识和掌握金融行业相关业务的综合型人才则培养成本更高，无法满足支撑金融全产业链的需求。

2. 人才培养方案落地难

本课题组就金融专业学生对人工智能的看法进行了调研，90.91%的学生认为学校有必要对于人工智能知识进行科普，只有9.09%的学生认为没有必要。该结果呈现出压倒性的特点，但金融专业学生能够接受人工智能科普的程度高低仍需要深入了解。在人工智能课程方面，选择只需了解人工智能的基本内容及其在自己所学领域的应用的启蒙型课程的学生占比为71.72%；选择深入型课程的学生占比为28.28%。此结果显示出即使在绝大部分学生认为学校有必要进行科普教育的情况下，大部分金融专业学生对于非常专业的人工智能、计算机课程却没有较高的学习意愿。其中包含了主观和客观的因素，主观因素在于大部分大学生更倾向于学习较为容易的课程，对较难的课程具有畏难情绪。客观因素在于如今学校在专业的划分以及课程的安排上存在一定程度的滞后，科技发展过快，而课程的准备安排需要更长的时间，同时深入型的课程需要很多计算机的理论及实践基础，这也需要在前期安排大量的基础课程。调研结果表明，除满足专业人才需求的目标外，高校将人才培养方案落地也并非易事。

3. 传统金融人才被替代的可能性较大

实际上，传统金融专业人才培养方案培养出的应用型人才，在就业时将受到极大挑战。虽然具体哪种类型的工作不易受冲击仍需论证和研究，但可以确定的是传统金融行业中简单重复的工作，例如，存取款、转账以及银行卡办理等势必会被人工智能取代，而投行工作，甚至是银行的大堂经理在人工智能具备生物意识之前，依然需要工作人员来操作。然而，人工智能不应被视作对于未来就业的一种威胁，可以从合作或机遇的角度来看待问题。针对人才培养方案，高校可以将人工智能相关的课程由选修课更改为必修课，提高此类课程的学分，利用教学制度和规定让学生重视人工智能。

三、应对策略

通过以上分析得出，高校应该帮助学生掌握尽量多的人工智能相关知识以应对行业变革。并且，从目前来看，并不是所有的岗位都会被人工智能取代，人们依然需要人来服务。所以财经类院校可以帮助学生提高自身能力，去寻找不容易被人工智能替代的岗位。

人工智能的大规模应用对财经类院校的人才培养模式同时带来了挑战和机遇，根据多样化的社会需求培养应用型人才，是金融专业人才培养目标的合理定位，优化人才培养方案、创新人才培养过程是体现应用型人才培养目标的基本策略。

（一）金融专业人才培养目标的调整

目前，我国大部分金融学类本科专业培养的是应用型人才。相对于研究型人才而言，传统金融行业从业人员是把抽象的财经理论符号转化为具体的财经操作构思并付诸实施的人才，并主要倾向于供给信息。21 世纪新一轮的科技革命和产业变革对高校提出新的挑战，全球科技革命呈现出新的发展态势与特征，对金融人才的要求也从显示价值转化为创造价值。高校的教学环境、教学对象、教学内容、教学形态、教学方式和教学手段都发生了深刻的变化。这些挑战和变化体现出新时代的人才需求已经从单一技能型人才向综合型人才发展，工作岗位需求也从之前的只要求工作技能向营销管理、运筹决策等方面倾斜。同时，当前的互联网经济也对金融专业人才培养提出了更新、更高的要求。金融专业人才除了具备一定的专业素养外，还应具备高情商、有良好的发展潜质，具有较强的学习能力、清晰的逻辑思维能力和自我认知能力，具有运用科学方法较好地处理经济、管理、社会等各方面问题的能力。

（二）对金融专业课程设置及人才培养计划的建议

1. 科学合理地制订教学计划

人工智能的崛起，象征着数理能力成为这个时代对高端人才的新要求。高校面对新形势，在金融专业课程方面，应适时调整教学计划，开设如金融编程与数据库、数据分析、数理风险管理的课程，以帮助学生通过严密的数理训练，获取行业最前沿的技能。此外，还应开设如商务沟通技巧等相关课程，这能帮助学生提高职场沟通效率，在职场与同事相处融洽，尽快适应社会。

在“数据即财富”的当下，学生在校培养数理分析思维，掌握金融编程技术，在就业时或许可以从容应对来自机器的挑战。除具备过硬的能力外，金融行业又是与人打交道的行业，具备如商务沟通技巧的软技能，也可有效帮助学生适应全新的人工智能时代。

（1）夯实基础，改善结构，为学生构建科学合理的知识体系。金融学是现代经济理论体系的核心内容。传统金融学侧重于宏观分析，主要研究货币信用规律和银行信贷理论，主要培养学生从事经济政策研究及宏观经济分析。但当下金融学本科院校主要希望培养学生成为未来的金融家，而不是未来的金融学家。故目前的课程内容、课程结构、教学方法等方面需要持续的改革与创新，在教学计划中可以设置反映学科之间联系和渗透的综合课程和促进人文精神与科学精神相互交融的通识课程，用国际化视野为学生构筑既符合国际化规则、又体现市场经济特色，既与培养目标相适应、又与社会需求相融合的知识体系，搭建宽厚的基础知识与扎实的专业训练相统一的教学平台。

（2）重视学科融合，培养复合型人才。随着经济全球化和金融一体化的推进，金融行业的重要性日益凸显，对复合型人才的需求也日益高涨。国内金融高端人才需具备专业知识的复合度与外向性，学校在课程设置上，一方面，可以通过文理工渗透、经管法结合等途径，提高学生知识结构的复合度；另一方面，可以运用双语教学、外教教学等手段，加大和国际规则以及惯例接轨的力度，增强学生知识结构的外向性。同时，加强实验实践教学环节，培养学生创新创业的能力和素养，在此基础上，可以再为学生提供企业家基本素质（有眼光、有胆量、有能力）的初步训练，逐步增强学生对职场的适应能力和竞争能力。

2. 重视校企合作，推进课程综合改革

金融专业人才培养需要学生具备较强的实践应用能力，具有一定的创新性，金融专业知识也需要在深度参与实践工作后才能内化并巩固。校企合作是金融专业人才与社会需求对接的良好出口，高校采用这一方式，可以培养出综合素质高、职业能力强，能够有效应对人工智能冲击的创新型人才。

（1）建立校企合作共赢机制。建立校企合作共赢机制是金融专业人才培养的根本保障。人工智能兴起导致巨大人才缺口的当下，不仅学校面对着修改培养方案的严峻挑战，对口企业也急需科技攻关、技术服务等方面的人才。高校与企业签订长期、稳定的战略合作协议，学校可以保证学生的就业率，也能帮助企业解决实际问题。与此同时，教师也可亲身参与体验企业项目实践，提升自身的科研水平及实践应用能力。

（2）聘请行业、企业专家担任兼职教师。校方可聘请行业、企业专家做学校的“兼职教授”，企业专家可将自身丰富的工作经验以及最前沿的行业形势通过实践教学，以讲座的形式走进课堂。

（3）共同开拓特色课程。学校与企业加强合作，可以建立起科学的课程研发机制，开发专业核心能力和技能，并根据核心能力构建金融课程体系，与行业、企业合作开发专业核心课程作为特色课程。尤其在培养数理能力方面，校企合作有助于校方了解企业的具体要求，开设金融专业特色数学课程，选择相应的难度和课程种类。就目前形势来看，大多数国内财经类大学数学课程难度不高，同时学生对于数学有一定畏难情绪，抗拒选修数学含量大的课程。但数理能力及一定的编程能力是新形势下对高端金融人才的新需求，故科学的课程研发机制，适宜的课程难度可帮助金融专业数学课程逐步渗透，金融专业学生逐步适应新的课程体系，培养核心竞争力。

3. 加强实习实训平台建设

金融专业人才培养和理工科人才培养模式存在一定程度上的区别，主要由于人们的心理和情感在经济活动中的体现，无法在实验室中被完全模拟。学校安排的模拟实务投资也和实际操作有一定差距。因此，金融专业人才若想切实体会人工智能等新科技带来的冲击，了解智能投顾的应用，需要借助实习实训平台，真正地走进行业企业，参与实践、走进社会，在社会实践中完成对知识的汲取、感悟、转化和提升。财经类院校为提高学生实践应用能力，在实习实训平台建设方面可主要采取以下措施：

（1）设置职业生涯规划相关课程。学校可以根据金融专业人才培养的需要，安排专业师资力量，模拟职场环境，根据学生的特点和个性化需求，按照工作要求进行任务式教学。学生在模拟环境中深化对目标职业的认识，并完成职业生涯规划，这能够将学生的理论学习与未来的实际工作进行有机结合，为学生真正步入职场打下坚实基础。

（2）强化校外实习实训基地建设。校企融通的“产学研”合作也是应对人工智能冲击的基础性条件之一。学校应在培养方案中设置专业实习模块，使学生在实践教学平台中了解优秀的企业文化，培养职业精神和职业道德。通过企业实习实训，培养学生实操能力和创新能力。学校通过设置职业生涯规划课程、校外实习实训基地，为学生搭建实习实训平台，可有效提高学生的实践应用能力，为金融专业人才培养提供有力保障。

4. 校园活动

（1）开拓或增加校际学生交流。本校学生可以和工科类院校学生进行知识资源互补。本校学生具有较为专业的金融知识，工科类院校的学生更擅长计算机方面的应用操作，因就业市场上稀缺金融与计算机的复合型人才，两者携手可在就业或创业上大有作为。

（2）邀请相关人士开设 AI 讲座，开展 AI 知识竞赛等，帮助培养学生的专业兴趣，提升专业素养。

结　　语

在人工智能加速在金融领域应用的新形势下，只有以人工智能与金融相融合催生的金融新业态对人才的需求特点为出发点，设置有针对性的人才培养方案和课程体系，让学生具备人工智能＋金融的复合知识结构和技能，才能培养出符合未来金融业发展的智能金融人才。

参考文献：

［1］高德毅，宗爱东．从思政课程到课程思政：从战略高度构建高校思想政治教育课程体系［J］．中国高等教育，2017（01）：43～46.

［2］黄平．人工智能的商业价值和取用指导［J］．电子技术与软件工程，2019（07）：251～252.

［3］韩志雄，杨紫，洪武．人工智能在金融行业的应用探析［J］．金融科技时代，2019（09）：26～28.

［4］蔡然．人工智能对金融创新的影响与挑战［J］．企业管理，2018（04）：114～117.

［5］许瀚文．人工智能对金融行业的影响［J］．现代商业，2017（12）：85～86.

［6］海新权，韩晓婧．金融科技和“双一流”建设驱动下的地方高校金融专业人才培养模式研究［J］．长春大学学报，2019（04）：85～89.

［7］李晨晖．互联网金融背景下高职金融专业人才培养模式探讨［J］．产业创新研究，2019（05）：54～55.

［8］杜宁．人工智能在金融领域的应用、趋势与挑战［J］．人工智能，2018（10）：84～92.

［9］赵建玲，王宝娜．财经类专业应用创新型人才培养模式研究——以河北金融学院为例［J］．河北大学成人教育学院学报，2017（06）：107～110.

［10］夏守和，张军．应用型本科院校金融专业校企合作人才培养模式研究［J］．科技经济导刊，2019（08）：126～127.

［11］徐从才．准确定位，办出特色，努力提高应用型人才培养质量——南京财经大学培养模式改革的思考与实践［J］．首都经济贸易大学学报，2006（11）：15～18.

14　走进学生眼中——寻找独具吸引力的“个人理财”课程

万程　谭艳婷　方茜*

摘要：“个人理财”目前已是各大高校经济、金融类专业学生眼中的核心课程，在培养学生专业技能、使其具备系统全面的个人理财规划能力方面占据着不可或缺的地位。传统的“个人理财”课程的教学模式比较单一，其特点在于更注重老师的课堂教学水平，而缺乏调动学生学习积极性，因此教学效果并不是十分理想。针对这一教学现状，本文将从学生角度进行分析，利用翻转课堂的理念，旨在构建一个科学全面而又可以激发学生学习主动性的全新教学模式。

关键词：个人理财；翻转课堂；混合课程；学生角度

引　言

“个人理财”课程是金融类专业中一门重要的必修课，主要包含理财导论、金融计算基础、家庭财务管理、投资规划、居住规划、教育规划、税收规划、退休规划、保险规划及遗产规划十大板块，是一门理论性和应用性都很强的课程。

在“个人理财”课程的教学过程中，老师教学能力中的“教”与学生积极主动的学习能力中的“学”相互结合才能真正地使学生掌握这门课程的基础知识并融会贯通于实际应用过程。然而在目前的传统教学模式中，老师的教学手段多半是依靠课本、板书和 PPT。其形式单一、教学内容过于理论化，故而晦涩难懂，十分枯燥。因此，学生就很容易对这门课程产生厌烦情绪，进而导致学习效果不理想。

本文所倡导的全新的教学模式正是针对此种现状，从学生角度出发，利用目前国内外较为热门的翻转课堂理念，将其与传统教学模式灵活结合，形成混合课程，以此寻求学生眼中具有吸引力的新型个人理财课堂。

* 万程，上海立信会计金融学院金融学院 2017 级本科生。谭艳婷，上海立信会计金融学院金融学院 2017 级本科生。方茜，上海立信会计金融学院金融学院，讲师，金融学博士。

一、传统课堂与翻转课堂教学模式

（一）传统教学模式

传统的课堂教学模式是一种以教师为中心、以书本为中心、以课堂为中心的教学模式。传统的课堂教学模式往往形成了由老师单向灌输、学生被动接受的局面。从中我们不难看出，传统教学模式的缺陷是十分明显的。其中的关键是作为认知主体的学生，在整个教学过程中始终都处于被动地接受知识的状态。学生学习的主动性被忽视，甚至被压抑。

在传统课堂教学模式下，学生学习以个体为主，老师的课堂教学以一对多为主。课堂上的大部分时间都是照本宣科地讲解课本内容，很容易导致学生因为觉得课程枯燥无趣而陷入“不想听—听不懂”的死循环。所以学生们对这样的课程往往会产生“难”、枯燥、老师教学水平“不好”等评价，很难出现学生主动学习、乐于学习的情况。

（二）翻转课堂模式

翻转课堂译自“Flipped Classroom”或“Inverted Classroom”，也可译为“颠倒课堂”，是指重新分配课堂内外的时间，将学习的主动权从教师转移给学生。在翻转课堂的教学模式下，学生们将充分利用课堂内的宝贵时间专注于主动的基于课程项目的学习，从而获得更深层次的理解。教师们也不再过多地占用课堂的时间来讲授课本信息。学生们可以通过视频、博客和电子书等方式，在课前完成这些信息的自主学习。还能通过网络，随时随地地查阅所需的资料，与其他同学一起讨论。教师也能拥有更多的时间去和每位同学交流。课后，学生们可以自主规划学习内容、学习节奏、学习风格和呈现学习结果的方式；教师则采用讲授法和协作法来满足学生的需要并促成他们的个性化学习。其目标是让学生可以通过实践来获得更真实的学习过程，让学习变得更加灵活、主动，也让学生的参与感更强。当然，这种翻转课堂的兴起必然离不开互联网的蓬勃发展。

当然，以上内容仅仅是从弥补传统课堂缺点的角度提出了翻转课堂。我们不可否认传统课堂的优点，比如，传统课堂拥有传授专业知识全面、课堂时间利用率高等优点，也不能忽视翻转课堂不可避免的“滥竽充数”、教师把控力低等缺点。所以我们既要抓“教”，也要抓“学”，将它们二者灵活地结合，而其中的关键点就在于如何调动学生主动学习的积极性。所以，本文接下来将重点阐述如何将“教”与“学”灵活地结合在一起。

二、个人理财新型教学模式具体举措

本文中讨论的新型教学模式（见图 14.1）关键在于如何培养学生的学习兴趣，这种教学模式的立足点就在于学生喜欢什么类型的授课方式或者说什么类型的授课方式更容易被学生接受。与此同时，在这种新型教学模式下还有两个不可忽略的问题：如何将其与互联网相适应；怎么实践“个人理财”课程的应用性。这两个问题在构建新型教学模式时十分关键。

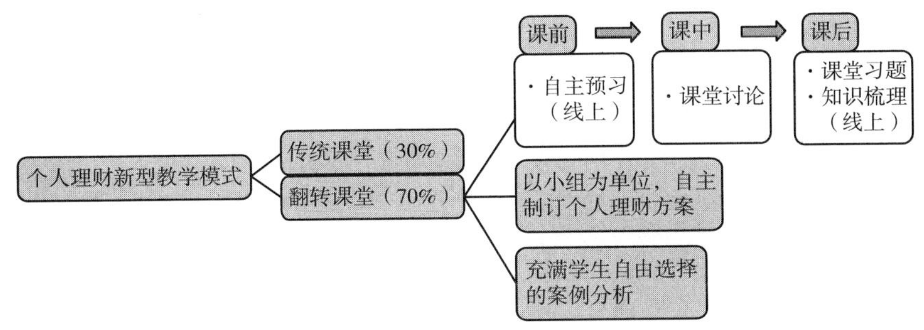

图 14.1　个人理财新型教学模式结构图

（一）传统课堂与翻转课堂进行“三七分”，合理安排考核分值

“个人理财”课程的特点在于其理论性和应用性都很强。细数“个人理财”课程的十个板块：理财导论、金融计算基础、家庭财务管理属于偏理论化的板块；投资规划、居住规划、教育规划、税收规划、退休规划、保险规划、遗产规划属于偏应用化的板块。

因此，在课程模式上我们可以选择取长补短：前三个板块采用传统课堂模式，主要以老师讲授为主，系统而全面地讲授理论板块的知识，旨在夯实“个人理财”课程的理论基础；后七个板块采用翻转课堂模式，重点在于发挥学生的主动性：课前（线上）自主预习课本、学习板块必要知识，课上（线下）以学生演讲、生生讨论、师生讨论等方式强化知识点的应用性，课后（线上）进行知识点梳理以及课堂表现的评价分析。

本文对于已经十分成熟的传统课堂模式不再加以赘述，后文将对“如何有效地进行课前课上课后的翻转课堂”进行具体展开。

（1）对于课前（线上）的自主预习部分，对应的正是主动学习的第一步。而这一步所要借助的就是互联网技术，比如“慕课”“学习通”等网课 APP。老师们可以借助网络把每个板块的重点难点录成小视频上传到网页或 APP 上，让学生自主安排观看时间。视频应以短小精炼为特点，以便学生明确信息。学生不会因为完成预习的时间过长而产生厌烦情绪，同时还可以使用互联网，自行查阅资料，整理疑难问题，完成课前预习。

（2）课上（线下）课堂部分，老师不再是以单纯的讲师身份进行授课，更要以引导者的身份，把课堂的主动权交给学生，让学生可以自由发言讨论。学生可以在对每个板块的知识点进行分享、补充、再学习的过程中充分掌握该板块的应用性，并借助其他人的发言从不同角度了解该板块的知识点。而老师作为引导者仅需在课堂上“巡察”

时观察每位同学的发言，发挥其纠正、拓展、分享实例的作用即可。

（3）课后（线上）完成网页或 APP 上的课后习题并进行知识点梳理，提交到 APP 后台让老师看到每位同学的学习成果，当然，学生也要对这节课的表现进行自我评价和分析以便自我督促、自我激励。只有这样，一个良性循环的、高效的新型课堂模式才能得以实现。

那么为什么这样的课堂模式会是一个受学生欢迎的模式呢？这就要回到整个问题的出发点——学生的学习兴趣。除去必要的理论知识由老师面对面传授，其他的课堂探索和课程实践都以学生为中心。学生可以按照自己喜欢的方式进行学习，为学生们提供了一种轻松自由、占据主导权的学习环境，而这也成功促进了学生学习动力的形成，学习兴趣也就自然而然地产生了。

当然，这种模式下所产生的学习带动性也是不可忽视的。课前（线上）的预习阶段和课上（线下）的讨论阶段的主体都是学生，老师只是起辅助作用。当学生 A 在网页或 APP 上预习时，出于从众心理和担心落后于人所带来的紧迫感，发现学生 A 在学习，学生 B、C、D 可能也会来看网课视频。那么此刻，网课视频时间短且知识点清晰明确的特点就使得学生能够很容易地接受预习部分的知识点。

而在课上（线下）课堂方面，相对于和老师的交流，学生更倾向于和同级别的学生交流，因为这样避免了因发言有错而产生的尴尬和担心。而当学生们发现自己与别人的学习结果有所异同或大不相同时，他自然而然地对正确答案产生一种渴求，那么学习的主动性也就被调动起来，学习的兴趣自然也就出现了。

当然，以上内容只是引起学生学习兴趣的因素之一，而引起学生学习兴趣的另一大因素就是合理的评分考核机制。相对于传统的点名、作业、考试的考评机制，如果老师能增加课堂上学生的讨论表现分值比重，那么结果会如何？众所周知，大学的学习除了真正学到知识之外，最重要的还是成绩。如果说，学生主动预习、课堂积极参与讨论、课后主动梳理知识点能够得到足够的或者与不这么做的学生有明显差异的分数作为回报，那么绝大部分的学生都会在自己合适的时间里进行主动学习、课上积极参与讨论发言。这样的学习效果肯定较之从前有很大的提升，这也是由合理的考评机制所带来的学习主动性。

（二）划分小组，以学生的生命周期为基础，自主制订个人理财方案（落实应用性）

“个人理财”课程里的生命周期理论是指个人在相当长的时间内计划消费和储蓄行为，以便在整个生命周期内实现消费的最佳配置，其中要考虑个人的现实收入、未来收入、未来可预期开支、退休年龄等各方面因素。学生在经过对这门课程的学习后，能制订一个全面的、科学的个人理财方案是这门课程应用性强的一个表现。同时这种能够合理制定理财规划的能力也正是被社会或者职业所需要的一种能力。作为新时代金融专业的学生，无论是为了今后的就业还是解决个人理财的需求，“个人理财”这门课程的应用性都能够引导出学生们巨大的学习动力。这正是我们所要重视的关键点之一。

“个人理财”课程作为一门高应用性的金融专业的核心课程，它重点涉及了投资、教育、居住、保险等各方面的知识，那么也就意味着只有通过实践运用才能够真正被学生掌握。在制订个人理财方案时，不仅将理论知识运用于实践，更能让学生充分了解生命周期各阶段所选择的不同理财策略和理财原则。同时对股票、债券、基金等理财工具也有了更为具象的认识。

本文所提倡的学生分组实践思想有两大优点。第一，避免了由个人观点所限导致的不合理性或非最优化。众人拾柴火焰高，以小组形式展开的个人理财方案更能够集思广益，在每个小组成员发表自己的意见时，其他成员可以取长补短。也可以在其他成员表达观点时，发现更深层次的问题或策略。所以这样的方案会一步步不断拓展延伸，直到达到学生能力所及的最优化配置。第二，保证了实践的参与性和带动性，当小组展开讨论时，很少有人不表达自己的观点，也很难不去倾听其他的人的观点。小组成员都是学生，当大家把目光和话语权转移到某个成员身上时，他必然要为之做出什么——自己的思考、理论的分享、自己实践的认知，这种“面子”能够保证理论实践的参与度很高，同时也带动了学习的动力。

在这种方式下，既学习了理论知识，又在实践过程中得到了对课程应用的经验，而这个过程又是由学生之间学习的主动性和带动性推动的。对这个实践过程最佳的褒奖方式就是差异化的成绩。小组成绩可以按照规划合理性和成员参与度的比例共同决定，而“裁判”由其他小组和老师共同组成，保证合理性和全面性，那么相信每个小组成员都会愿意积极地参与到这样的小组实践中。

（三）学生寻找自己擅长的板块进行案例分析（学生自由选择案例分析）

为了避免滥竽充数，同时也为了让学生找到自己在“个人理财”课程上的优势，我们在这种新模式中设立了一定分值的案例分析板块。值得注意的是，这一部分将让学生以个人为单位独立完成。如果说上一个板块是为了大视野地实践“个人理财”课程，让学生对其形成全面的理解，那么这部分就是为了重点突出每个学生在“个人理财”课程中的优势板块，让其对某个板块有深度的认识。只有让学生找到了自己的成就感，自己在个人理财课堂上的立足点，他才会更乐于学习、乐于分享。

对于拥有众多板块的“个人理财”课程，我们还是强调以学生为中心。由学生自己选择擅长的板块进行案例分析，内容选自哪一板块、案例分析采用哪种表达方式都由学生自主决定。原则只有一个——向师生清晰地表达出这个板块的知识与案例的结合点，展现出自己所掌握的深度。

此外，我们在给学生案例选择的时候设计了一个巧妙之处，即给出案例的方式并不是强硬而直接地给定学生某个案例，而是让学生在给出的多个案例中自主选择一个甚至多个案例进行分析。这样的选择方式既充分地给予了学生主动权和选择权，激发学生学习积极性，又保证了案例不会重复过多和死板，给予案例分析充分的灵活性。通常学生在做出选择前，已经把给出的多个案例都过目了一遍，大致思考一下不同的案例有什么不同的知识点可以进行展开，然后选择出自己最擅长的案例。在这个过程中，当学生把给出的多个案例都了解了一遍，其实就是悄然地扩大学生自己的案例库和知识面。

结　　语

“个人理财”作为一门金融类专业不可或缺的核心课程，它所承载的理论知识的全面性和实践的应用性是我们学习的重中之重。目前，传统教学模式过分强调课堂上老师的“教”，而且教的方式大多以课本为中心、依靠板书和 PPT 进行理论讲解，故而其形式单一、学生被动学习、学习气氛枯燥。不可否认，这种传统模式有理论全面化、基本功扎实的优势，但也正因为如此，它忽略了这门课程应用性强的特性。这直接导致了学生们往往学完之后记忆不深刻、学完不知如何运用。到了真正用于实际时，学生很难流畅地、科学地进行个人理财规划。

虽然翻转课堂在国外已经逐渐发展起来，但在国内发展的进程还是比较缓慢的，体系也还待完善。尽管它充分发挥了学生学习的主动性，重视了课程的实践性，并把课堂的主动权从老师转移到了学生。但也正因为如此，其中也出现了滥竽充数、老师把控力不够导致学习深度不够的问题。所以，我们应该多角度考虑，两种模式按照不同比例对课程板块进行划分，取长补短，争取将老师的“教”和学生的“学”两个部分都得到优化。当然，需要注意的是，目前对大学课堂在不了解学生具体情况时，贸然使用翻转课堂的新理念很可能效果不佳。所以何时使用本文所提倡的新型教学模式、在哪个板块或者时间点使用都需要老师依据实际情况具体把控。

从学生角度看待“学”的问题，所采取的教学模式必然是学生喜欢的教学模式或者是容易被学生所接受的教学模式，避免被动学习导致学习效率低下的问题。发挥主动学习参与度高的优势，重视“个人理财”课程的应用性，让学生乐学、可用。当然，这种模式必然以学生为中心，为“学”而“教”，因此本文重点列举了几个重要举措：首先，合理划分两种教学模式的比例，课前预习、课上讨论、师生协作、借用网络，从而营造出一种轻松自由的学习氛围，让学生可以掌握学习的节奏，进而愿意主动去学，因为这会是学生喜欢的模式；其次，利用小组合作和个人能力展现两种方式进行理财方案制作、经典案例分析，既夯实理论又落实实践，适应“个人理财”课程应用性强的特性，让学生感受到学有所用，激发学习兴趣和积极性；最后，合理安排考评分值，重点突出平时成绩的课堂讨论、小组协作、案例分析，让学生在最能体现个人特色的部分能够得到合理的分值回报，进而激发学生学习的动力。除此之外，老师讲课也应拥有自己的风格，如同老师记住的永远是最好的和最差的学生，学生们也会记住最有个人特色的老师。当老师有了自己的风格以后，才会让学生记住这门课，从而对课程、对老师产生认可。这种讲课风格可以让“个人理财”这门课和讲课老师区别于其他课程和老师，对知识点的印象也会随着老师的个人风格进行一定程度的加深。

本文所倡导的全新的教学模式，正如标题所言“走进学生眼中”，就是为了最大程度地让老师的“教”和学生的“学”科学灵活地结合，使理论知识和实践运用相辅相成，用学生喜欢的教学方式传授知识，让学生真正对“个人理财”课程感兴趣，让学生知道“个人理财”课程的重要性、必要性、应用性，真正提高学生实际运用能力，做到学以致用。

参考文献：

[1] 陈佳渲．“个人理财”课程教学改革探讨［J］．现代经济信息，2019（01）：463.

[2] 朱祺．“个人理财规划”课程教学内容优化设计研究［J］．时代经贸，2018（23）：100～101.

[3] 成亚玲，谭爱平．基于慕课的混合学习教学设计探讨［J］．成人教育，2018，38（07）：35～39.

[4] 马京京．理实一体化模式与“个人理财”课程改革［J］．文教资料，2018（17）：188～189.

[5] 赵亚茹．“以学生为中心”的个人理财课程改革探析［J］．财会学习，2017（14）：210～211.

[6] 马昭，赵慧．“翻转课堂”在国内外教学应用中的对比研究［J］．中国成人教育，2017（01）：103～105.

[7] 马俊臣．基于“翻转课堂”的现代教育技术教学研究［J］．中国成人教育，2014（06）：125～128.

15 “家庭理财”课程教学内容和教学方法研究

李文　李卓然　王可心*

摘要：家庭理财相对于个人理财来说，考虑到更多的家庭成员和家庭结构的变更。在我国 GDP 增长率下行的背景下，人口老龄化趋势逐渐加强，需要理财分析师做出最优的家庭理财规划。“家庭理财”课程注重培养学生通过理财知识和相应的技能为家庭设计出合理的规划。这需要我们的教学方法进行相应的实践教学改革，以针对在现有理财市场专业知识和产品更新速度快，行业竞争压力大的背景下，提升学生的行业竞争力。

关键词：实践教学法；仿真实验；教学改革

引　言

在不同的阶段，家庭财务的风险表现形式不同。家庭理财教学需要对技术、产品和市场等方面内容进行相应的改革，以使学生适应市场需求。我国 GDP 增长率进入一个逐渐下行的通道，这是与我国的增长阶段相适应的经济增长速度，也是业界共识的一种预期。由于国际经济形势逐步严峻，居民对于防范风险的意识逐渐加强。所以，种种情形催生了近年来家庭理财市场的快速发展，以及居民对于整体的家庭风险防范意识的增强。对于应用型高等院校的金融理财专业学生来说，要提高解决实际问题的技能，以及增强相关专业知识的储备。所以，“家庭理财”相关的课程必须与时俱进，通过实践教学、仿真实验，项目式学习等方法来增强学生的理财技能水平，提升学生的学习兴趣和能力。

一、理财相关课程教学中存在的问题

（一）以理论教学为主，实践教学内容不足

在教学过程中，教师虽然依照现在流行的教材或者是 CFP 等资格考试的内容进行教学设计，但是仍然选择以讲授教材的方式为主。因为理财涉及的理论知识非常繁杂，

---

* 李文，上海立信会计金融学院金融学院金融理财系教师。李卓然，上海立信会计金融学院金融学院 2017 级金融 8 班。王可心，上海立信会计金融学院金融学院 2019 级金融 6 班。

所以要在规定的课时内向学生讲授全部的内容是一件十分困难的事情。但是当今的理财产品进化速度非常快，如果只是通过传统的理论讲解将难以满足实际需要。实际的理财需求中的种种问题，学生遇到后可能也会很难理解如何通过理财工具和理财规划步骤来进行相应的操作。理财相关的课程一般也会安排相应的实践教学课时，但是由于教师本身在专业方面可能只是对其中的一部分比较专业。再者，学生和教师之间在沟通方面可能也会缺乏效率。故而在教育规划、养老规划、遗产规划等方面，教师往往采用案例式教学。学生会根据教师给出的案例进行具体的理财规划方案的教学。但是在实际的理财规划中，规划师与客户之间的交流需要非常专业的技巧规范、商务礼仪和职业素养。而这部分在我们的实践课程中却没有体现到。这将是理财相关课程未来需要改革的部分。

（二）教师的实践能力不足以满足课程需求

由于“家庭理财”相关的课程是面向实际应用的，它所要求的实际能力非常高。我们的教师虽然通常都是金融学博士毕业，但是普遍缺乏专业的实践背景和经验。另外，教师本身的教学任务、科研任务繁重，后期的实践课程一般教师也很难满足相应要求。实践课程本身需要教师在实际应用中总结经验，归纳方法传授给学生，所以教师本身的指导实践的能力是较为薄弱的。

（三）实践教学条件无法满足“家庭理财”教学的要求

通过我们对这门课程的研究，以及对学生和业界的调研，发现实践教学对于学生掌握相关技能非常重要。但是这其中包含了真实场景的应用和模拟。而目前我们并没有仿真实验相关的课程，这也为后面的学科建设提出了一个更高的要求。因为专业知识和沟通技能以及职业素养对于金融理财相关专业学生未来就业非常重要，这只能通过模拟真实场景的方式来加以提升。

二、对“家庭理财”相关课程的建议

（一）加强课程教学中的实践内容

1. 通过行业调研，确定行业必需的知识范畴

当前理财专业涉及较多的法律知识和会计知识，比如《婚姻法》《继承法》，还有一些国际税负筹划。如果与企业相关，还包括股权结构的设计，财务管理等知识。根据现有的理财课程的知识范围，我们会发现金融相关的知识内容基本可以覆盖。但是在法律相关和会计相关的专业知识，我们仍然与业内专业理财师具有相当大的差距。例如，会有一些《婚姻法》《继承法》等具体条款的应用和风险规避，还有遗嘱的合法性和有效性的区分和应对方式等。在这些方面我们相关课程的知识技能仍然非常欠缺。还有关

于《保险法》《信托法》等相关的法律内容的了解和应用。综上，我们在理财课程的内容和应用设计上仍然是有欠缺的，所以我们必须进行行业调研，确定我们需要补的短板。

2. 通过行业调研，总结行业发展的方向

家庭理财行业发展非常迅速，而且产品层出不穷。因为理财本身涉及多个不同的知识领域，比如除了投资类的金融产品之外，还有保障类的保险产品，养老相关的年金产品，以及传承方面的专业法律架构，如信托、遗嘱和基金会。但是目前来看，大数据和金融科技的应用使得产品的商业模式可能在短时间发生巨大变化。例如，金融理财师的角色，未来将有可能被人工智能、智能投顾所代替。保险行业的产品现在已经通过平台公司、经纪公司进行网络销售，而且各大保险公司的产品竞争已经进入白热化，并且出现分化。比如有的保险产品以服务见长，有的则以绝对的价格优势胜出。所以行业本身在当前的互联网 + 大数据和金融科技的推动下发生着巨变。那么，未来金融理财师的可替代性，金融理财的行业发展方向是什么，需要学校、学界进行提前把握和预测，并制订应对方案。

3. 通过行业调研，归纳所需技能与知识结构

就目前而言，因为可以很清楚地看到目前的教学内容与行业所需的差距，所以更需要进行行业调研，归纳所需要的技能和知识结构。例如，市场营销的技能是我们目前学科所没有涉及的，未来将会整合在课程之中。与客户的沟通，市场的消费者心理学等，是我们需要未来进行进一步加强训练的。作为不可或缺的背景知识，我们也需要了解很多关于理财的法律法规，这些都是我们需要进一步进行设计和强化的内容。

4. 直接参与，锻炼理财技能

无论如何调研，都不如直接参与到金融理财第一线的工作中得到的经验充实有效。所以我们需要创造机会给教师和学生能够接触一线金融理财的工作。并且使他们能够从中感受到深刻的经验教训，并提炼出相应的知识技能结构，金融理财的技能、技巧所需的专业知识等内容，为未来的教学发展，做好充分的准备。

（二）增加教师的实践机会以及双师型教师比例

1. 通过建设实习基地和产学研基地，增加教师接触行业前沿的渠道

目前我校已经建立了多个实习基地和产学研基地，用于学生进行金融学方面的实践活动。事实上我们通过这种模式仍然可以增加一些金融理财方向的实习基地和产学研基地，教师和学生都可以进入其中进行实习，接触行业最前沿的资讯。这样也可以增加教师接触实践环境的第一手资料，并为今后的教学积累经验。

2. 引进行业师资或加强校企合作

引进行业师资是指高校可以引进行业内的骨干力量和精英力量，进入学校进行教学研究和培养学生的相关工作。当然学校有其自身的资源短板，那就是可能提供的薪资并

没有行业竞争力。所以还有另一种补充的方式，就是加强校企合作。因为学校本身具有丰富的人力资本，而且具有较强的研究能力，而企业主要是在开拓市场方面和实际业务方面比较擅长。故而，校企合作本身是有较大吸引力的。企业开创产品需要理论基础，这方面高校教师可以提供，另外高校教师也可以从企业的实践经验中总结出企业的不足，以及未来可能的发展方向。学校如果能够提供校企合作的平台，将会为本校的人才培养工作，以及我国的金融理财行业的发展做出一定的贡献。

3. 对教师的行业资质进行一定的资源投入和倾斜

在金融理财行业，有一些行业资质，但是要取得这些资质的成本是比较高的。高校目前可以提供一些金融支持，促进教师取得行业资质。但是，由于教师的科研任务和教学任务都非常重，所以这项优惠措施并没有很好地开展。如果学校可以考虑在教师的教学和科研方面的工作量与一定的行业资质的取得进行替换，或者对一些较难取得的资质进行奖励，那么将会对教师的金融理财方面的实践能力，业务能力有一个较大的促进。

4. 对教师设定不同的发展通道

因为这个专业的特殊性，即金融理财、个人理财是直接面向市场的。如果教师在这方面获取的实践能力足够强，那么他们本身能够在市场中获得相应的收益。所以如何保留师资，如何保留行业能力较强的师资，一直能够为人才培养做出贡献，是需要考虑的一个问题。那这里从经济学的角度来看，如果允许教师可以利用自己的特长，在做好教学工作的同时，也可以在市场中获取相应的收益。那么，一方面可以使师资不断地获取实践经验的来源，另一方面也可以补偿教学工作薪资较低的一个缺点。最后也可以为学生带来特别生动真实的一线行业资讯。

（三）建立仿真实验进行课堂教学

1. 学校对软硬件的配套支持

在学校的相关基础设施配置中，首先应该建立相关的实验室作为一个硬件的支撑。其次，最关键的是基于内容的软件开发。这部分工作需要专业的软件开发公司来实现。但其实现的核心是要确定理财方向的实训内容。根据经验，我们发现学校在这方面资助的过程中，会有一个明显的偏差，也就是经费的绝大部分比例是赋予了硬件和软件开发，即校外人员。但是校内人员作为核心内容的提供者，却没有得到相应的补偿。他们的劳动并没有得到相应回报。这样的激励机制其实是有偏的。主要偏向于显性的工作，而不偏向于隐性的研究。这点需要学校对此有清醒的认识。

2. 内容开发是关键

学校在进行相关实训、实践课程的软件开发的时候，需要该专业的教师团队进行内容支持，需要实时的沟通和设计修改。因为内容是核心、是关键。我们需要把实践过程中、调研过程中得到的一手资料，比如一些交叉学科的知识内容，还有一些市场营销、消费者心理学的内容全部都体现在仿真实训的课程内容中去。这里需要教师做出专业的顶层设计。这项工作的重要性是不言而喻的。

3. 注重学生软实力的培养

正像我们在前两项提出的一样，我们需要把市场上必需的软实力加入到模拟仿真实训中去。比如说，学生应该如何跟客户打交道，如何开发客户的理财需求，如何联络客户，如何维护客户，如何利用客户的心理特征来进行有效的沟通等，这些都是学生的软实力。以上说的这些内容都是在本科教学中所欠缺的，需要实训实践课程补足。

4. 多种案例的模拟操作

学生在综合案例的模拟仿真中不能只是面对一个案例，而应该是多个不同的案例，情况在不断变化着的案例。这样才能提供更多的锻炼机会、更真实的场景，以及使学生获得更多的挑战，以增加他们的行业竞争力。

三、相关措施的挑战和可行性分析

（一）通过行业和课堂的结合来增加课堂与行业前沿的关联程度

由于当前市场变化和相关技术手段发展非常迅速，所以如何能够保持行业和课堂一直紧密结合，是一个具有挑战性的工作。根据我们上面提到的进行行业师资进入课堂的校企合作，教师取得行业资质以及教师进行相应的业务服务的批准，可以持续增加课堂与行业前沿支持的关联程度。另外也需要模拟仿真内容的设置与行业发展的实时连接，实时更新。

（二）在教师的行业实践方面进行激励

因为金融理财相关的课程内容需要教师持续地进行行业实践，持续地跟进行业的发展。所以教师在行业跟进这部分所需的时间和精力比较多，那么需要对相应的机会成本进行一定的补偿。学校在教师的管理机制上需要设置一些激励措施，比如在晋升的过程中，除了对教师取得的行业资质或者是一些业务的知识产权予以承认，还应包括课程建设等方面的成绩，并在晋升机制上予以倾斜。另外，如果需要进行软件仿真开发的话，那么教师需要在教学案例上花费大量的时间，在这个过程中，可以有一些资金支持。并且教师在进行行业调研的时候，也希望能有相应的激励机制。而不是现行的课程建设中95%的资金配置给了硬件和软件公司，而只有5%的资金配置到教师身上。这是一种非常不公平的配置方式。

（三）通过软件开发和国家相关教学改革项目的申请来建设仿真实验课堂项目

国家现在已经有相关的课题资助仿真教学项目，所以如果应用型本科院校在这方面有所积累的话，完全可以通过申请国家的项目支撑来进一步发展。另一方面，校企合作是一个非常有效，而且有意义的课程开发方式。因为学校中的教师在自己的本专业领域中都有深入的研究，可以为企业的业务提出专业化的建议，起到一个智囊的作用。而企业是有实践经验的，有市场的，有数据的，这些方面提供给学校，可以强强联合，互相成就，另外，学校对于教师的实践调研活动可以有一个统一的管理，或者是起牵头的作用。因为在学校层面的接触中，企业可能会提供更多的机会、更多的资讯给教师，为我们今后的课程建设提供更多的支持。

总　结

通过“家庭理财”课程对学生能力培养的最终目的的思考，以及“家庭理财”课程的教学在学生培养过程中存在的问题的反思，本文给出了在教学内容、师资培养教学方式和课程建设等方面的建议，希望通过“家庭理财”的课程与行业前沿之间的紧密联系，增强学生的就业竞争能力，使课程的内容和教学方式更加精准，满足市场的需求。

这对整个教学管理提出了更高的要求，首先是组织管理学校的教务系统需要对相应的具有实践性要求的课程进行统一管理和资源投入，其次是运行管理，因为该课程需要计算机机房以及软硬件的配置，从计划落实、大纲落实到指导教师经费落实以及场所和考核落实等方面都需要具体的安排和配合，最后是制度上的配置，需要制定一系列关于“家庭理财”等课程的实验、实训、实习、技能竞赛等方面的实验教学管理文件以保证在整个教学环境过程中顺利开展。

参考文献：

[1] 雷娜等．高职投资与理财专业人才培养及教学改革探索——以河北交通职业技术学院为例 [J]. 北京工业职业技术学院学报，2013.

[2] 陈惠芳．基于《个人理财实务》实训教学的探讨与实践 [J]. 中国校外教育，2013.

[3]（美）罗伯特·K·殷．案例研究方法的应用 [M]. 周海涛等译．重庆：重庆大学出版社，2009.

[4] 张家军，靳玉乐．论案例教学的本质与特点 [J]. 中国教育期刊，2004 (1).

[5] 成光琳．案例教学法的实施及思考 [J]. 机械职业教育，2004 (2).

[6] 梅艳晓．家庭理财学：一门亟待发展的学科 [J]. 会计之友，2010 (13).

[7] 李玉．家政学概论 [M]. 北京：中国农业出版社，2005.

16　上海高校经济类课程思政的教学效应评价与经验启示

——基于上海市 15 所高校的调研

上海立信会计金融学院课程思政调研组*

摘要：近年来，在国家倡导高校思政教育由“思政课程”向“课程思政”转变的大背景下，以上海为代表的全国各大高校纷纷掀起了一场课程思想政治教育改革的热潮。本文主要通过对上海 15 所高校经济类课程课程思政教育的相关实际调研数据，分析了目前上海地区高校经济类课程思政教育的总体概况与影响效应，并在此基础上提出比较有针对性的对策建议，以期能为我国高校课程思政教育的改革与发展提供一定的参考。

关键词：经济类课程思政；调查分析；效应评价；经验启示

“课程思政”既是新时代高校思想政治教育教学改革深化与创新的产物，也是新时期中国特色社会主义理论宣传的重要载体。党的十八大以来，习近平总书记多次发表重要讲话，提出要重视培育与践行社会主义核心价值观，并在全国高校思想政治工作会议上强调指出：要用好课堂教学这个主渠道，使各类课程与思想政治理论课同向同行，形成协同效应。2017 年 12 月，教育部发布《高校思想政治工作质量提升工程实施纲要》，明确提出将“课程思政”推向全国高校。2018 年 9 月，教育部发布《关于加快建设高水平本科教育全面提高人才培养能力的意见》，提出加强高校课程思政教育，并以此作为新时代立德树人的重要路径。在这些大背景下，以上海为代表的全国各大高校掀起了一场课程思想政治教育改革的热潮。

上海高校的课程思政教育已经进行了多年，但其对学生的实际影响效应到底如何？存在哪些实际问题？有哪些值得总结和推广的经验？这些问题都非常值得我们教育管理

---

* 本课题在调研中得到了上海立信会计金融学院副院长程丽萍副教授、东华大学王素芬教授、同济大学梁晓蓓教授、华东政法大学王晟副教授、上海财经大学张淼副教授、上海电视大学于丽副教授等老师及同学们的大力支持，在此一并表示诚挚的谢意！

课题组负责人：周新辉，上海立信会计金融学院，副教授；孟可欣、王润文、刘芯宏、李晓曦、侯思雨，上海立信会计金融学院 2017 级金融学（CFA 方向）学生；李昱喆，辽宁大学 2017 级金融学学生。

部门和教育工作者去深入了解和研究。本文将以经济类课程思政教学为视角，拟通过对上海地区15所高校经济类课程思政教育的相关实际调研数据，重点从受教者——学生的角度了解分析目前上海地区高校经济类课程思政教育的总体概况与影响效应，并在此基础上提出比较有针对性的对策建议，以期能为我国高校课程思政教育的改革与发展提供一定的参考。

一、上海课程思政改革模式的形成与推进

"课程思政"这一概念源起于上海。自2014年起，上海市在教育部指导下，率先开展"课程思政"试点工作。2017年1月，上海高校更是率先成立了首届上海市高等学校思想政治理论课教学指导委员会，并打出了一整套高校思政教育系列组合拳，课程思政改革在上海全面推广铺开，布局了12所整体改革校，12所重点培育校和36所试点校，从而形成了全国示范性的课程思政上海模式。2017年6月，教育部充分肯定了上海的课程思政改革模式并进而在全国广为推广。2018年，上海高校进一步落实课程思政改革，进行了"三圈三全十育人"的综合改革试点工作，进一步形成了以思政必修课为核心、数十门"中国系列"思政选修课为骨干、500门综合素养课为支撑、1000余门专业课为辐射的"课程思政"同心圆的思政教育"上海体系"。2019年，为进一步深化高校课程思政教育教学改革，更是大手笔地启动了"高校课程思政领航计划"，在全市遴选出了10所"上海高校课程思政整体改革领航高校"和20所"上海高校课程思政重点改革领航学院"，重点打造高校课程思政改革教学实践的示范工程。

二、经济类课程思政教育的内涵与优势分析

（一）经济类课程思政教育

所谓经济类课程思政教育，顾名思义，就是指以将"立德树人"作为高校经济类课程的教学目标，通过深入挖掘各门课程所蕴含的思想政治教育元素，将思想政治教育渗透到经济类课程的教学中，将思想政治教育与经济类专业知识的教学有机地结合起来，引导学生将所学的知识转化为内在德行，内化为自己精神系统的有机构成部分，不断提升学生的整体思想道德修养。具体而言，即把经济类专业知识传授、价值塑造、能力培养三位一体作为教育的根本任务，让经济类课程与思想政治理论课同向同行，形成协同效应，从而构建一个全员、全课程育人格局的一种综合教育理念。

（二）经济类课程思政教育的独特优势

经济专业类课程在大学教育课程思政教育体系中具有独特的魅力。一方面，经济与人们的生活与社会的发展息息相关。另一方面，近些年来，在各大院校中，都普遍开设了经济类专业，经济类专业成为很多高校的热门专业，即便一些非经济类院校都或多或少会开设一些经济类课程。因此，经济类课程在当今社会与大学生群体中影响力非常巨大，在整个高校思政教育体系占有非常重要的位置。

同时，经济类专业的大学生作为未来我国社会经济发展中的重要人才，掌握着我国未来社会经济发展的命脉。很多高校经济类专业的大学生毕业后在国家与社会经济领域中承担着重要的岗位，如从事银行业、证券业、财务会计、财政税收等行业与岗位，有的是直接与钱打交道的，他们对社会与国家的经济影响非常之大。如果他们具有良好的思想道德品质与较高的专业知识素养，其对国家和社会的贡献度将比较大。相反，如果其专业知识素养较高，但思想道德品质不过关，则很容易受社会不良思想的影响，随波逐流不断堕落，最终可能犯下贪污腐化之罪，对国家经济和社会造成极大祸害与不良影响，近些年来的一些高智商经济犯罪案例即充分证明了这一点。

因此，在经济类课程中强化思政教育很有必要，而且在各类思政课程中，经济类课程思政教育具有比较独特的魅力。因此，经济类课程的每一位教师都应加强立德树人意识，充分利用好思政教育贯穿课堂这一主渠道，在经济类的每一门课程中都应该有机融入思想政治教育元素，形成专业课教学与思想政治理论课教学紧密结合、同向同行的育人格局与协同效应，全面提升学生的综合素质。

三、目前高校经济类课程思政教学的现状分析

推进课程思政建设是高校育人的必要要求，在专业课程中融入思政教育则是在这一过程中的重要一环。上海是我国课程思政的排头兵，其课程思政模式在全国具有示范性。为更具体地了解上海地区高校经济类课程思政教育的现状与教学效果，本课题组采取了实地调研与线上问卷调研相结合的方式，对上海财经大学、上海理工大学、上海立信会计金融学院等上海高校进行了实地走访，并在全市 15 所高校范围内面向不同层次院校、不同专业、不同年级的学生发放了调查问卷。本次调查问卷主要从院校水平、高校对思政教育的重视程度、专业类型、授课教师情况、授课方式、学生对教师总体印象、课程性质以及与思政教育与专业课的关联度等方面问题入手，比较深入地考察了当前上海高校经济类课程思政的总体实施情况及教育效果。

本次调研对象主要是上海地区财经类专业学生以及选修过经济类课程的其他专业学生，累计发放问卷 725 份，收到的有效问卷共计 638 份。本次调研问卷发放高校范围较

为广泛，涵盖了上海立信会计金融学院、上海财经大学、上海交通大学、复旦大学、同济大学、东华大学、华东政法大学、华东理工大学、上海师范大学、上海理工大学、上海对外贸易大学、上海海事大学、上海海洋大学、杉达学院、上海电视大学等上海地区的15所不同层次的高校。调研数据显示，调研对象中经管类专业学生占比达到85.58%，理工类1.72%，文史哲类1.25%，军事法学类0.63%，其他10.82%；其中大一的学生占64.1%，大二占9.56%，大三占17.56%，大四占6.12%，研究生占2.66%。由此可见，问卷调查主体在高校的层次分布、受教专业与年级上均具有较强的代表性。下面我们将通过对所回收的有效问卷的相关数据来进行分析和评测目前上海地区高校经济类课程思政教学的现状及效应。

（一）各院校对课程思政教育普遍较为重视，但宣传力度有待加强

通过对所回收的有效问卷进行统计分析，我们发现，学生认为学校对于经济类课程思政教育重视程度很高的占比为50%，认为学校对经济类课程思政教育较为重视的占比为42.79%，这表明在国家大力倡导思政教学、积极推动课程思政的大背景下，上海绝大部分院校都已充分认识到了课程思政教育的重要性，并顺应时代与政策的要求积极地开展了课程思政教育。但调研结果同时也显示，有7.21%的学生认为学校对经济类课程的思政教育不太重视（见图16.1）。

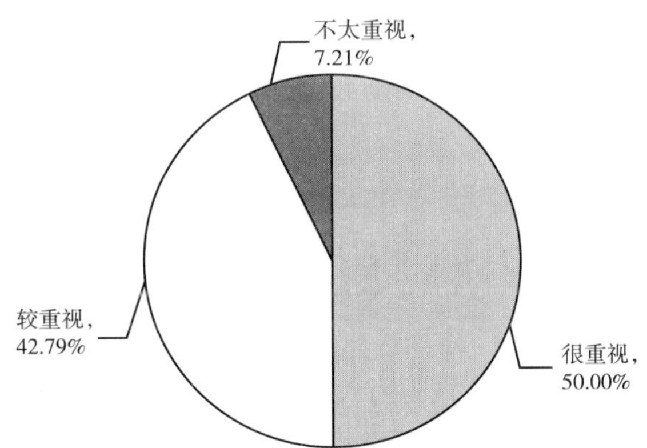

图16.1 上海高校对经济类课程思政教育的重视程度

数据来源：本课题组调研数据。

同时，在本次的调查走访与问卷调查分析中，我们发现部分大学生对课程思政教育的概念与理念还不太了解，不少大学生对传统思政教育和课程思政教育的概念有所混淆，更有甚者还不知道教育部已经提出课程思政教育的这个理念。大部分同学对于思政教育的概念还是停留在传统的思政教育的四门课程上，对于近年来提出的课程思政教育的概念仍不太了解。同时，从问卷的统计数据及学生们的反馈来看，大部分学生对思政教育的了解程度只是大概了解和稍微了解，非常了解的只占7.99%，还有5.49%的学生选择了完全不了解（见图16.2）。

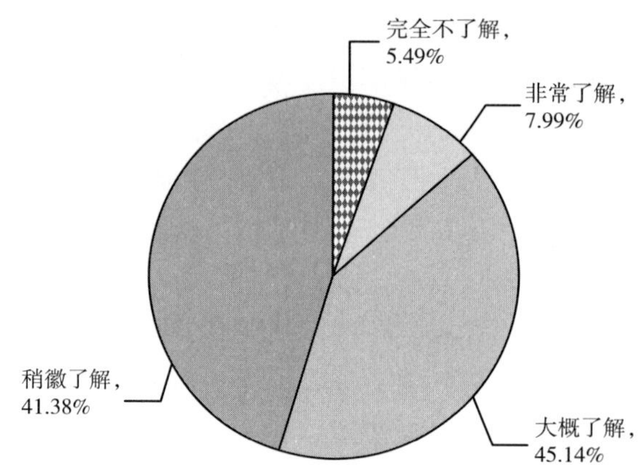

图 16.2　上海高校学生对经济类课程思政教育的了解程度

数据来源：本课题组调研数据。

对这一结果，本课题组认为可能有两个方面的主要因素：一是传统的思政教育模式可能对学生形成了比较强的思维固化，对课程思政这一新型的教育教学模式还没有充分地适应和转化；二是与课程思政教育存在潜移默化、“润物细无声”的隐性教育特点有比较大的关系。不过，这同时也表明，目前上海市高校思政教育虽已基本普及但还没有深入到学生心中，没有给学生留下比较深刻的印象。同时，这可能也与部分学校对课程思政教育这一新型的教学形式仍强调不够，在学生中普及率不高有较大关系。

（二）大部分经济类课程教师都在努力尝试课程思政教育

问卷数据显示，在经济类课程教学过程中，大部分老师都能够在授课过程中穿插课程思政内容。思政教育占学期内该课程总体内容的比例为5%～10%的教师占比接近半数，为49.06%；有27.74%的专业教师思政内容占比为10%～15%，并且有12.70%的专业教师思政内容占比达到15%～20%，同时也有10.50%的教师课程思政内容占总体教学内容的比例低于5%（见表16.1）。

表 16.1　目前上海高校教师经济类课程思政教育的内容占比

课程思政内容占比	相应教师占比
15%～20%	12.70%
10%～15%	27.74%
5%～10%	49.06%
< 5%	10.50%

数据来源：本课题组调研数据。

（三）授课教师的思政教育模式较为丰富

调研数据显示，在目前高校的经济类课程教学中，授课教师的思政教育模式多样化，且绝大部分为多种教学模式相结合（见图 16.3）。其中，案例型教学方式比较受到教师的青睐，有 65.67% 的教师在思政教学中采用了案例型授课模式。有 63.48% 的教师采用话题型这一教学模式，结合个人经验分享型的教师占比达到 43.89%，而采用传统说教型的教师占比则相对较低，为 44.36%。

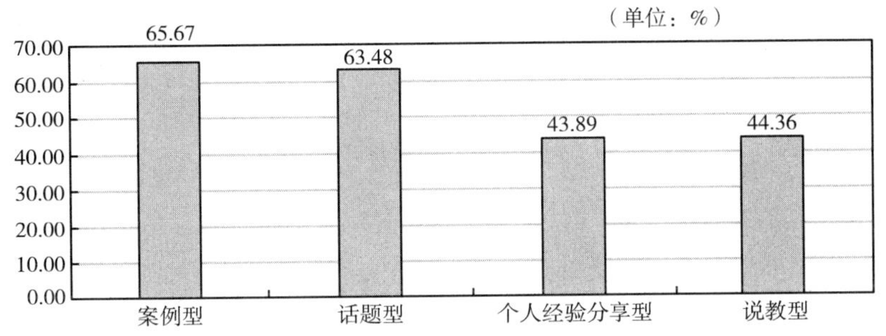

图 16.3 上海高校经济类课程思政教育的主要模式及占比情况

数据来源：本课题组调研数据。

（四）学生对经济类课程思政教育的需求比较旺盛，意愿较强

调研数据也显示，学生普遍认为：与传统的思政教育模式相比，经济类课程中穿插思政教育优势明显，超过六成的同学认为课程思政比纯粹的思政课程在内容上更加丰富多彩，教师所采取的教学形式也更加多样化，由此也更具有吸引力。50% 以上的同学认为课程思政更易于接受，对思政内容的印象更为深刻。同时，80% 以上的同学认为经济类课程中穿插思政教育是有必要的，而认为没有必要或者无所谓的同学仅占 18.81%。这些数据说明大部分大学生已经充分认识到了课程思政的必要性，对经济类课程的思政教育需求比较强烈。其中，学生更喜欢或更倾向于爱国主义教育（需求率约为 79.62%）、“三观”教育（需求率约为 68.18%）、集体主义教育（需求率约为 63.17%）等几个方面的教育内容。

四、经济类课程思政教育的效应评价

上海高校的课程思政教育已经进行多年了，但其对学生的影响效应到底如何？这一问题是非常值得我们去进行探究的。作为一项系统性工程，课程思政的效果受到各方面因素的影响，主要涉及学校、教师与学生三方主体的影响。为深入探究经济类课程思政教学的效果，需要对这三个维度进行全面的考察分析。下面我们将主要通过关联矩阵分析法对上海高校经济类课程思政教学的现状及效应进行定量分析与测评。

（一）矩阵分析法的基本原理

关联矩阵分析法是一种常用的综合评价的方法，该方法可以将具体实际问题通过矩阵达到理论分析的效果。在探究经济类课程思政教学的效应中，我们将根据调查问卷设计出相应的课程思政教育的效应评价指标，确定各项指标的权重，并在此基础上绘制出相应的关联矩阵图，然后再根据调研问卷结果计算分值，最后得出经济类课程思政教育的评价结果。图 16. 4 是采用该方法进行效应评价的基本流程图。

图 16. 4 关联矩阵分析法的效应评价流程

（二）效用评价指标体系的构建

经济类课程思政教学效果主要涉及学校、教师与学生三大主体。学校作为课程思政教育的主要引领者，对于课程思政的重视程度势必会在很大程度上影响到学校的整体思政教育氛围，会对教师和学生的思政教育效果产生最为直接的影响。教师作为授课主体，承担着思政教育的重要职责，其所采取的思政教育方式、所灌输的思政内容自然也会在很大程度上影响到课程思政教学效果。而学生既是课程思政教育的受众，也是课程思政教育的的主体，学生对于课程思政的理解与重视程度也将直接影响到教学效果。

因此，我们有必要将学校、教师与学生三方面以及其所包含的影响因素共同纳入课程思政教学的评价指标体系的一级指标，分别用 X_1、X_2、X_3来表示。

从学校 X_1层面而言，主要包含两大因素，即学校对课程思政教育的重视程度 X_{11}及院校层次 X_{12}，但从我们的调研数据分析来看，院校层次与经济类课程思政教学的效果关联度不大，因此，在此舍去该因素，而只选取学校对课程思政教育的重视程度作为其对应的二级评价指标 X_{11}。同时，结合调研数据的统计分析结果，从教师层面而言，主要涉及的二级评价指标分别为教师资质及给学生的总体印象 X_{21}、思政教育内容与专业课的关联度 X_{22}、授课模式 X_{23}等几大个因素；从学生层面来看，共有 3 个二级指标，分别为学生对课程思政教育的了解程度 X_{31}、吸纳意愿 X_{32}、吸纳能力 X_{33}、课堂反响程度 X_{34}以及对自身思想道德素养的提升效果 X_{35}等。具体如表 16. 2 所示。

表 16. 2　　经济类课程思政教育的效用评价指标体系

一级指标 X_i	学校 X_1	教师 X_2			学生 X_3				
二级指标 X_{ij}	重视程度 X_{11}	教师印象 X_{21}	专业关联度 X_{22}	授课模式 X_{23}	了解程度 X_{31}	吸纳意愿 X_{32}	吸纳能力 X_{33}	反响程度 X_{34}	提升效果 X_{35}
对应调研问卷题号	No. 6	No. 9	No. 12	No. 10	No. 5	No. 17 No. 18	No. 14	No. 15	No. 13

数据来源：本课题组调研数据。

（三）指标权重的确定

关联矩阵法的关键之处在于确定评价指标的权重以及对于评价主体给出相应尺度下的分数值。目前学界确定权重较为常用的方法有两种，一是逐项比较法，二是古林法（KLEE 法）。由于逐项比较法没有体现相对重要程度而且规则过于绝对与定性化，而古林法各指标下每个方案的价值评定分数可以直接由原始数据计算得出。因此，下面我们将主要采用古林法来求得各指标体系的权重。

1. 一级指标体系权重的确定

学校总领教学事务，其可以对课程思政教育作出刚性规定，能够为课程思政教学营造氛围并提供所需要的教学支持，从而综合影响着课程思政的教学效果。教师是课堂思政教育的设计者与执行者，其在课程思政效果评价中居于非常重要的位置。学生作为受教育者，其主观能动性与吸纳能力也在很大程度上决定着课程思政的教学效果。因此，在课程思政教学中，学校、教师、学生三大主体均扮演非常重要的作用。为消除三者先后顺序可能给各指标重要性所带来的偏差，接下来我们将打乱三者的先后顺序，我们根据对各项因素的线性回归模型可得到各指标对经济类课程思政教学的重要性程度，采用古林法求一级评价指标权重的各自权重为：$W_i=(0.40, 0.40, 0.20)$ $(i=1, 2, 3)$，如表 16.3 所示。

表 16.3　古林法求一级评价指标权重

序号	评价指标 X_i	相对重要程度 R_i	基准化处理结果 K_i	权重 W_i
1	学校 X_1	0.5	0.5	0.20
2	教师 X_2	1	1	0.40
3	学生 X_3		1	0.40
合计		1.5	2.5	1

数据来源：本课题组调研数据。

2. 二级指标体系权重的确定

从学校项一级指标 X_1 来看，其二级指标只有重视程度一项，即 $W_{1j}=1$，故不作项数比较；从教师项一级指标 X_2 来看，其思政内容主要取决于学生是否乐意听取，因而关键在于学生对教师的总体印象 X_{21}、思政教育与专业知识的结合度 X_{22} 以及课程思政的授课模式 X_{23} 等，这些均较为重要。依据上述思路，可采用古林法和线性回归模型求得教师项的 3 项二级指标权重分别为 $W_{2j}=(0.304, 0.380, 0.316)$。

从学生项一级指标 X_3 来看，课程思政对学生思想修养的整体提升 X_{35} 最能反映其教学效果，因而权重最高；同时，课程思政在班级所引起的整体反响程度 X_{34} 也可反映班级学生的整体思政教学效果，学生对课程思政教育的吸纳意愿 X_{32} 与吸纳能力 X_{33} 对课程思政教学效果也会有明显影响，并能反映其教学效果，因而权重也较大。其中，学生对课程思政的吸纳能力 X_{33} 可从其具体受益程度来反映，吸纳意愿 X_{32} 可以从学生认为开展课程思政的必要性 X_{321} 及其认为课程思政内容的合理占比 X_{322} 这两项指标得以反映，两项各占 50%，而学生对“课程思政”内涵的了解程度 X_{31} 并不重要，关键是学生是否能够从教师的思政教学中有所提升，因而其权重应较低。由此，同样可采用古林法和线性回归模型求得学生项的二级指标权重为 W_{3j} =（0.189，0.210，0.161，0.147，0.293）。

各一级指标的二级指标权重具体如表 16.4 所示。

表 16.4　　古林法求二级评价指标权重

序号	一级评价指标	二级评价指标	相对重要程度	基准化处理	权重
1	学校 X_1	重视程度 X_{11}	1	1	1
		合计	1	1	1
2	教师 X_2	教师印象 X_{21}	1	0.96	0.304
		关联度 X_{22}	1	1.2	0.380
		授课模式 X_{23}	1	1	0.316
		合计	3	3.16	1
3	学生 X_3	了解程度 X_{31}	0.5	0.3435	0.189
		吸纳意愿 X_{32}	1	0.715	0.210
		吸纳能力 X_{33}	1	0.55	0.161
		反响程度 X_{34}	1	0.5	0.147
		提升效果 X_{35}	1.5	1	0.293
		合计	5	3.4085	1

数据来源：本课题组调研数据。

（四）评分标准的确定

各二级指标分别对应调研问卷中的不同问题。对于单选题型，我们根据每个选项的重要程度分别计分；对于多选题，我们采取每个选项计 1 分，最后以总分代表该题得分的形式。因此，我们将评分标准设置为从 0～4 分共 5 档，最高为 4 分，最低为 0 分。具体如表 16.5 所示。

表 16.5　　经济类课程现状及效用评价评分标准表　　单位：分

一级指标＼分值	二级指标	4	3	2	1	0
学校 X_1	重视程度 X_{11}	很重视	一般	不重视	不了解	—
教师 X_2	教师印象 X_{21}	很好	一般	不好	很不好	—
	关联度 X_{22}	很强	较强	一般	较弱	无关联
	授课模式 X_{23}	4 种模式	3 种模式	2 种模式	单一模式	—

续表

一级指标 \ 分值	二级指标	4	3	2	1	0
学生 X_3	了解程度 X_{31}	非常了解	比较了解	大概了解	稍微了解	完全不了解
	吸纳意愿 X_{321}	非常有必要	比较有必要	无所谓	没必要	完全没必要
	吸纳意愿 X_{322}	15% ~20%	10% ~15%	5% ~10%	5%以下	0%
	吸纳能力 X_{33}	7 ~8 方面	5 ~6 方面	3 ~4 方面	1 ~2 方面	无
	反响程度 X_{34}	积极响应	认真聆听	反响一般	漠不关心	—
	提升效果 X_{35}	非常好	较好	一般	较差	完全无效果

数据来源：本课题组调研数据。

（五）建立关联矩阵表

根据上述已经确定的指标体系与权重及评分标准，接下来我们制定经济类课程思政教学效应评价的关联矩阵表，将一级指标权重与二级指标权重填入表中，以字母 m_k 表示每份问卷的得分，以 b_{kj} 表示各题答案的得分，其中，$k=1, 2, 3\cdots$，k 表示第 k 份问卷。

对于矩阵关联表有如下公式：

$$V_{ij} = \sum W_i \times W_{ij}$$

$$m_k = \sum b_{kj} \times V_{ij}$$

其中：W_i 表示一级指标权重；W_{ij} 表示二级指标在对应一级指标中的权重；V_{ij} 表示各二级指标在总指标体系的权重；b_{kj} 表示第 k 份问卷的第 j 题得分；m_k 表示第 k 份问卷的得分。

根据表16.5及计算公式计算可得经济类课程思政教学效应评价的关联矩阵关系，详见表16.6。

表16.6　经济类课程思政教学效应评价的关联矩阵表

一级指标 X_i	学生 X_3					教师 X_2			学校 X_1	得分 m_k
一级指标权重 W_i	$W_3=0.40$					$W_2=0.40$			$W_1=0.20$	
二级指标 X_{ij}	了解程度 X_{31}	吸纳意愿 X_{32}	吸纳能力 X_{33}	反响程度 X_{34}	提升效果 X_{35}	教师印象 X_{21}	关联性 X_{22}	授课模式 X_{23}	重视程度 X_{11}	

续表

二级指标权重 W_{ij}	(W_{31}) 0.189	(W_{32}) 0.210	(W_{33}) 0.161	(W_{34}) 0.147	(W_{35}) 0.293	(W_{21}) 0.304	(W_{22}) 0.380	(W_{23}) 0.316	(W_{11}) 1	
V_{ij}	0.0756	0.084	0.0644	0.0588	0.1172	0.1216	0.152	0.1264	0.2	$W_{总}=1$
具体样本分析结果										
b_{1j}	2	3	2	3	3	3	2	1	4	2.6552
b_{2j}	2	3.5	4	2	4	4	4	4	4	3.6892
b_{3j}	1	0.5	0	1	2	3	1	4	3	2.0332
⋮										
b_{638j}	0	2.5	1	4	4	4	3	1	3	2.6472

数据来源：本课题组调研数据。

（六）效果评价

根据以上分析，可进一步将每一份有效问卷的对应选项按照上述方法量化为具体分值，从而得到上海高校经济类课程思政教学的得分分布和经济类课程思政教学的综合评分，具体详见表 16.7 和表 16.8。

表 16.7　　上海高校经济类课程思政教学得分统计表

分数	有效问卷数
2 分以下	44
2 ~ 2.5 分	148
2.6 ~ 3 分	249
3.1 ~ 3.5 分	144
3.6 ~ 4 分	53

表 16.8　　上海高校经济类课程思政教学的综合评分统计（样本量 $n=638$）

统计指标	得分 m_k
均值	2.760
方差	0.269
离散度	0.518
最小值	0.714
最大值	4

续表

统计指标	得分 m_k
中位数	2.747
（kstest 检验） stats	0.022
（kstest 检验） P 值	0.920

数据来源：本课题组调研数据。

从表 16.8 中我们可以看出，上海高校经济类课程教学效用的各问卷得分最低为 0.714 分，最高为 4 分，均值为 2.760 分（即相当于百分制的 69 分），方差为 0.269，离散度为 0.518，表明样本数据整体综合得分比较集中，样本数据具有比较好的代表性。中位数为 2.747，得分整体分布略呈右偏，有 50% 以上的同学给出了高于均值分的较高分数。由此可见，超过半数以上的学生对目前经济类课程思政的效果较为满意，经济类课程思政教学的整体效果良好。同时，运用 python 语言进行 kstest 检验，所得到的结果如下：stats = 0.021，p - value = 0.920，显然 P 值大于 0.05，表明拒绝原假设，即数据符合正态分布。

图 16.5 为上海高校经济类课程教学效用的矩阵分析评价结果直方图，其中，X 轴表示得分，Y 轴表示各分值所占人数比例，从该图也可以看出，本次统计分析结果与标准正态分布高度拟合，表明数据比较真实可靠。

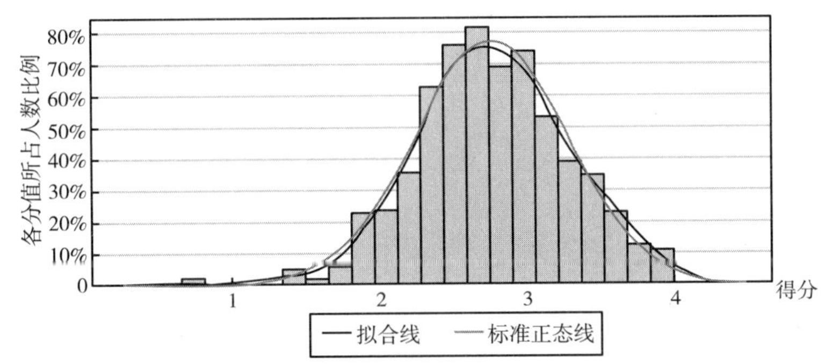

图 16.5 上海经济类课程思政教学效应矩阵分析评价结果

数据来源：本课题组调研数据。

同时，从学生的反映情况来看，经济类课程的思政效用主要体现在以下几方面：有 79.62% 的同学认为课程思政使自己的爱国精神与社会责任感增加，更加关心时事政治；68.18% 的同学认为自己的三观（包含恋爱观）更为规范与端正；63.17% 的同学认为自己更加热爱社会与生活，关心他人；58.93% 的同学认为自己的人生目标更为明确，学习更加认真努力；54.86% 的同学认为自身心理素质提高，受挫能力增强；54.08% 的同学认为自己对职业精神有更多的了解，职业规划更为明晰；50.00% 的同学认为自己更加孝敬父母、尊师重道、尊老爱幼。总体情况如图 16.6 所示。

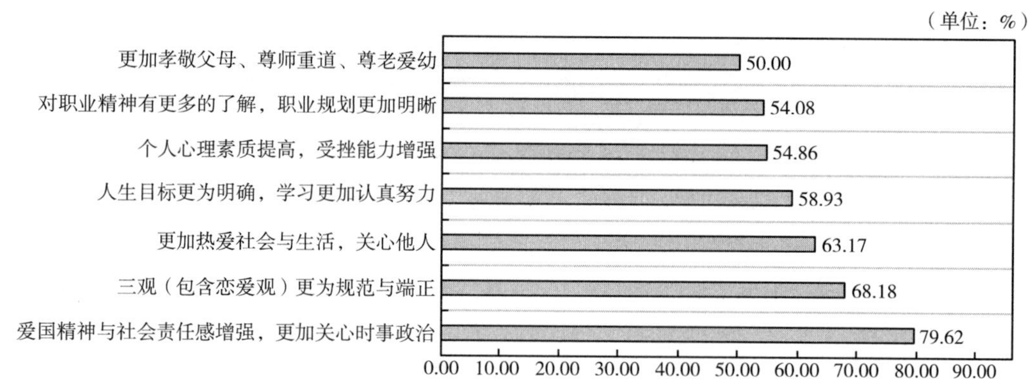

图 16.6 高校经济类思政课程的效用体现

数据来源：本课题组调研数据。

由此可知，我国目前经济类课程思政教育取得了良好的效果。大部分高校都较为重视高校课堂的思政教育，教师也能采取较为灵活多样的思政授课方式，对学生的身心健康、社会责任感、职业精神等多方面素养都起到了一定的提升效应，学生的政治素养得到显著提高，经济类课程思政的模式受到学生的欢迎，且易于接受。

五、基本结论与经验启示

综合上述对本次调研结果的统计分析，我们认为，在新的历史发展背景下，为引导大学生树立正确的“三观”，并确立“四个自信”，增强大学生的社会责任感与历史使命感，帮助学生树立远大的政治抱负和脚踏实地、吃苦耐劳的工匠精神，培养良好的思想道德品质，所有高校全体师生都应该充分重视课程思政的教学工作。同时，由于经济类专业在课程思政教育中具有其独特的魅力与影响力，因此，相关高校及教师尤其需加强经济类专业的课程思政教育工作，需要构建起一个集学校、教师、学生等多方面要素于一体的多层级教育体系，形成思政育人的协同运作效应。

（一）学校层面

（1）高校应进一步加强对经济类课程思政教育的重视程度与宣传力度，全方位普及经济类课程思政教育。鉴于调研中所揭示的部分学生对课程思政教育的概念与理念了解程度不深，而这一因素将直接影响课程思政的教学效果。因此，高校应加大经济类课程思政教育的重视程度与宣传力度，高度重视课程思政教育的引领与建设工作，让广大师生充分了解经济类课程思政教育的必要性与基本理念。

（2）学校需做好顶层设计和整体规划，致力于融合创新，着力构建包含理念引导制度、责任落实制度、协同配合制度、资源整合制度和动态评估制度等制度体系，积极创新和完善有关课程思政教学的运行执行机制、质量保障机制、教师培训机制和教师评价考核机制等，将思政教师、专业课教师、思政工作教师及社会资源聚合成“育人共同体”。

（二）教师层面

（1）高校教师应注重自身综合素养的提升。在对问卷的数据分析中我们发现，高校教师的资质与人格魅力在很大程度上影响着学生们学习的积极性和教学效果。因此，高校教师应特别注重自身专业素养与思想道德修养的提升，以“身正为范、学高为师”的标准严格要求自己，坚持以德立身、以德立学、以德施教，切实注意提升个人的内涵修养，通过人格魅力来吸引、感染学生，方能够给学生群体形成积极影响与蝴蝶示范效应。

（2）广大专业教师需大力创新课程思政的设计，充分挖掘经济类课程中的思政教育元素，例如，爱国主义教育、“三观”教育、集体主义教育、中国优秀的传统文化等，积极通过文化熏陶、教学启迪、教师示范、实践体验等途径提升思政教育质量。

（3）因势利导，开展多元化的课程思政教学形式。调研结果表明，在经济类课程思想教学上，要想提高学生对课程思政教育的接受度，教师应坚持“以学生为中心”的教学理念，开展多元化的课程思政教学形式。教师应当充分利用现代教育技术的优势，采用更为灵活的案例型、个人经验分享型以及话题型等多种形式，在授课过程中适时巧妙地穿插思政教育，并让学生们积极参与，提高思政教育的质量与效率，而非采取说教式将思政理念强行灌输给学生。

（三）学生层面

在经济类课程思政教育的过程中，学生作为受教育者，其学习态度与主观能动性也非常重要。

（1）学生应转变传统思政教育的固化思维，自觉提升思政教育的主观能动性。学生应充分认识到经济类课程中穿插思政教育的重要性，把思政教育当作专业课学习中必不可少的一环，给予足够的重视，积极配合学校及老师的工作，做到主动关注、认真思考、积极实践，共同推动经济类课程中思政教育的发展，积极提升个人的思想道德素养。

（2）学校与教师都应加强对学生的课程思政考核评价，可将学生的思想政治素养纳入课程成绩的评定模块中，并建立相关的激励与奖惩制度，而不是仅注重学生对专业知识的掌握。

附件：

关于上海高校经济类课程中思政教育效用的调查问卷

亲爱的同学，您好！非常感谢您参加我们本次经济类课程思政教育的问卷调查。近年来，教育部大力提倡课程思政教育，上海市教委和很多高校也非常重视这一问题，本问卷调查的目的在于了解上海高校经济类课程中进行思政教育的整体情况与效用。本问卷全部采取匿名方式，您可根据自身情况与意见如实作答，不会对您的利益与声誉产生任何影响，敬请放心！

（注：本问卷所指的经济类课程思政区别于传统的毛概、思修等专门的思政课程，主要指贯穿于经济类课程的思政教学，一般是由专业授课教师把握思政教学的内容与形式。思政教育内容包括爱国主义、集体主义教育、三观教育、道德修养、心理素质、职业精神等方面。）

一、个人情况

1. 您目前就读的学校为（　）：[填空题]*

____

2. 您目前所在的年级：[单选题]*

○大一　○大二　○大三　○大四　○研究生

3. 您的专业类别是：[单选题]*

○文史哲类　○理工类　○经管类　○教育医学类

○军事法学类　○艺术类　○其他

4. 您就读院校属于：[单选题]*

○985 高校　○211 高校　○双非院校　○其他

5. 您对思政教育的了解程度是：[单选题]*

○非常了解　○大概了解　○稍微了解　○完全不了解

6. 您所在学校对于经济类课程思政教育的重视程度如何？[单选题]*

○很重视　○较重视　○一般　○不太重视

二、课程信息

请填写一门让您印象深刻（好坏皆可）的经济类课程的主要信息。

7. 课程性质：[单选题]*

○必修　○选修

8. 该课程教师的年龄段大致为：[单选题]*

○青年　○中年　○老年

9. 您对该教师的总体印象如何？[单选题]*

○很好　○一般　○不好　○很不好

三、专业课思政教育方式

10. 在经济类专业课教学中，授课教师的思政教育主要采取哪种形式？[多选题]*

○案例型　○话题型　○说教型　○个人经验分享型

○其他________

11. 在授课过程中，思政教育占学期内该课程总体内容的比例约为？[单选题]*

○5%以下　○5%～10%　○10%～15%　○15%～20%

12. 该教师思政教育与专业课教学之间的关联程度如何？[单选题]*

○很强　○较强　○一般　○较弱　○无关联

四、效果评价

13. 您认为经济类课程中的思政教育对个人思想道德的提升效果如何？[单选题]*

○非常好　○较好　○一般　○较差　○完全没有效果

14. 您认为该类经济课程中的思想教育对您个人的哪些方面有所提升？[多选题]*

○三观（包含恋爱观）更为规范与端正

○爱国精神与社会责任感增强，更加关心时事政治

○更加孝敬父母、尊师重道、尊老爱幼

○更加热爱社会与生活，关心他人

○个人心理素质提高，受挫能力增强

○人生目标更为明确，学习更加认真努力

○对职业精神有更多的了解，职业规划更为明晰

○其他________

15. 您认为经济类课程中的思政教育的整体课堂效果如何？[单选题]*

○同学们积极响应　○同学们认真聆听　○反响一般

○大家都漠不关心

16. 您认为经济课程中穿插思政教育与传统的思政教育相比，其优点主要在于：[多选题]*

○内容更加丰富多彩

○形式更加多样化

○更具吸引力

○易于接受，印象更为深刻

○其他________

五、改进建议

17. 您认为在经济类课程中穿插思政教育是否有必要？[单选题]*

○非常有必要　○有必要　○没必要　○无所谓

18. 您认为思政教育在经济类专业课的合理占比为：[单选题]*

○5%以下　○5%～10%　○10%～15%　○15%～20%　○其他________

19. 在目前的思政类教育中，您更倾向于或更喜欢哪些方面的教育？[多选题]*

○马列毛概教育

○中国传统文化（儒家、佛学、道家、程朱理学等）

○西方思想文化

○三观教育（含恋爱观）

○职业精神与道德教育

○其他________

20. 您对经济类课程中思政教育有什么好的建议和意见？[填空题]

____

参考文献：

[1] 虞丽娟. 发挥课堂教学主渠道作用 [N]. 中国教育报，2017.07.06.

[2] 虞丽娟. 从“思政课程”走向“课程思政”[N]. 光明日报，2017.07.20.

[3] 李国娟. 构建“同向同行、协同育人”新机制 [J]. 红旗文稿，2017（12）：21～23.

[4] 高德毅，宗爱东. 从思政课程到课程思政：从战略高度构建高校思想政治教育课程体系 [J]. 中国高等教育，2017（01）：43～46.

[5] 高锡文. 基于协同育人的高校课程思政工作模式研究——以上海高校改革实践为例 [J]. 学校党建与思想教育，2017（24）：25～30.

[6] 何红娟. “思政课程”到“课程思政”发展的内在逻辑及建构策略 [J]. 思想政治教育研究，2017（10）：60～64.

[7] 赵鸣歧. 高校专业类课程推进“课程思政”建设的基本原则、任务与标准 [J]. 思想政治课研究，2018（05）：86～90.

[8] 聂迎娉，傅安洲. 课程思政：大学通识教育改革新视角 [J]. 大学教育科学，2018（05）：38～43.

[9] 赵继伟. 关于“思政课程”与“课程思政”辩证关系的思考 [J]. 思想政治课研究，2018（05）：51～55.

[10] 柯勤飞. 融合创新打造课程思政“金课”[N]. 中国教育报，2019.01.07.

[11] 胡洪彬. 课程思政：从理论基础到制度构建 [J]. 重庆高教研究，2019（01）：112～120.

[12] 赵晖. 高校“课程思政”建设的优化路径 [J]. 中共太原市委党校学报，2019（02）：42～46.

[13] 伍醒，顾建民. “课程思政”理念的历史逻辑、制度诉求与行动路向 [J]. 大学教育科学，2019（03）：54～60.

[14] 王红乾. 新时代高校“课程思政”教育的改革创新 [J]. 河南教育（高教），2019（12）：73～76.

[15] 邵运文. 网络教学模式下的专业课课程思政教学实践——以投资学专业课程为例 [J]. 高教学刊，2019（25）：35～39.

[16] 董勇. 论从思政课程到课程思政的价值内涵 [J]. 思想政治教育研究，2018（05）：56～70.

[17] 陆道坤. 课程思政推行中若干核心问题及解决思路——基于专业课程思政的探讨 [J]. 思想理论教育，2018（03）：25~29.

[18] 敖祖辉，王瑶. 高校“课程思政”的价值内核及其实践路径选择研究 [J]. 黑龙江高教研究，2019（03）：128~132.

[19] 文希. 基于关联矩阵的高校教师绩效考核分析 [J]. 湖南社会科学，2010（04）：216~218.

[20] 路佳佳. 关联矩阵法在高校教师绩效考核中的应用 [J]. 经贸实践，2015（14）：222~227.

17 "一带一路"背景下金融专业来华留学生的培养模式探析

曹春玉　孔祥赟　张静灵*

摘要： 本文针对我国人口红利逐步消失，老龄化严重导致劳动力短缺，而在金融开放提速和"一带一路"推进的背景下，对具有国际视野的金融人才的需求不断增加的情况，提出改进金融专业来华留学生教学及培养模式，适度鼓励来华留学生在华就业的措施，并从金融专业来华留学生培养模式的改进对策和保障机制方面进行了分析。这对储备具备国际视野的金融专业人才，充实金融人才市场供给方面具有积极的意义。

关键词： 金融专业；来华留学生；培养模式

引　言

近年来，我国人口增速持续下降。2019 年末，我国人口总量达到 14 亿人，受出生人口减少影响，人口总量增长减缓。其中，劳动年龄人口持续减少，而老年人口持续增加。人口老龄化导致的劳动人口不足已经成为当前中国经济发展比较突出的问题。针对目前劳动力不足的形势，劳动力输入成为解决当前劳动力供给不足的有效途径之一。相关研究①显示，中国的劳动力输入方面，持证就业人员总体有所增加，而来华留学生来源地多元化、目的地多样化，在华就业意愿增强。2019 年 7 月，国家移民局通报了在全国范围推广、复制、促进服务自由贸易试验区建设 12 条移民与出入境便利政策有关情况，包括为来华研学、经商、工作的外国人签发长期有效签证和居留许可等内容。这对中国劳动力市场的优化及补充无疑有所裨益。以美国为例，作为世界上最大的移民国家，美国的经济发展离不开国际人才的贡献。国际人才流入为美国带来了更多的劳动力。外国出生居民在美国劳动力市场中约占 17%，为美国各行业提供了大量的劳动力资源。调查显示，2019 年美国工作的外国人大多在 16～40 岁，大量年轻人口是美国经济能够持续发展的动力之一。

自 2019 年 7 月 20 日国务院金融稳定发展委员会办公室对外宣布 11 条金融业对

---

* 曹春玉，经济学博士，上海立信会计金融学院金融学院教师。研究方向为货币政策和国际金融。孔祥赟、张静灵，上海立信会计金融学院金融学院 2016 级金融学专业本科生。

① 北京师范大学劳动力市场研究中心《2019 中国劳动力市场发展报告》。

外开放措施以来，我国金融开放步伐不断加快，相应地对具有国际视野的金融人才的需求不断增强。为了配合国家金融开放提速，满足用人单位的国际化人才需求，对来华金融专业留学生人才的需求也随之凸显。自我国推行“一带一路”倡议以来，世界各国来华留学生不断增加。教育部数据显示，2018 年在华留学生 49 万余人，生源国家和地区总数为 196 个，前 15 位生源国家依次为韩国、泰国、巴基斯坦、印度、美国、俄罗斯、印度尼西亚、老挝、日本、哈萨克斯坦、越南、孟加拉、法国、蒙古和马来西亚。[①]

随着金融扩大开放及“一带一路”倡议等区域经济金融合作的不断加深，对具备国际视野的金融专业人才的需求不断增加。因此，针对来华留学生开展的金融专业人才培养，对当前中国金融专业教学工作和培养模式提出了新的挑战。

一、金融专业来华留学生培养的目标定位

基于金融扩大开放下“一带一路”倡议的金融专业人才需求，留学生金融专业教学及培养模式需要满足金融扩大开放下“一带一路”沿线经济体的国际化金融高级人才需求，其重点可放在两个方面的素质培养。

（一）硬技能

首先，要有扎实的专业基础。要求学生掌握扎实的专业理论知识，完整、科学、全面的知识体系，有自己独特、专业的见解和一定的学术研究能力。其次，较强的动手能力。要求学生积极发挥主观能动性，能将书本上的金融理论知识灵活有效地运用到实际工作之中。留学生在毕业之前应当通过兼职、实习等社会实践活动获得初步的金融实践能力、实际操作能力和知识运用能力。其中，金融实践能力是决定金融专业留学生就业竞争力的重要因素。最后，要具有国际视野。通过国际化思维与理念培养出更多具有国际视野、国际意识、通晓国际规则、具有国际交往能力、能够参与国际事务与国际竞争的国际化人才来适应全球化发展中的中国及“一带一路”倡议沿线区域合作经济体在金融人才及知识等各方面的需求。

（二）软技能培养

金融开放下的全球化视野和“一带一路”倡议强调的区域经济合作共赢，相应地对金融人才培养提出了新的软技能要求。首先，要培养人才的团队合作精神。由于“一带一路”涉及一些跨国投融资项目，对金融人才的团队合作精神提出了新的要求；其次，要培养学生的跨文化交际能力。“一带一路”沿线国家的历史传统、风俗

---

① 数据来自教育部 http：//www. moe. gov. cn/jyb _xwfb/gzdt_gzdt/s5987/201904/t20190412_377692. html。

习惯、语言文字、宗教信仰等未尽一致，跨文化思维和交际能力有助于规避文化冲突，求同存异，提升沟通有效性，最终达到有效解决问题推进工作进展的目标；最后，要培养学生的创新精神和冒险精神。区域经济金融合作中的新情况和新问题，需要采取新思维去理解并找出解决的新途径，要培养学生的勇于求变、敢于冒险的精神和善于创新的能力。

二、目前金融专业留学生人才培养模式中存在的问题分析

（一）教材匹配度不足问题

一是教材内容需要定期更新。目前存在教材普遍偏重理论，内容未能充分及时体现当前金融领域的最新进展。应定期更新教材内容，体现学科进展与前沿问题，为学生提供较为宽广的知识面和较为前沿的视野；二是教材内容宜补充文化特色部分。针对“一带一路”合作经济体的来华留学生，应当培养学生的国际视野，适度补充金融专业课程的跨文化交际内容等特色部分，这样有助于培养学生的国际化视野和金融领域的跨文化沟通交流能力；三是教材需要注重理论联系实际。可适度增加金融专业教材中的案例分析和实战模拟教学内容，增加学生实际操作比重，通过培养学生应用能力，增加学生对相关专业知识的深度掌握和灵活运用。

（二）师资培训力度不足

一是目前针对留学生的金融专业课程教学中，教师队伍的外语能力需要加强。随着近年来尤其是“一带一路”倡议后来华留学生的快速增加，存在着留学生双语教育需求和现有双语师资有效供给不足的矛盾，金融专业是实践性和国际性较强的专业，培养金融专业来华留学生，提升语言能力也是重中之重。因此，需要持续提升已有师资的双语能力，以及进一步补充金融专业的双语师资需求。二是金融专业的教学过程中，教师团队的跨文化交际能力还需进一步提高。由于教师和学生来自不同文化背景，如何克服国别地域的文化界限，有效沟通传递一些具备文化特色的金融专业知识，对教师的跨文化交际能力提出了新的挑战。

（三）留学生的学习基础不一，双语能力不足影响进一步学习动力

由于留学生来自不同国家和地区，普遍存在基础较差，学习动力不足的情况。不少留学生自律性不强，数学基础不好，对于基础的金融学理论理解存在一定困难，加上对英语和汉语掌握不好，进一步影响了学习效果。尤其是“一带一路”区域来华留学生，多数来自于非英语和汉语母语国家。目前多数中国学校的金融专业教育针对留学生，开展了全英文教学模式，但很多留学生的英文水平仍需要进一步提高。尤其是非英语母语

国家的学生，存在着发音不准、语法掌握不扎实、口语不能流利沟通等问题，加上全英文教学师资仍需进一步补充完善，在华师资和来华留学生之间通过双方非母语教学遇到沟通不到位的问题。由于一些学校对来华留学生未设明确汉语水平要求，留学生来华后，在汉语大环境下的生活和学习中，可能会遭遇一定的困难，相应地留学生的汉语水平还需要进一步的提升。

（四）留学生实习工作待改善

有关调查发现，许多留学生会回到自己的国家实习。尽管相当多的留学生希望能够在中国企业、银行等机构工作或实习，但受限于法律规定及语言能力等方面，在华实习就业仍有较大局限。目前来华留学生在华实习就业主要的问题有以下几个方面。一是受限于语言水平，留学生在寻求实习机会时遇到困难。由于多数留学生的汉语及英语水平有待提升，而中国境内具有来华留学生母语环境的企业机构较少，寻找实习工作机会时存在一定的困难；二是由于国内关于留学生实习缺乏清晰法律界定，容易遭遇违法打工及遣返问题，进一步限制了留学生的实习就业机会；三是高校产学研基地合作中较少有跨国企业，缺乏面向留学生的实习岗位和机会。

（五）留学生就业导向不清晰

根据对留学生的不完全统计发现，留学生申请来华的动因不一。有的出自于对中国的文化认同，有的认为中国有关奖学金较容易申请，还有的是看好中国经济发展并有在中国寻找工作机会长期生活的规划。大多数学生对毕业后职业生涯未有清晰规划。如果能针对金融专业留学生教育，辅导并协助留学生明确和制定完善的职业规划，出台相应的支持政策，则有利于进一步完善留学生金融人才培养模式，为金融扩大开放下的中国及“一带一路”沿线经济体储备金融专业人才，从而对中国的劳动力供给形成有效补充。

三、完善来华留学生金融专业培养模式的对策分析

（一）为金融专业留学生编制教学方案与制定培养模式

目前多数高校缺乏针对留学生的金融专业教学与培养方案，而是与中国留学生采取相同的教学培养模式。建议针对留学生就业定位和职业规划编制专业教学方案与制定培养模式。

（二）编写针对金融专业留学生的专门教材

针对来华留学生不同的职业规划，相应地教材也应有所甄别。对于以在金融领域就业为目标的留学生，应在教学教改中强调教学内容的实践导向，并在教学过程中注重案例和实例分析；对于以继续深造和研究为导向的留学生，应强化理论知识储备，逐步完

善课堂教学和研究导师辅助计划，助力学生巩固知识储备，探索研究工作，提升研究兴趣，为进一步从事研究深造打下牢固知识与研究技能基础。

（三）课堂教学方面，注重实战模拟与小组协作

针对留学生就业诉求，适度增加课堂模拟与实践，让学生在实践的过程中掌握知识。注重团队作业，可以下发以小组为基础的学习与实践任务。例如，就某个议题进行分析研究、证券投资模拟、外汇市场交易模拟演习等，并按照最终结果进行考评，在激发学生应用所学金融知识的同时，也培养了学生的沟通能力和团队协作能力。

（四）注重问题与任务导向型教学

在课堂教学中，可以从当前经济环境中的热点问题开始，引出课程教学中的知识点，从分析问题、研究问题到解决问题的思路，带动学生学习有关知识的热情，提高学生运用知识解决实践中问题的能力。例如，在讲述利率平价条件时，使用美国及其他相关经济体利率数据进行对比。同时引导学生课余时间关注财经金融新闻，知晓当前金融热点，为进一步的职业规划奠定基础。

（五）利用产学研基地增加实践机会

产学研基地不仅是留学生将所学金融知识付诸实践的平台，也是留学生进一步深化了解中华文化，增强跨文化交际能力的机会。建议利用好产学研基地资源，进一步做好留学生就业支持工作，增加留学生对中国经济和金融行业的了解，提高回国或在华的就业竞争力，积累在中国实习的经验，为将来的职业生涯发展打好基础。

四、完善金融专业来华留学生培养模式及就业规划的保障机制

（一）完善外国人在华就业的有关法规支持

目前有关留学生就业的法规有《外国人在中国就业管理规定》（劳部发〔1996〕29号）、《关于深化人才发展体制机制改革的意见》（中发〔2016〕9号）、《人力资源社会保障部、外交部、教育部关于允许优秀外籍高校毕业生在华就业有关事项的通知》（人社部发〔2017〕3号）等，其中《人力资源社会保障部、外交部、教育部关于允许优秀外籍高校毕业生在华就业有关事项的通知》（人社部发〔2017〕3号）针对来华留学生就业做了明确规定，规定优秀的外籍高校毕业生可在华就业。其中外籍高校毕业生包括在中国境内高校取得硕士及以上学位且毕业一年以内的外国留学生，以及在境外知名高校取得硕士及以上学位且毕业一年以内的外籍毕业生。而优秀毕业生认定条件之一为“（三）学习成绩优秀，平均成绩不低于80分（百分制，其他分制换算成百分制处理）或B+/B（等级制）以上，在校期间无不良行为记录”，对留学生在校期间成绩提出了

较高的要求，且对外国毕业生的就业证有不超过 5 年的展期限制①。

综合现有法规可以发现，目前对留学生在华就业条件设置了较高的准入门槛，在对来华留学生学习深造形成激励机制的同时，也限制了留学生作为中国的劳动力有效补充，充实中国就业市场供给的作用。建议适度放宽来华留学生门槛，设置多样化的中国就业市场准入条件，改变目前较为单一的成绩考核标准，例如，来华留学生汉语桥比赛奖励、专业学科竞赛奖励、科研成果奖励可以考虑作为留学生在华就业的市场准入条件之一。

（二）逐步完善学校层面的外国学生在华就业的激励机制

目前，缺乏从高校层面的来华留学生的就业激励机制。来华留学生招收与培养是扩大高校开放度和提升学校在国际上认可度的重要途径；来华留学生培养是促进学校提升国际化程度的重要措施。对学校培养的来华优秀毕业生在华就业方面，可从资金扶持、招生宣传方面设立奖励与激励机制，鼓励来华优秀毕业生在华就业，获得与中国经济腾飞共成长的个人职业发展机会。

（三）完善来华就业外国留学生的薪资机制及生活配套机制

对于外籍高校毕业生的薪资激励机制，可以在来华就业满足一定年限的条件下，鼓励其基于自愿的基础上，逐步加入中国的社会保险体系，解除后顾之忧，同时对其在中国购买住房等大宗生活必需品的信贷条件适度放宽，更有利于提升来华优秀人才对中国的认同感和归属感。

（四）不断改善来华留学生学习生活环境，助力留学生学习与工作的“本地化”发展

针对目前留学生硬件设施建设总体不足的问题，持续改进留学生学习生活的硬环境和软环境，增强留学生学习动力。在此基础上，组织留学生参观访问中国特色金融机构，增进对中国金融行业的了解；增加到中国金融机构实习的机会，让留学生主动融入中国特色的企业文化环境，为毕业后的进一步在华职业规划打下良好基础。

结论与展望

本文针对我国人口红利逐步消失，老龄化严重导致劳动力短缺，而在金融开放提速和“一带一路”的推进背景下，对具有国际视野的金融人才的需求不断增加的情况，提出改进来华留学生的金融专业人才教学及培养模式，适度鼓励来华留学生在华就业的

---

① 《人力资源社会保障部、外交部、教育部关于允许优秀外籍高校毕业生在华就业有关事项的通知》（人社部发〔2017〕3 号）“四、其他事项”中规定，外国人就业证有效期首次为 1 年。聘用外籍高校毕业生就业期满，用人单位拟继续聘用的，按规定履行审批手续后可以继续聘用，期限不超过 5 年。外籍高校毕业生所缴纳个人所得税低于意向薪酬应付税额，或用人单位拟给予其的薪酬低于规定标准的，就业证不予延期。

措施，并从改进对策和保障机制方面进行了分析。长期来看，随着中国金融开放提速和“一带一路”的不断推进，区域经济体之间经济金融联系的不断加深，对拥有扎实的金融基础知识，具有国际视野和跨文化交际能力、具备冒险精神、拥有创新能力的金融专业人才的需求有增无减，优秀的来华留学生在中国及“一带一路”沿线经济体的就业，将会为区域金融合作创新贡献不可忽视的力量。

参考文献：

［1］曹步峰，刘慧．金融危机下来华留学生教育策略研究［J］．人力资源管理，2012（10）：118～120.

［2］陈寿兴．小组讨论法在《金融基础》教学中的实践［J］．教育教学论坛，2015（17）：160～161.

［3］陈银飞，陈海波．“一带一路”人才培养模式下留学生国际金融课程改革［J］．教育观察，2017（19）：53～55.

［4］郭必恒，林凡，周钧．东亚金融危机对我国留学生事业的影响及对策性思考［J］．中国高教研究，1998（05）：48～49.

［5］何菲．面向留学生的“中国文化”课程教学探索——以上海金融学院留学生教育为例［J］．合肥学院学报（社会科学版），2012（05）：128～130.

［6］李杰，陈其霆．来华留学生国际金融教学质量提升问题浅析［J］．大学教育，2016（03）：182～183.

［7］李杰，徐海燕．留学生“国际金融”课程考核方式探讨［J］．教育教学论坛，2017（04）：145～146.

［8］梅莹，邓小玲．应用型大学国际金融人才培养模式初探——以苏州大学文正学院“金融教改实验班”为例［J］．科教导刊（下旬），2017（10）：40～45.

［9］汤婕，乔雪冬．构建三位一体的金融专业留学生人才培养模式［J］．经济研究导刊，2015（20）：114～116.

［10］汤婕，王春蕾，丁志杰．金融学专业来华留学生培养管理实践探索［J］．金融理论与教学，2014（03）：93～97.

［11］王雷．基于校企合作的金融学专业中青年骨干教师培养模式研究［J］．中国经贸导刊（中），2020（01）：145～146.

［12］文铮宇．对来华留学生人数迅速增长的思考［J］．韩山师范学院学报，2013（02）：95～99.

［13］张婷．“一带一路”背景下留学生金融市场课程教学改革研究［J］．上海理工大学学报（社会科学版），2019（01）：92～95.

18　关于金融学课程开展混合式教学的思考

陈靖　黄诗丹　丁松妍*

摘要：混合式教学是教学改革、发展的大趋势，混合式教学并不是简单的线上平台＋线下课堂。笔者认为发展混合式教学除了要转变教学思想，一方面，教师也要甘于、乐于做同学的导学者、助学者，以培养同学自主学习的能力。另一方面，在网络课程平台的建设上，应当明确课程定位、厘清课程内部逻辑、体现知识点的内在联系、帮助同学树立正确的金融理念。

关键词：混合式教学；金融学；框架

2020年春节，突如其来的新冠肺炎在湖北武汉市暴发。为了切断病毒的复制、传播路径，尽快尽早地控制住疫情，不仅武汉市封城，全国人民在春节期间也都闭门不出，自我隔离。春节之后，为了巩固已经取得的成绩，进一步扼制病毒传播，全国大中小学校都响应教育部的号召，停课不停学，准备网上课堂、网上教学，我校也不例外。教务处要求我校所有的课程都要建设网络课程，保证同学们学习渠道的畅通。在此背景下，金融学课程的混合式教学也匆忙拉开了帷幕。

自从2月初，学校公布了筹备网络教学的通知之后，教师们就开始熟悉学校推荐使用的超星尔雅网络教学平台和手机软件学习通，同时由金融学教学团队负责人魏玮老师召集了本学期担任金融学课程的教师以及参与编写金融学教材的教师一起共建金融学网上课程。开学在即，时间紧任务重，教师们克服困难，积极筹备。虽然目前学校只要求建设开学前四周的内容，但是金融学网络课程建设团队已经基本完成网上课程内容的全面初步建设：教学大纲、教学计划、每一章的重点内容和作业全部上网，各章节知识点的视频资源也录制完毕。考虑到混合式教学是大势所趋，我们完全可以以这次网上课程建设为契机，在疫情过去，校园教学秩序恢复正常后，对网络课程进行进一步的完善，在适当的时候全面开展金融学课程的混合式教学。

由此，针对金融学课程开展混合式教学，笔者有几点以下思考：

---

* 陈靖，上海立信会计金融学院金融学院金融系教师，副教授。黄诗丹，上海立信会计金融学院2018级金融学类5班学生。丁松妍，上海立信会计金融学院2018级金融学类5班学生。

（1）在教学思想上，需要改变传统教学“以教为主”的思路，发展混合式教学应当“以学为主”，教师应当做学生学习的引导者，鼓励并培养同学的自主学习能力。

传统的课堂教学具有一套固定的模式：教师按照教学大纲选教材、查资料、备课；按照教学计划讲课、布置习题、批改作业、批改试卷，完成规定动作就好；学生预习、听课、记笔记、做练习、复习考试，拿到学分就好。对于金融学这种理论内容比较多的课程来说，在以完成教学任务，以教师为主的传统教学方式下，学生像“被赶上架的鸭子”似的被动式学习，教师满堂灌讲得累，同学做笔记手写得累，教学效果可想而知。如果引入混合式教学，就能够改变教师在教学活动中的定位，教师不再是简单的课堂讲授者，而转变成为学生学习过程中的导学者、助学者。作为学生学习的引导者，教师需要做到：

①引导、培养同学们良好的阅读、查阅文献的习惯。读书是教师与学生永恒的要务。对于基础课程、专业课程的学习，精读和泛读都不可或缺。教师教书，是以教材为蓝本的讲解；学生读书，是以教材为范本的学习、了解。通读、精读教材，对于专业基础课的学习是非常重要的。本校金融学课程选用的是立信会计出版社 2019 年 8 月新出版的“十三五”普通高等教育金融学科规划系列教材中的《金融学》教材，也是由我校教师编辑出版的。这本教材是长期一线教学经验、资源和信息的积淀与升华，基本上是为高水平、应用型高校金融学教学量身定制的。为了方便同学自主学习，每个章节都有学习目标、能力目标栏目；为了引起学习兴趣，每个章节前有案例导入，以现实案例引发同学思考。在每个章节相应的知识点，还设有延伸阅读栏目，帮助同学理解记忆或者是开阔视野。所以通读、精读教材，是对同学们最基本的要求。

除了教材之外，教师更应当引导学生阅读专业参考书、专业文献。在网络课程建设中，教学团队可以考虑在课件上列出相关的参考书和期刊文献，以及与本章节教学内容相关的媒体素材，供同学们阅读。另外，还可以考虑在网络课程平台上搭建“参考文献资源库”，以收集精选的金融学课程相关的参考书目以及重要的专业期刊为主，把这些更加丰富的书籍和文献等阅读资源以目录的形式罗列出来，供同学们选择性阅读。通过阅读参考书，可以开阔同学们的眼界、活跃思维、激发学习的兴趣。通过阅读专业文献，可以深化同学对书本理论知识的理解。

需要说明的是，同学们在书海遨游时是需要“导游”的。也就是说学生的阅读需要教师的引导，因为许多专业文献有各自独特的时代背景，有不同的侧重点和观点，需要教师引导同学，从发展和动态的角度来研读文献，在把握共识的基础上，了解某些金融学理论主要的争论点，树立多元化的思维方式，激发研究问题的兴趣。大量的、多元化的阅读将会激发同学们的求知欲，并为今后的学习打下坚实的基础。

②引导课堂答疑、讨论，把课堂主动权交给同学。传统教学模式下，教师授课以讲授为主。特别是金融学这种理论性比较强的课程，内容繁杂，教学任务量大，教师恨不

能满堂灌，生怕完不成教学任务。在混合式教学模式下，同学们课前在网上课堂领取学习任务，完成教师预留的学习材料，对相关理论知识先有个预热和思考。这样，在线下实体课堂上，教师只需要对重点内容进行必要的讲授，其他时间交给同学，由同学们有的放矢，就自己感兴趣的内容或者是不理解的内容提出问题，与教师、其他同学进行互动，这样就把课堂的主动权转交到了同学手中。教师在课堂上主要是起到解惑和引导的作用。对于同学不理解的问题，教师答疑解惑；对于同学感兴趣的问题，教师是导学者，指引学生以正确的方向深入学习。在线下课堂，不仅是师生互动教学，也可以是同学与同学之间的互动，通过分享、讨论，不但可以提高同学们学习的兴趣，活跃课堂气氛，同时也对同学们的课下在线学习是一种督促与鞭策。

③引导学生在学习过程中理论联系实际，学会运用所学理论去解读历史上和现实中的金融问题。金融学是基础理论课程，概念多、理论多，内容繁杂，如果仅从书本到书本的讲解是非常枯燥、难懂的。但是在日常经济生活中，金融学知识又是非常鲜活生动的，每天的新闻播报里都有新鲜事、新问题。所以教师要引导学生养成每天关注时事新闻的习惯，把媒体报道和身边发生的金融事件与教学内容结合起来。比如央行调低了存款准备金率，要提醒大家关注一下利率、股市、期市、汇市甚至房市的变化，分析一下为什么会有这样的变化，与书本上的理论知识是否相互印证。这样引导学生把课程中的理论与经济生活中的金融问题结合起来，会使学生认识到自己书本上学到的东西是有用的。既然有用，那就要认真地学习，这样就迅速建立起主动学习的良性循环。

④引导同学使用多种教学资源，培养搜集资料的能力。在金融学网络课程平台的建设中，教师们已经把与教材配套的教学资源建设好了，主要包括：课程概述、教学大纲、授课计划、教学视频、教学课件、课后习题等。除此之外，每个章节都凝练出重点、难点，教学目标与要求等教学设计方案，还为学生自主学习提供参考资料目录和媒体音视频资源。后续课程平台还可以陆续建立教学视频库、教学课件库、名词术语库、教学案例库、参考文献库、相关数据库、课后习题库、综合测试库等，这些学习资源非常丰富，教师要引导同学利用好网络课程平台，充分使用建设好的资源。

（2）在教学过程中，还需进一步完善网络课程平台的建设。经过一个多月的摸索、使用，除了高峰时段不顺畅外，笔者感觉超星学习通平台的功能还是不错的。计算机端、手机端使用都方便，课程资源上线后，有利于同学突破时间、空间的限制，随时随地进行学习，与教师互动。不过，毕竟是疫情期间，团队各教师在相互不能见面沟通的情况下，仓促建设的教学平台，还存在一些需要进一步完善的地方。

①在框架搭建上，需要明确金融学课程在金融学专业本科教学中的地位。目前课程平台建设还处于初期，开学在即，团队只来得及建设课程内容，还没有把金融学科的框架体系在网上教学平台上搭建起来，所以也没有明确金融学课程在本专业课程体系中的

地位，只写明金融学属于学科基础课、平台必修课，定位不够清晰。学习金融学的同学，大多处于大学二年级上学期，还是初入门者，我们需要让同学明白自己所学的课程在专业课程体系当中的位置，这样不但有利于同学建立专业训练的框架体系，还有利于后续课程的学习。

建议以教育部“新世纪教改工程”确立的金融学专业本科主要课程体系为基准来把握“金融学”的课程定位。在这个课程体系中，把10门金融主干课程分了层次，居于第一层体系核心的就是“金融学”。第二层是“金融中介学”“金融市场学”，金融中介学包括“中央银行学”“商业银行学”“保险学”。“金融市场学”包括“证券投资学”“金融工程学”“公司理财学”，这些课程是专业主干课程。然后再是专业选修课，如“金融史”“银行结算”“信用评估”等体现专业特色的课程。由此可见，“金融学”是金融专业的专业必修基础课，是统帅性的基础理论课程。其他专业课程都是在“金融学”基础上后续开展的。给同学们明确了“金融学”课程的定位之后，不但使他们明白了学习金融学的重要性和必要性，还将有助于其今后其他专业课程的学习。

②在框架搭建上，需要厘清金融学课程的内部逻辑。鉴于金融学统帅性基础理论课程的定位，我们在课程建设上采用的是宽口径的金融范畴——体系庞大、内容丰富。传统的货币银行学的逻辑框架是以货币系统为主体，偏重于宏观金融；货币是主要金融资产，微观层面上的主要金融机构是银行，宏观层面上的中央银行是货币供求的调控者，宏、微观的联结机制是信用货币创造机制。简单讲，就是原有的“金融学”课程的逻辑框架是以银行体系为中心，以存款货币创造为纽带。但是，随着金融市场迅速发展，非银行金融机构日益活跃，非货币性金融资产快速增长，金融活动中价格机制的作用日益凸显，中央银行的政策操作越来越市场化，货币政策从数量型转向价格型，中介指标从货币供应量逐渐转向利率，这一系列变化使得我们在“金融学”的课程逻辑框架上也要做出相应的调整。

目前中央财经大学李健教授团队在中国大学慕课平台上建设的金融学课程框架是以利率等金融价格为纽带，宏、微观金融理论并重的结构。之所以以利率为纽带，一方面是顺应经济形势发生的新变化；另一方面是因为利率在金融学体系中与各部分都存在着内在联系：利率理论是金融学最重要的理论，利率理论与货币理论之间密切相关，利率变化体现了货币的时间价值、利率与汇率之间相互影响，利率是信用活动中最重要的价格机制，利率是所有金融机构运作和部门金融行为变化最重要的决定性变量，利率对各种货币需求都有重要的决定和影响力，利率既是中央银行货币政策操作的主要工具，也是货币政策的中介指标。

由此，建议我们在混合式教学的过程中，无论是线上、线下，教师都应帮助同学树立起适应新形势的“金融学”课程的逻辑框架，特别是要让同学了解利率的重要性。

（3）框架搭建上，要能够体现出课程各部分的内在联系。在教材和网络教学平台上，“金融学”课程分为三个板块：“基本范畴”“金融体系”“货币均衡与宏观调控”。其中“基本范畴”主要阐述金融学中的一些基本概念，比如金融、货币、信用、利息、利率等；“金融体系”主要介绍现代金融体系中的市场、工具、机构和支付系统；“货币均衡与宏观调控”主要阐述现代货币的创造、货币需求与货币供给、通货膨胀与通货紧缩、货币和汇率政策、国际收支与国际储备等内容。如果不加说明，初学者很容易就认为这三大板块各不相干。实际上“金融学”课程各个部分之间都有密切的相关性，是一个彼此关联的有机整体，划分章节或单元只是为了理出学习的顺序。我们在后续的平台建设上要体现出各部分之间的联系，建议在“导学”或者“小结”部分，单独设立一个板块，总结出本部分内容与教材其他章节的联系点，这样有利于同学建立起专业知识的框架体系，能够由此及彼并融会贯通，避免支离破碎的记忆。

（4）框架搭建上，要重视讨论、答疑板块的建设，培养科学思维方式。以同学为主体的讨论有利于加深对基本原理的理解，培养自主学习的能力。在网络教学平台上的作业栏目可以结合时事设置一些供学生展开讨论的论点，课前发布出题目，给同学们分好小组，在线下课堂上进行小组讨论并展示各自的研究成果，鼓励同学积极发言参与，教师通过点评为学生答疑解惑，并且不以对错来评判，参与、发言就好，以形成良性循环为目的。

日常教学中，除了面对面答疑解惑之外，在网络教学平台上，教师也要重视及时对学生的提问做出回应，使同学感受到教师随时在关注他们的学习，对其也是鼓励和鞭策。

（5）框架搭建上，应体现思政教育要求，传授正确的金融理念。金融学虽然是专业基础课程，但是我们依然要把思政教育融入日常教学当中。在网络平台建设上，更是要体现出金融学的思政特色。

金融作为第三产业中最重要的服务业，应该是着力为实体经济和公众提供最便利、最安全、最有效的金融服务，为满足所有经济主体的各种融资、投资、支付等金融需求而运作。金融行业并不仅仅是为了赚钱，也不是为了某些机构赚钱。金融行业利用的是全社会的资源，要把这些资源利用好，让它们更好地为经济发展服务。金融也绝不仅仅是管理风险和获取收益，金融追求的最高目标是社会效益。好的金融必须是社会资产的看守者和社会价值的支持者，为中等收入和穷人提供全面和便利的金融服务。金融专业的同学在校学习时就应树立起正确的专业理念，培养承担相应社会责任的意识，才能在今后的工作中成为推动社会发展进步的正能量。这些思政教育必须依靠专业教师的言传身教，通过对案例、新闻时事的分析点评贯穿教学过程的始终。

现代网络信息技术的快速发展推动了混合式教学的发展，也带来了教学思想、教学方法、教学技术等的变革。作为教师，我们要顺应形势，主动转变教学思想，积极学习教学新方法，掌握教学新技术，不断提高我们的教学水平和质量，使同学们成为受益者。

参考文献：

[1] 何仙慧. 基于超星学习通的“会计学基础”课程混合式教学探索 [J]. 教育教学研究，2019 (11).

[2] 齐锋华. 基于移动智能终端的混合式学习实践研究 [J]. 科技资讯，2019 (23).

19 线上教学与高校教师的角色转换思考

江金彦　高钰　丁颖*

摘要：为更好应对新冠肺炎疫情，教育部提出“停课不停学”要求，在全国范围内全面推行线上教学，这对高等教育来说既是一次巨大的挑战，也是一次推动变革的巨大机遇。面对这一滚滚而来的巨大潮流，高校教师必将作出接受、应对、思考和转型等反应。本文从线上教学和线下教学的简要对比入手，逐步分析了线上教学的适用课程类型、线上教学的技术条件，进而讨论了线上教学对教师这一角色的影响以及会对高校自身发展带来的影响，并就教师个体在线上教学成为趋势的情形下角色重塑问题提出了相应的思考和建议。线下教学根基于现有的教育体系、教育制度，具有强有力的基础，教育组织方与从教者、学习者也有着极高的接受度和认知惯性。线上教学顺应了技术和社会发展的潮流和方向，在师生互动、效果评价、效率管理等诸多方面也存在着种种优势，但是线上教学的不足之处也是相当明显的。由此可见，教育未来的发展还有待于管理者、教师、资本、技术等多方力量的合作，其中教师的理念与认知的转变是关键，教师的角色转变既是自身发展的必然需要，也是教育发展的重要推动力。

关键词：线上教学；高校教师；个人 IP

因新冠肺炎疫情的缘故，2020 年初新一轮线上教学全面推行，热潮骤起。教育部要求“停课不停学”，各地高等院校立即动员，各种直播、录播即刻上马，沉寂的慕课、微课也波澜再起，成为一个重要的现象级社会事件。

全面推行线上教学是否确有必要，是权宜之计还是长期的发展方向，是一个广泛存在争议的问题。但线上教学绝非新鲜事。此前，慕课（大型开放式网络课程，MOOC）曾被视为最有效的线上教学手段，甚至是教育未来的发展方向，各方的投入资源绝非少量。根据《科技日报》援引教育部的数据，中国慕课建设自 2013 年起步，截至 2019 年 7 月全国“共有 12500 门慕课上线，超过 2 亿人次学习者”，我国慕课的数量和应用规模位居世界第一。教育部给出的数据是，到 2020 年 2 月 2 日，共组织 22 个在线课程平

* 江金彦，上海立信会计金融学院教师，经济学博士。高钰，上海立信会计金融学院 2017 级计算机金融专业本科生。丁颖，上海立信会计金融学院 2018 级工商管理专业本科生。

台免费开放在线课程 2.4 万余门，覆盖了本科 12 个学科门类、专科及高职 18 个专业大类。可见近些年来，慕课虽然热度下降，但一直未停止过步伐，是教育资源的一个重要投入领域，疫情只是在无意中成为最有力的推手。然而这些线上教育资源的投入效果如何，可能短期内难以衡量，或者说是效果不明显的。

从发展势头来看，在未来技术的加持下，慕课与在线直播等混合起来，如有可能成为教育发展的又一趋势，那么此次线上教学的长期影响是不可忽视的。但随着疫情结束，也有可能一切又自然回归。短期的效果如不能加以很好的引导，在线上教学的教研工作尚未充分展开的前提下，此次热潮则极有可能变成一次“跃进”，最后一地鸡毛。

一、线上教学与线下教学的对比

从最初的线上教育电视大学算起，直至慕课异军突起，再到在线直播课程，从实践情况看，这么多年线上教学发展并未对线下教学产生趋势性的冲击。这是因为线上教学与线下教学这两种模式在实施空间、教与学、教学管理以及学生的学习意愿、学习诉求、学习体验等多个方面均有着很大的差别，可以通过组织学习、学习过程、情境控制、效果评价等不同环节进行评价。

一般来说，在常见的 50 人以下的课堂里，教师对于学生在课堂上的表现、学习反应基本上能有比较好的掌控。教师面对面给学生讲授知识点，部分学生都不一定能当堂理解，需要教师当即根据学生的神态、表情，判断他们的接受度，继而调整教学进度和教学方法。

而同样人数的学生，一个授课教师开展线上直播课程时，教师想要通过计算机屏幕直观了解所有学生的课堂反应，则是非常困难的。在线上教学过程中，因教师无法一目了然地掌握学生的课堂学习反馈，所以极易导致教师授课节奏的快慢和轻重缓急不合理，一些学生难以理解和掌握的知识点甚至会被教师无意略过。

对于学生学习而言，进行线上课程的学习时，由于没有教室内共同学习的氛围，学生线上学习的适应能力千差万别，除非少数自律性极强或长期适应了线上学习的学生，多数学生的学习专注度一般会下降，尤其是长时间的在线学习，学习中的孤独感、迷失感将不断加重，学生的学习效果更会受到影响。

因此，较之于传统的线下教育，线上教育的团队建设，学生的数量确定是一个值得思考的问题，且线上教学与线下教学在学习效率和教育质量的差异尚无全面的、有说服力的、严谨的比较研究。

在互动交流方面，数据显示：“教师讲、学生听”的教学方式教学，学习内容平均留存率仅为 5%，被动学习的学习内容平均留存率最高不超过 30%；通过讨论、交流获得的知识和经验，学习内容平均留存率可以达到 50%，如果学生能够将自己学到的东西讲给他人，学习内容平均留存率竟可达 90%。而线下教学中师生互动交流的频次不可能太高，尤其是人数较多的大课堂，教师很难发现所有的问题学生。线上教学则打破了师生交流时间和空间的局限，教师可以在教学的几乎所有时间段抛出话题与学生进行讨论，并通过观察学生的发言频率、发言质量等信息和数据，判断每名学生的学习成效。

此外，线上教学的多维度教学模块、课程体系及课程知识体系网络化构建，在资源文件集、课程讨论区、课程知识点集、随堂提问、在线答题等方面都是对传统教学模式的突破，对教师的教学投入提出了更高的要求。

二、适合线上教学的课程辨析

并非所有的课程都适合线上教学，或将来会发展为线上教学为主。

如果粗略地将学习体系分为人文知识、社会知识和科学知识三大块，显然，科学知识领域的教学和学习、甚至研究是较为适合在线上进行的，因为其基础性知识相对成熟。社会知识领域的线上教学无疑更为复杂，社会、教师和学生将成为一个不断互动的对话场域，但线上教学应该是更具优势的。而人文学科的知识更高度个性化，甚至教师对于同一内容在不同时间或课堂上的展示都是不一样的，需要的是师生之间的密切交流和相互体验，因此线上教学只能是一个不太重要的辅助手段。

高等教育中不同课程的授课内涵也有着很大差异。不同于基础教育阶段的标准性、客观性的知识、理论或方法的传导，高等教育则强调的是老师对学生的引导作用，强调的是学生的研究性学习能力的培养，着重于学生的判断、思辨和创新能力的培养。这往往需要教师从提出或引出问题起始，带动学生去独立思考，鼓励其去待知甚至未知的领域探求，而非获得一个标准答案，甚至很多问题本身并没有千篇一律的标准答案，这方面的线上教学就很明显地显现出来弱点了。线上教学处处留有痕迹，师生自然会放弃创造性表现，而服从于标准化的考量。

线上教学所需录播的材料，需要教师付出极大的精力完成，但很多课程的内容是随着经济社会发展的形式而在不断变动的。因此，就需要教师反复投入，从而降低了教学效率。因此，只有那些相当成熟的知识点，比较适合做出微课或慕课等，这将可能在基础教育中体现得更为明显。

线上直播教学可能的多媒体技术、娱乐化、社区化等教学手段是较之于线下教学的突破，但目前的应用状况并不理想。事实上，这些手段对不同学科而言均是可以采用的，只是侧重点会有所不同。

三、线上教学的技术思考

推行线上教学曾被视为推进教育公平的一个重要战略举措，各类力量和资本也纷纷进入了该领域，各种平台纷纷成立，如常见的中国大学 MOOC 等国家教育资源平台、各地教育云平台、超星尔雅、好大学、学堂在线、电视台等。具体的形式和技术手段还包括线上直播、MOOC 教学、SPOC 教学、微课、微信/QQ 群中讨论与答疑、钉钉辅助管理等。

从目前的效果来看，直播教学仍然受到限制，关键原因：一是通信带宽不足、网络拥堵和服务商的服务器承载量有限，很少有平台能承受得了大量师生同时使用，传播不流畅，无法进行无障碍的、高效的互动……这些只能期待在未来一代通信技术（如 5G）的推出或少数超级平台的诞生才能得到解决，而且涉及企业在服务器、带宽、维护等多方面的运营成本限制，短期内均难以解决。二是线上直播教学的课堂控制会成为一大问题，几乎所有高校的教室都有监控设备，而线下教学的课堂表现不会产生复杂的影响，线上教学的情况则难以把握，这也会成为直播教学的重要障碍。

当然这里也有管理上的问题。为了管理方便，各地各高校在推行网络教学时，一般均要求教师使用统一的平台，且各高校授课时间的安排也极易雷同，统一平台、统一时间加剧了平台的拥堵。

技术在解决一部分社会问题的同时，往往会带来一部分新的社会问题。如资本是需要足够回报的，虽然当前高等教育中线上教学的盈利模式尚不明确，但资本无疑会推动技术提供差异化服务，那么届时线上教学能否有效推进教育公平就不得而知了。且在技术手段的加持下，教师变成各类网络教学平台、软件等工具的工具，那么当下的线上教学也难言成功。

四、教师的定位和作用的转型

随着线上教学的深度渗入，在高等教育中，少数教师可能在某些领域成为重要角色，而大多数教师在这些领域会面临着边缘化，或转向超级课程学习助理的角色。

在这种趋势下，众多高校教师或可借助此次大规模线上教学实践机会，转变既往的教学方法和教学理念，将自身从较单纯知识的传授者转变为学生学习的监督者、引导者和长期协作者，这些都将给老师们带来极大挑战。

引导角色不单是线上教学所面临的问题，而且是信息化时代的共同问题。如社会知识教学中，一个新的社会热点出现，会涌现大量的关联材料，在一些关键性的材料之后，各种材料会构成一个长尾分布，如何选择、如何有效学习，其间教师就能发挥有效的引导作用。因此知识点被碎片化处理，全世界的优秀资源均可被容易地获取，线上教学提升了学习的自由和灵活性，其中教师的引导作用就显得更为重要了。

对线上教学而言监督角色将变得更为复杂。如学生可能在任何时间段发起讨论或咨询问题，如若教师对于学生的信息长期不能及时或长时间段不予回复，学生的提问、学习的积极性就可能会受到打击。

五、高校线上教学管理面临的挑战

线上教学最初是从部分高校尤其是一些知名高校自主推动的，是为了利用网络即时、丰富、互动、多通道的特点，顺应时代的自发革命，用以提高教学资源的使用效率，打造网络学习社区，通过更为个性化的培养途径来实现“因材施教”这一教育理念。但高校线上教学短期内还是面临着巨大的挑战。

为此，必须考虑几个方面的问题：是否所有学科都有必要开设网课；是否可以分散教学而不必依赖于某一平台及统一课表；如何实现有效的教学检查、教学评价以及学习评价。

从教学管理层面来分析的话，所有教学相关数据都可以被明晰地记录，该数据是可以被学校用来进行在线教与学的质量评价工作的。就具体的评价而言，无论是教师对学生的评价，还是学校对教师教学的评价，过程性评价过渡的权重可能下降而转向目标性评价。在线上教学环境下，对学生的过程性内容难以获得从而无法评价，学生是否认真听讲，是否从事与学习无关的活动，是难以掌控的。而对教师的过程性评价则有可能产生消极的影响，即教师在教学过程中更可能会选择保守的做法。对教师的目标性评价如答疑数、作业批改量等过度依赖也可能产生不必要的消极后果，教师会选择优先考虑完成教学评价形式上的要求而非提升教学质量。

此外，线上教学并不一定能降低教育成本。建设一所教学设施完整的高校，看上去成本很高，然而和高昂的线上教育成本相比，也许成本更低。

对于高校而言，线上教学长期发展的挑战将是有形的校园，这种长期发展态势将改变“大学”这一概念的基本内涵。

六、教师的角色重塑

高等教育的学习对象绝大多数都已成年，已经具备基本的分析和判断能力，有着较强的独立认知和自我教育能力。且在移动互联网时代，学生的学习方式越来越在线化、移动化、碎片化，线上教学和传统的线下教学在互相渗透和相互补足，短期内并没有看到完全替代的态势。线上教学对于存在极大差异的学生个体而言是打开了不同的大门，那些具有良好学习习惯和学习能力的学生，将会找到通往知识的途径。而对教师的冲击或将更大，获得教育主管部门认定的精品课程才有生存空间。教师的生存空间则可能在于不断拓展课程的深度，从而引导更多的学习者，并成为学生的长期协作者。

这就要求教师要注重把自身培育成为一个 IP。所谓 IP 即 Intellectual Property 的缩写，直译意为“知识产权”，其内涵又被拓展为由智力创造的（如发明、文学和艺术作品）著作的版权，且被引申为能够仅凭自身的吸引力、挣脱单一平台的束缚、在多个平台上获得流量进行分发的内容。教师只有全面而充分地积累，深度进入某一领域，引导学生进行深度学习并伴随学生终身学习，才有可能成为教学领域中的IP。当然，这一点与当前的平台和运营、技术条件以及教育和管理理念还是有相当大的差距。

当前线上教学热潮的再次涌起是疫情来袭下的特殊情况，一旦疫情结束之后线上教学是否会再次淡出还未可知，但线上教育的未来不会平息。这就需要我们在推行教育公平、提升教育资源利用效率、实现满意的教育效果等方面进行认真的思考、研究和采取措施。线上教学不应该只是应对疫情的短期行为，应该是带动一场长期的教学革命。高校教学管理部门可以利用这一契机，引导教师向“线上线下”双重角色转型。教师也应当促进自己主动接受在线教育，在更新教育观念、优化教学方式、提高教育质量、推动教育改革等方面发挥更大的作用。

总之，线下教学根基于现有的教育体系、教育制度，具有强有力的基础，教育组织方与从教者、学习者也有着极高的接受度和认知惯性。线上教学顺应了技术和社会发展的潮流和方向，在师生互动、效果评价、效率管理等诸多方面也存在着种种优势，但是线上教学的不足之处也是相当明显的，纯粹的知识传导代替不了人与人之间的感知、交流和协同。由此可见，教育未来的发展还有待于管理者、教师、资本、技术等多方力量的合作，其中教师的理念与认知的转变是关键，教师的角色转变既是自身发展的必然需要，也是教育发展的重要推动力。

参考文献：

［1］马爱平．教育部打造“金课”到明年将有3000门精品网络课程［N］．科技日报，2019－07－11．

［2］教育部．关于在疫情防控期间做好普通高等学校在线教学组织与管理工作的指导意见．

［3］高巧．论大学课堂上教师的角色与功能［J］．课程教育研究，2017（04）．

20　将翻转课堂引入实践类课程教学的探索

——以“金融计算与设计”课程为例

姜华东　潘孟艳　衷丽*

摘要：金融计算与设计是一门融合金融学、投资学、计算机技术等学科理论和方法的交叉性学科，旨在提高学生的实践能力，激发学生的创新意识，培养金融类应用型人才。从2012年教育信息化的提出，到2019年教育现代化的推进，国内各学段都出现了“翻转课堂”（Flipped Classroom）、微课、慕课（MOOC）等具备信息技术的改革实例。本文首先分析了金融计算与设计课程教学过程中存在的不足，然后引入以学生为中心的教学模式——“翻转课堂”，最后提出金融计算与设计课程教学改革的具体措施，以期为金融计算与设计课程教学的进一步完善和发展提供相应的建议。

关键词：翻转课堂；金融计算；自主学习

“金融计算与设计”课程是一门融合金融学、投资学等理论知识，运用计算机软件解决财务金融问题的学科。该门课程作为经管类学生的必修课，既体现了金融课程体系的完整性，也适应了金融市场复合型人才的需求。

目前，一些主要的财经类院校对于“金融计算与设计”课程均有涉及。以上海立信会计金融学院为例，金融计算与设计课程主要面向大三学生开设，总课时为48课时，每周4课时，以西蒙·本尼卡（Simon Benninga）编著的《财务金融建模》（第四版）为教材。本门课程教学过程由浅入深、循序渐进，首先介绍了与现金流相关的现值（PV）、终值（FV）、净现值（NPV）、折现率（RATE）等概念在Excel中的运用。然后联系生活实际，灵活运用以上函数解决等额偿还本金问题、汽车贷款问题；使用内部收益率（IRR）函数、敏感性分析解决投资项目评价问题，等等。在本门课程的学习过

* 姜华东，经济学博士，上海立信会计金融学院金融学院副教授，主要从事金融学教学与研究。潘孟艳，上海立信会计金融学院金融学院2017级金融学（国际金融方向）3班本科生。衷丽，上海立信会计金融学院金融学院2017级金融学（金融理财方向）8班本科生。

程中，同样重视对戈登模型、资本资产定价模型等经典理论的学习，并利用 VBA 等工具来帮助解决问题，进一步加强了学生对理论知识的感性认识。

一、“金融计算与设计”课程教学中存在的问题

“金融计算与设计”作为一门适应我国金融业发展而兴起的课程，开设时间并不是很长，课程体系尚不够成熟，且缺乏相应的教学研究。随着金融行业的飞速发展，金融工具的千变万化，金融问题的纷繁复杂，科学技术的日新月异，社会对金融类应用型人才提出了更严格的要求，金融计算与设计课程在教学模式和人才培养上也逐渐显现出不足。

（一）教学方法与教学模式较为单一

和众多实践类课程一样，“金融计算与设计”课程采用传统的讲授模式教学，即老师先使用教师机和投影仪向学生操作演示，学生再使用计算机按部就班，完成练习。这种讲解式的教学，缺少了激发学生自主学习的环节，忽视了对学生举一反三能力的培养，容易使学生浅尝辄止、故步自封，对进一步的思考和研究提不上兴趣。尽管许多学生能在考核中表现优异，但实际内化于心的知识寥寥无几，实践能力的提升也是较为有限。

（二）“金融计算与设计”课程安排与学生能力匹配度

“金融计算与设计”课程考虑到上机操作的原因，每周课时为 4 课时。假设每 1 课时安排 2 个典型案例进行讲解，4 课时结束学生需要掌握 8 个案例，如果再要求学生课后逐一消化并举一反三，将是一个耗时较大的工程。倘若每 1 课时只安排 1 个案例，课程任务整体较为轻松，但集中大班授课就难以避免学生能力差异的问题：理解能力稍强的学生可以在很短时间内完成练习，而进度较慢的学生可能 1 个课时也无法完成作业，即使是优秀的老师也不得不按同一步调进行授课。因此，学生的课堂效率就无法得到最大化，就难以实现规模化教育和个性化培养的有机结合。

二、“翻转课堂”的模式

“翻转课堂”起源于美国科罗拉多州。2007 年，由于所在课堂的学生因某些原因耽误了课堂学习，乔纳森·伯格曼（Jonathan Bergmann）和亚伦·萨姆斯（Aaron Sams）通过录制课程视频给缺席的学生补习功课。接着，他们又对教学模式进行了一些开创性的尝试。学生可以在家里观看他们的教学视频，然后回到课堂上完成作业，而老师则提供答疑指导，从而翻转了传统的“白天老师在校授课，晚上学生回家做作业”的固定

模式，进而实现了知识传授和知识内化的颠倒。

“翻转课堂”关键在于“翻转”，具体表现在三个方面：

（1）教学流程的翻转。传统的教学模式里，老师在讲台上唱“独角戏”，学生在课后完成作业，老师再对反馈的作业考核评分。“翻转课堂”模式下，学生先通过视频自主学习，结合相关资料和习题进行思考，带着疑问回到课堂，小组研讨，老师提供指导和帮助。

（2）教师和学生角色翻转。老师由教学过程中的指挥家转变为学习进程中的督促者，从站在讲台上传道授业转变为融入学生群体中答疑解惑。学生从被动吸收转变为主动汲取，从“消极完成任务”转变为“积极创造问题”，从教学过程中的配角转变为学习过程的主体。

（3）学习场所的翻转。“翻转课堂”打破了在教室集中授课的传统，学生可以按照学习习惯，选择在家、寝室、自习室、图书馆等任何地方完成功课，实现课前的自主学习。

三、“翻转课堂”与“金融计算与设计”课程的适应性

“翻转课堂”作为一种异域教学模式，并不是放之四海而皆准的灵丹妙药。从实践成果可以看出，“翻转课堂”在不同学段、不同地域、不同学科中均呈现出截然不同的融合性。“翻转课堂”是否能与“金融计算与设计”课程相得益彰，还要从其适应性入手研究。

（一）学科特点与“翻转”模式

“金融计算与设计”课程，作为理论与实践相结合的综合性学科，更强调学生结合案例—联系实际—举一反三的能力。“金融计算与设计”课程关键是活学活用，在学习过程中，死守教材的学生难以真正走进鲜活的实例，要发挥学生在学习过程中的主观能动性，才能最大化本门课程的开设价值。

传统模式下，课堂讲授时间固定有限，每个典型案例只能作为引子和基石，要做到融会贯通还需要学生课后的功夫，但没有硬性要求的情况下，学生容易忽略这一环节。而通过“翻转课堂”，学生可以在课前通过观看教学视频，查阅相关资料实现深度学习，并且能够在实践中反复检验真知。在课堂讨论环节和答疑环节，通过团队协作、动手操作从而达到拔高实践能力的效果。

（二）学生具备必要的知识储备和学习能力

在大一、大二的时间里，学生接受了“金融学”“投资学”等专业课程的学习，具备了扎实的理论基础；通过“计算机应用基础”课程的系统训练，学生也已熟练掌握

Excel 软件的操作使用。对于大三年级学生而言，在“翻转课堂”的课前自学环节，观看教学视频，能够达到快速理解案例核心、操作要点的成效。同时，学生可以在课前的练习中发现自己的短板，通过在互联网的资料收集、讨论群的答疑解惑做到对症下药、补齐短板。更为重要的是，学生可以根据自身掌握情况和差异化的需求，进行更深入的学习研究，从而实现个性化的发展。

（三）信息技术的进步提供了硬件支持

当今时代，信息技术对教育发展有着革命性的影响，是教育转型过程中不可或缺的推动力量。“翻转课堂”在2011年前后引入中国，当时的信息技术和硬件设施都难以支撑该模式在中国的应用和推广。2012年，教育部颁布《教育信息化十年发展规划（2011—2020年）》，高校开始大力开展数字校园建设，建成了完善的数字化教学设备，为“翻转课堂”改革实践打下坚实的基础。同时，讲授“金融计算与设计”课程的教师具备专业的信息技术操作能力，能更加高效地完成视频制作和剪辑工作。随着我国经济的发展，大学生计算机普及率和使用率也越来越高，学生可以随时随地进行课程学习，这也为“翻转课堂”的实现提供了便利。

四、如何将“翻转课堂”引入“金融计算与设计”课程

2011年，萨尔曼·可汗（Salman Khan）在TED发表了一个开创性的演讲“让我们用视频重塑教育”。此后，全美乃至全球掀起了改革浪潮，“翻转课堂”成为教育界持续关注和研究的方向。在我国，从重庆市开始的初步实践到“C20慕课联盟”的组建，翻转模式日见雏形。但是，反观实践成效，国内的“翻转课堂”只做到了“形”似而没有做到“神”似。反思近年来实践中遇到的问题，翻转课堂的有效实行需要具备一系列基础条件：优质的教学视频、掌握信息化教学能力的教师、具备数字化学习能力的学生、针对性的在线练习、灵活的考核评价等。

（一）录制优质的教学视频

在信息化时代，实现视频授课并非难事，但是通过教学视频调动学生的学习热情、激发学生的创造力、促进学生深入思考，对教师提出了较高的要求。由于相同授课内容不必在多个班级重复讲授，节省的时间教师可以专注于备课和录课。在备课方面，相关教师需要结合教学大纲、授课经验梳理出每一章节的重难点，并将其细分为若干知识点，选取最具代表性的案例作为教学内容。在录制课程方面，教师不必受限于正式的录播环境，可以选择更为舒适的非正式场合，从而避免营造出僵硬严肃的讲授氛围。据统计，可汗学院的视频长度一般不超过14分钟，普遍在10分钟左右，这样的设计是因为学生的视觉驻留时间一般在5～8分钟，同时学生可以利用碎片时间进行学习。因此，

在录制“金融计算与设计”教学视频时，以一个案例为例，第一个视频以理论知识为主，讲解新的概念并抛出本小节案例，激发学生思考并鼓励动手操作。第二个视频以案例演示为主，细致讲解操作事项，并要求学生再次动手实验，寻找新的问题。

（二）学生自主学习环节的深入学习

实行“翻转课堂”的两个关键，一是课前完成了深入有效的学习，二是利用经验交流、答疑讨论实现了知识的深化。对于大学生而言，自学能力无须质疑，但自学意识仍需培养。要实现从被动学习向主动学习的转变，发挥学生在学习过程中的主体地位，不仅需要其内在的约束，也需要课程设计上的指引和要求。比如，在教学视频后配套在线练习，将视频完成度纳入考核事项，督促学生完成自学。要实现“深入学习”还需要提供讨论区、讨论群等交流平台，使学生能够及时提出问题与老师、同学一起探讨，也可以引导学生自己出题，调动其他同学参与和思考。在这一环节，学生可以结合自身情况，合理安排学习时间，对重点、难点反复观看，上机操作既可以在寝室实现，也可以在图书馆、公共机房完成，高效进行课前的自主学习能为课堂的小组研讨，思维开发打下坚实的基础。

（三）课堂讨论与教师答疑环节

学生回到课堂时，已经有了扎实的知识储备和操作能力，教师可以先就课前学生讨论的热点、难点进行答疑。再依据核心知识点，抓住生活实际案例，抛出发散性问题，让学生以小组为单位进行讨论。小组设置在 5 人左右为宜，由组长组织讨论活动，每一名组员都需要积极参与到讨论中，共同完成操作报告。在这一环节，老师作为指引者，需要关注每一个小组的讨论动态，走进小组中，为学生答疑解惑，激发学生的思考，培养学生举一反三、团队协作的能力。同时，考虑到学生在自学环节已注入大量的时间和精力，为了不给学生造成不必要的负担，课堂讨论课时可以依情况缩短，比如由原来的 4 课时减少为 2 课时。当然，具体的时间安排可以由相关的授课教师根据具体情况来决定。

（四）“金融计算与设计”课程考核方式的优化

公平合理、灵活有效的考核方式能在学生的学习过程中起到积极促进作用。沿用“平时成绩 + 期末成绩”的考核思想，结合“翻转课堂”的教学理念，在“金融计算与设计”的考核方式上，应当加大对平时表现的关注，弱化对考试结果的重视。具体体现为，将学生的出勤率、视频完成度、讨论积极性、提问新颖性、课堂活跃度、团队协作能力等量化在平时成绩中，将在线练习作业和课堂发散练习成果作为平时成绩的补充，而期末考试成绩仅起到辅助学生拿高分的作用，而不是作为学生不挂科的救命稻草。

五、“金融计算与设计”翻转课堂的应用尝试

新冠肺炎疫情防控期间，“金融计算与设计”课程作为上机实践课，只能延缓教学时间，无法积极响应教育部“停课不停教，停课不停学”的号召。如果此时将“翻转课堂”引入“金融计算与设计”课程的教学，将是一次有效的尝试和检验。在2020年春季学期，上海立信会计金融学院与超星泛雅等优秀平台合作，在网络上正式开始了网络授课的尝试。当然，在网络环境下进行的教学互动，也需要体现出学生的主体地位，这样有利于培养学生的兴趣，真正调动学生的自主性和创造性，从而积极参与到教学活动中。学生可以根据自己的习惯支配学习的节奏和内容，可以给自己的思维留下一定的时间和空间，提升学习效果。

《中国教育现代化2035》指出，要加快信息化时代教育变革，利用现代技术加快推动人才培养模式改革，实现规模化教育与个性化培养的有机结合。“翻转课堂”的出现正好迎合了我国教育信息化、教育现代化的发展趋势，作为教育改革中的新鲜血液，是弥补教育缺陷的一剂良方，要实现本土化，还必须从理论研究走向教学实践，只有在探索和修正中不断完善和发展，才能找到适合中国教育现状的教学模式。当然，对于“金融计算与设计”等实践类课程而言，翻转式课堂可以进行有效的尝试和创新，突破传统的模式，提升教学的效果。翻转课堂在“金融计算与设计”等实践类课程中的完美应用，还需要不断地探索和在实践中总结经验。

参考文献：

[1] 黄鉴古. 翻转课堂与南橘北枳 [N]. 中国教育报，2013 (10).

[2] 王忠惠，朱德全. “翻转课堂”的多重解读与理性审视 [J]. 当代教育科学，2014 (16)：30~33.

[3] 教育部. 教育部关于印发《教育信息化十年发展规划 (2011-2020年)》的通知 [EB/OL]. http：//old. moe. gov. cn/publicfiles/business/htmlfiles/moe/s3342/201203/xxgk_ 133322. html.

[4] 卢强. 翻转课堂的冷思考：实证与反思 [J]. 电化教育研究，2013，34 (08)：91~97.

[5] 祝智庭，管珏琪，邱慧娴. 翻转课堂国内应用实践与反思 [J]. 电化教育研究，2015，36 (06)：66~72.

[6] 苏仰娜，孙悦亮，黄丹. 翻转课堂实践热潮背后的冷思考 [J]. 韩山师范学院学报，2018，39 (06)：90~101.

[7] 张金磊. “翻转课堂”教学模式的关键因素探析 [J]. 中国远程教育，2013

(10)：59～64.

[8] 何克抗．从“翻转课堂”的本质，看“翻转课堂”在我国的未来发展[J]．电化教育研究，2014（07）：5～16.

[9] 李寒影．论互联网时代金融教学的适应性改革——翻转课堂[J]．智库时代，2019（38）：31～32.

[10] 姚宁宁，吕文华，张海永等．创新创业的人才培养模式下“金融计算类”课程的实验教学研究[J]．科教文汇（下旬刊），2019（09）：125～126.

[11] 教育部．《教育部应对新型冠状病毒感染肺炎疫情工作领导小组办公室关于在疫情防控期间做好普通高等学校在线教学组织与管理工作的指导意见》[EB/OL]．http：//www. moe. gov. cn/srcsite/A08/s7056/202002/t20200205_418138. html.

[12] 中共中央、国务院．《中国教育现代化2035》，[EB/OL]．http：//www. gov. cn/zhengce/2019－02/23/content_5367987. htm.

[13] 咸化彩．翻转课堂：明确地位，澄清前提[J]．吉林工程技术师范学院学报，2018（02）：46－48.

21　开展小班教学，改革选修课模式，提升开课数量

李光洲　张文杰　王丹扬*

摘要：2018 年我校评估中，专家提出我校生均开课门数为 0.079，距 0.13 的标准差距较大。结合我校本科教学质量提升和培养方案修订工作，本文提出通过小班化教学和改革学科基础课设置模式两个途径来提升开课门数，并达到满足学生多样化需求和提升本科教学质量的目标。

小班教学有利于提升教学质量，形成教学相长的良性互动，能够因材施教，照顾学生的个体差异，有利于互动交流，提高学习效率。结合我校实际情况，提出首先从推进成熟专业主干课的小班教学入手，其次推进成熟学科基础课课程小班教学，再次推进部分成熟公共基础课课程小班教学，最后推进其他课程小班教学的实施方案。

在人才培养模式改革中，越来越强调增加选修课的比重，增加学生的选课自由度。但是在实践中，选修课在课程建设和教学质量方面和必修课仍然存在较大差距，而且学生选课也产生了逆向选择行为和机会主义行为，导致了一些不良结果的发生。本文建议修改学科基础选修课模式，以规避这些弊端。

关键词：高等教育；小班教学；选修课模式；激励机制

教育的价值取向从重视书本知识的传递已经转向追求学生的全面发展，我校几年前就已经提出“以学生为本”“以学生发展为本”的教育理念。这也要求学校开设更多数量的选修课，以满足 30 多个本科专业的近 2 万名本科生的多样化、差别化需求；教学组织形式从重视知识传递的批量式的大班教学向尊重学生个性发展的差别化因材施教的小班化教学转变。

从我校现状看，目前我校共开设大约 1800 门选修课，生均开课门数为 0.079 门，离教育部规定的生均 0.13 门差别较大。并校以来，由于师资力量不足，使得大班上课成为普遍现象，有的必修课甚至出现三个班并一个班上课的现象。不过随着三年来学生总人数的稳定和适度减招和师资队伍建设，重回小班化教学的条件已经趋于成熟。

* 李光洲，上海立信会计金融学院金融系教师。张文杰、王丹扬，上海立信会计金融学院 2017 级金融学专业国际金融方向 2 班。

我校正在努力提高本科教学质量，加强教风学风建设，正在积极推进人才培养模式改革，改革学科基础选修课模式，实施小班化教学应该作为措施之一。

一、目前我校主动小班教学现状

我校从2019年秋季学期开始，对全校选修课首先实行了全部主动小班化教学。

（一）小班的定义

对于小班教学的班额，目前没有统一的、公认的定义。

1. 教学班班额的界定

关于大班额和小班额的界定一直没有统一的意见或者文件规范。一般认为班额是指一个教学班级中，一名教师所负责的学生数量。美国的罗伯特（Robert）在《班级规模和师生比对于学生成就的作用》一文中曾指出，“小班是指每班平均一名教师负责13～17名学生”。从1998年起，美国联邦教育部要求班级规模控制在18人以下的规定即采用了这种分类。Maxwell等人总结出班额的大小界定方法，如表21.1所示。

表21.1　　Maxwell等人关于班额的划分

编号	班额	学生数量（人）
1	小	小于等于35
2	小－中	36～50
3	适中的大	50～70
4	大	70～110
5	特大	110以上

高等教育文科类专业多用大班，理科类专业多用小班；基础性课程多用大班，专业课程和核心课程多用小班。公选课多用大班甚至特大班。

2. 实践中的小班定义

在上海推行的小班化教育中，一般将小班的班额定为30人以下。小班化教学比较突出的是复旦大学，学生人数小于30人的小班课程已经占到本科课程的40%。

在美国的耶鲁大学，大约75%的本科教学班学生数少于20人。很多以教学为特色的文理学院，所有的教学班学生数都在20人以下。

3. 我校关于小班的定义

除外语课程外（因为外语、艺术类专业对小班教学有严格的规定），我校其他课程一般区分大小班的依据来自于教务处的两方面的规定。一个是关于工作量的规定；另一个是关于自然班最大班额的规定。在选修类课程中，我校教务处规定60人及其以下的教学班的系数为1.0；60人以上的每增加一人，系数增加0.01；120人以上的，每增加一人，系数增加0.005。在班级建制方面，教务处规定一个自然班级的最大人数不超过

60 人，对 2 个自然班级并班上课的必修课程，系数为 1.6，就是相当于视作每个自然班级 60 人。因此，我校一般认为 60 人及其之下的教学班为小班，120 人及其之下的为大班，120 人以上的为特大班。特大班只曾经在少数公共选修课中存在。

（二）主动小班定义

前面的小班，都是从结果来定义的，就是客观上一个教学班的学生人数不超过多少，就是小班教学。教学小班的出现，从其动因角度可以分为主动小班和被动小班。主动小班教学在本报告中是指为了提高教学质量，在可以开设大班的情况下而主动开设的教学小班；被动小班教学是指由于选课或者落单等原因无法开设教学大班而形成的教学小班。前者如在必修课排课中，当同一门课程存在 2 个或者 2 个以上自然班级时，而故意不开设 2 个自然班并为一个教学班的教学大班，而是开设一个自然班为一个教学班的教学小班，或者在选修课程中设置班级最大容量为不超过 60 人。后者如在必修课中落单的自然班，如只有 1 个自然班开设某课程，则必须为小班；或者奇数的自然班开设某课程，在两两并班后，留下的最后一个自然班为被动小班；或者在选修课程中，设置的班级限选人数为 60 人以上，我校一般为 120 人，但最终选课人数少于 60 人的班级。

二、目前我校开展小班教学的必要性和急迫性

小班教学可以提高教学质量，增强教学互动，改善教风学风，尊重学生个性发展。

（一）目前我校教育教学中存在的问题

目前我校教育教学中存在的问题有教风学风有待改善、师生交流缺乏、课堂控制较差、不及格率较高、补考重修较多以及平时成绩不够客观公正等问题。

1. 教风学风问题

目前我校教风学风问题比较突出。我们认为导致教风学风松弛的原因之一，就是大班教学导致的。大班教学学生人数众多（一般以 120 人为限，必修课一般为 2 个自然班，视班级人数不同而不同，一般在 90 人以上，如果自然班人数在 50 多个，加上插班重修的，会将近 120 人，甚至有超过 120 人的，含重修免听生），由于在 M 教室和阶梯教室上课，教师观察不到后排的学生，这些因素都导致课堂不好管理，从而衍生出越来越严重的不良现象，以致影响了学风和教风。

大班人数较多，教师不能认识每一个学生，教室规模大，而且后面高，讲台低，教师不能观察到每个同学的上课表现，从而导致部分学生公然在课堂上玩手机、听音乐、随意进出教室；教师点一次名耗费时间太多（甚至要 10 分钟），并且对点名时冒名顶替者也认不出来，从而导致教师降低了点名的频率，客观上有纵容了学生缺课、迟到的行为。

2. 课堂交流和控制问题

大班教学不利于课堂交流，只能采用教师主讲，“满堂灌”的方式，非常不利于课堂提问，同学宣讲，课堂讨论等互动性教学方式。

如图 21.1 和图 21.2 所示，在《麦克思上海立信会计学院应届毕业生社会需求和培养质量跟踪培养评价（2015）》中，学生认为教学方面需要改进的各项措施中，无法调动学生学习兴趣以及实习和实践环节不够分列第一位和第二位，课堂上让学生参与不够稳列第四位。导致这种现象的原因，与大班教学不无关系。100 多人的大教学班级，每个学生每学期提问一次，每次课就得提问六七个学生，而提问这几个学生，只占学生总数的 5% 左右，所以学生觉得被老师提问到的概率很低，因此放松了课前预习，课后复习以及课堂听讲，导致教师提问的结果是大多数没有人积极回答，点出来的同学基本回答不出来，这是普遍现象，导致回答不出来的同学也不觉得不好意思，后来甚至导致积极回答问题的同学会受到学生的讽刺，学风变坏了，课堂提问等交流方式无法进行了，教师的讲课热情也渐渐下降了，于是出现教师在上面讲自己的，学生在下面玩自己的，出勤率也越来越低了，出现了“坐在讲台读旧稿，师生不时看手表”的现象。而现在学生认为老师讲课不好，教师认为学生素质太差的情况，根源之一就在于大班教学所衍生的问题。

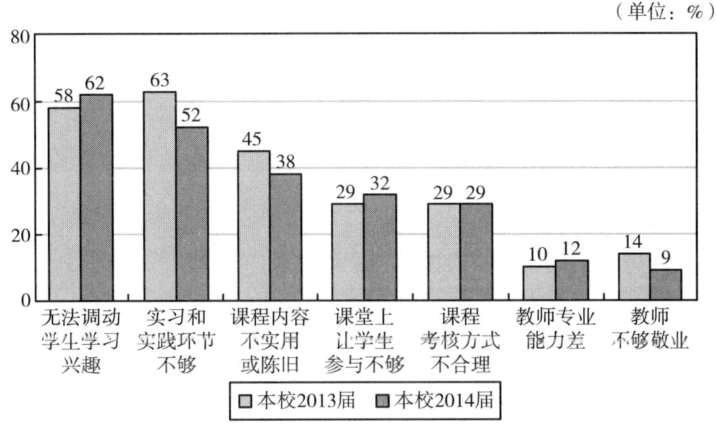

图 21.1　教学改进调查（毕业时）

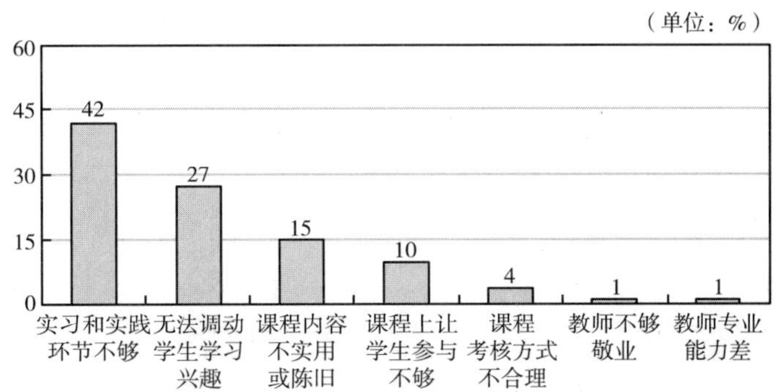

图 21.2　教学改进调查（毕业 3 年后）

如图 21.3 所示，师生交流情况最好的是文法学院和外语学院，这 2 个学院的专业都是小专业，招生人数不多，因此这些专业的专业课都是小班教学的。外语专业的小班教学是有严格规定的。英语专业的专业主干课程，都是以 20 人的班进行教学的，即一个自然班 40 人，分为 2 个教学班进行，这样的班级，是真正意义上的小班教学，师生交流的机会是普通大班的 6 倍。因此，外语学院的师生高频交流率比其他专业高一倍以上。文法学院也是小班，而且每个专业只招一个班，每个班人数也不多，客观上专业课程都是小班教学。

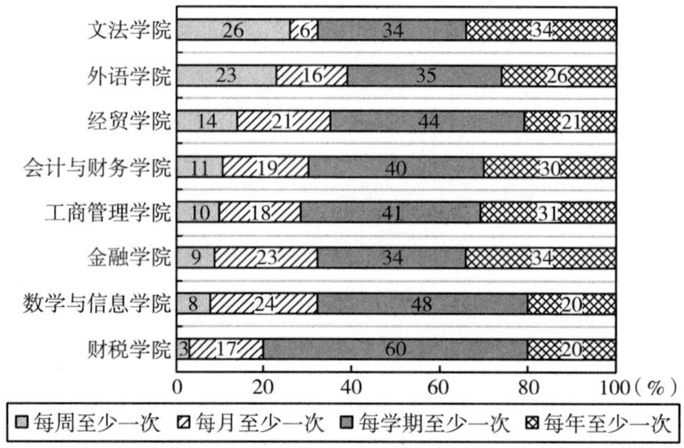

图 21.3 各学院与任课教师交流程度

师生交流是从课内到课外，如果课堂上没有师生交流，这种交流不会延续到课外。无论是交流内容还是师生亲密程度，首先都是需要在课堂上建立基础，其次在这个基础上，师生交流才会延伸到课外，交流的频率才会增加，交流的内容才会丰富。否则，即使推行教师坐班制度，老师们天天坐在办公室里，学生也不会经常找老师交流。

3. 不及格率偏高、大面积补考问题

目前本科教学中不及格率偏高，很多班级达到了人均 1 门的程度，甚至有的班级不及格率会达到人均 2 门。一些课程不及格率很高，如微积分、线性代数、概率论与数理统计、会计学原理等。这种情况的出现，除了与这些课程本身的内容和难易程度有关外，也与大班教学相关。这些课程在我校属于公共基础课或者学科基础课，班级众多，教学工作任务量巨大，在我校基本都是采用大班教学。但是这些课程内容和难易程度与专业课相仿，大班教学的缺陷也就在这些课程上表现非常突出，如缺乏课堂控制、课堂交流、差异化教学等，导致这些课程的不及格率非常高。

4. 平时成绩不够客观公正问题

在《上海立信会计学院课程平时成绩评定管理办法》实施后，根据该办法规定：考试课程的平时成绩将占到总评的 50%，考察课程的平时成绩占到总评成绩的 100%；平时成绩的考核组成，一般包括：课堂考勤、课外作业、阶段测验、课堂讨论发言、课程论文或案例分析、口语测试、课程实验等考核项目；实验实训成绩主要从学生是否完成规定的实验任务，完成实验操作的质量，实验工作态度来考核。而这些规定，在大班教学的情况下，一个教师面对100多名学生的情况下，在不认识每个学生，甚至没有和每个同学都进行一次交流的情况下，是根本做不到或者不能做到客观公正的。如果不能做到客观公正地给出平时成绩，那么不仅不能促进学风改善，反而会导致其不断恶化。

综上所述，小班教学对加强课堂控制、增加教学互动、提高教学质量，从而改善教风学风、融洽师生关系等都有积极意义。

（二）小班教学的优势

研究发现，小班个别化教学使学生的课堂行为问题减少，有效教学时间增加，教师的教学热情提高。小班化教学有利于学生发展的观点逐渐被教育界大多数人所接受，有利于实施探究性的学习，开发多样性的学习资源。教学在本质上应该是学生的探究性学习过程。大班教学因为人数多，很多情况下教师只能被迫采取传递—接受式教学方式，这种教学方式不利于学生自身学习资源的开发，在由听讲和记笔记支配的学习行为中，大学生自身积累起来的资源无法呈现在课堂之中，多样性的学习资源无法在教学过程中发生“聚合反应”。小班教学则有可能使潜藏在学生中的学习资源得以呈现、激活；使教师有时间、条件与学生共同探讨教材、社会中的相关问题以及学生发现的其他问题，并给学生解决问题提供帮助，如组织学生收集资料、提出假设、验证假设、学会表达和交流。我国高校教学质量的提高有赖于小班教学提供的这种探究性氛围。

结合我校现状，我们认为小班教学具有以下优势：

1. 小班教学有利于提升教学质量，形成教学相长的良性互动

班额对学生的表现有重要的影响，一般限于班额过大或过小的情况下。虽然班额与大学生学业成绩之间关系的影响并不是必然的，因为大学生的学习方式与中小学牛相比，更体现在自主学习上，课外学习时间对学业成绩也会造成影响。但是在课堂教学在本科教学中仍然处于主体地位和核心地位的情况下，这种影响还是存在的。

课堂管理其实是教学中极为重要的问题，但是，我们的教育学教材对课堂管理相当忽视，很多大学教师是靠自己摸索而获得有限的课堂管理经验。面对上百人的大班教学，教师没有时间和精力经常点名，学生迟到、缺课很难被发现，学生看报刊小说、发短信、打电话等违纪现象也难以杜绝，教室的教学氛围、学生的学习状态要调控到最佳状况有相当大的难度。但在小班教学的情形下，课堂管理的难度大大降低，学生考勤几乎不需要消耗教师太多的精力，学生学习纪律的维持、学习状态的调节都变得相对轻松，教师的课堂管理负担大大减轻。

2. 小班教学能够因材施教，照顾学生的个体差异

小班教学能够为教风学风带来转变，一般上过小班必修课的老师就不会再满足于传统的教学模式，而是渐渐倾向采用以学生为本的教学方法，以求更全面照顾学生的兴趣

和需要。教师可以有更多的与学生交流的机会，从而对学生情况更加了解，这样就回到了以学生为中心的教与学中。小班化教学能够照顾学生的个别差异和成长，提高师生比例，为学校文化带来转变。主张小班额的学者认为本科教学内容都属于扩展性知识，要求学生进行讨论，大班额显然不能完成。人们也普遍相信大班教学对学生的学习动机、学习态度和学业成就更趋于产生负面的影响。

有利于发挥学生的学习主体性，给其个性发展提供自由空间。大学生是学习过程中的主体，这意味着他们的学习动机、学习压力、学习兴趣、学习方式将影响到他们的学习效果、学业成就、思维方式以及个性品格。在大班教学中，个体的差异性受到忽视，影响学习结果的最大变量是教师的教，学生的主体性难以发挥。但是在小班教学中，探究式的学习过程能够最大限度地激活学生的学习欲望，在探究的过程学生的思维火花相互碰撞，他们在交流与思考的氛围里获得了个体表达的自由与机会，并且彼此相互关心、相互欣赏、相互交流、相互竞争，使良好的个性品格得以养成。小班教学创设的这样的人文文化环境，无疑给学生提供了自由发展的空间。

3. 小班教学有利于互动交流，提高学习效率

大班额带来了教室的教学氛围沉闷，学生的学习状态不佳，很多学生在课堂上不能积极发言。小班教学有利于学生集中注意力，参与到课堂讨论中，个人表达的自由和机会，使教学更具有针对性。师生交流频率加快，互相碰撞增多，能激发出教师的灵感和机智，促使教师去钻研、探索一套符合小班教育的教学艺术，所以小班教学必然能造就一批教学名师。班额过大，师生沟通少，导致学生被动学习，学生之间缺少了解，出勤率低。班额越大，成员越复杂，教学环境越复杂。小班额可以给学生提供教学建议的空间，学生也具有很高的满意度，如果学生对他们的教育经历感到快乐，那自然效果就更好。

培养大学生的批判、创新思维是高校人才培养的目标。大学教学方式的多元化，没有统一的评价标准。

重视学生的学习过程，更适合采用灵活的小班教学。但凡国外一流大学，无不将讨论式、合作式的学习方式运用到教学中。大学师生关系随着班级规模的扩大，而变得疏远，大学教师对学生的熟悉程度，远不比上中小学生。小班教学能够激发学生学习的积极性，同时能够给予学生更多的思考和讨论时间，让那些不善表达、不敢表达的学生有了充分与同学互动的机会，这种师生之间的互动可增强彼此的理解，改善课堂人际关系。小班教学有利于培养学生多方面的能力，而不只是注重知识的传授。小班化教学的意义不仅仅在于它代表着当今教学组织形式改革的主要选择，更在于它是促进教育理念革新的一条重要途径。

大学的师生关系随着班级规模的扩大越来越疏远，一个大学教师要认识上百个学生的面孔尚且做不到，更不用说熟悉学生、了解学生了，与此同时，不少学生不知道教师的姓名，不了解教师的研究领域，不理解教师的教学思路和教学风格。相互隔绝的师生

关系在一定程度上影响了教学质量的提升。而小班化教学恰恰强调的是，教师应贴近学生，亲近学生，与学生展开充分的互动，实现师生角色的转换，以发挥学生的主体作用。在小班化教学课堂上，师生之间、学生之间有更充分的交流互动时空，学生在教师的指导下能进入一种自主、合作、探究性的学习状态，这既可充分发挥其学生主体的积极性和创造性，以提高其学习质量，又使学生拥有了更多的质疑、表达见解以及动手实践的机会，有利于他们综合素质的提高。此外，在小班化教学过程中，频繁的师生之间的沟通讨论更能增进彼此的了解，有利于改善教学的人际关系，开发课堂交往潜能，从而形成师生之间、学生之间相互交往、相互影响、和谐互动的教学局面。

（三）逐步推进小班教学

如前所述，小班教学对师资数量提出较高的要求，不过近些年来我校本科生招生规模一直保持稳定状态，而师资队伍的建设取得了很大发展，师资资源已经不像前些年那么紧张了。因此，现在虽然没有进行全部小班教学的能力，但是一定程度上师资力量已经满足逐步实行小班教学的要求了。我们认为，逐步推荐小班教学的步骤为：

1. 推进专业主干课的小班教学

我校有经管法文理等多个学科，20 多个本科专业，每个专业的专业教师师资情况差异较大，有的专业专业教师师资紧张，有的则比较雄厚。因此第一步是在师资充裕的专业，选择部分专业主干课进行主动小班教学工作。积累经验后，逐步推广到全部专业主干课及其他专业。金融学专业可以第一批进行部分专业主干课主动小班教学。师资力量比较紧张的专业也可以先选择少数重要的专业主干课进行主动小班教学。

2. 推进学科基础课小班教学

在专业主干课实行小班教学的基础上，在部分师资充裕的学科基础课中可以实行小班教学。学科基础课分属于不同的二级教学院部，如会计与财务学院的“会计学原理”，工商管理学院的“管理学”，经贸学院的“微观经济学”“宏观经济学”，财税学院的“财政学”，金融学院的“金融学”，数信学院的“计量经济学”等。这些课程全校绝大多数专业都有开设，教学任务巨大，对师资要求也高。可以在这些课程中选择部分师资比较充裕的课程，实行小班教学，如前所述的“金融学”“财政学”应该已经具备这样的师资条件。在一些一时不能全部实行小班教学的课程中，可以对部分专业的班级先实行小班教学。比如，对于“微观经济学”“宏观经济学”，如果没有能力在全校开展小班教学，能否先在经济学学科门类下实行小班教学，然后条件成熟了再推广到管理学等学科专业值得思考。

3. 推进部分公共课小班教学

可以在成熟的公共课和重要的公共课中推进小班教学。

4. 推进其他课程小班教学

推荐其他课程，包括一些有必要实施小班教学的选修课的小班教学。

三、学科基础选修课设置模式改革

（一）学科基础选修课存在的问题

现在主要的问题出现在学科基础选修课方面。学科基础选修是通识教育的体现，但是在选课中存在以下问题：

1. 开课过多，选课过少

每个专业都要开设多门跨专业选修课，其中大专业会开设10多门，小专业也会开设几门，全校33个专业大约会开设200门，而且一般是4～7学期滚动开出，而学生每个学期只需要选1～2门。这样开设的课程数远远大于需求，每学期有很多跨专业选修课开设不出来。

2. 学生选课不连贯，缺乏指导性

学生面对太多选择往往迷失方向，选择时无从下手，往往不顾及每门课对预修课程的要求，随意选课，东一榔头西一棒子。虽然每门课都需要填写预修课程，但是开设院系为提高课程选出率，往往对预修课程要求降低；学生选课时也往往不顾及预修课程要求，导致教学质量下降。

（二）学科基础选修课改革建议

为使学科基础选修课更科学，可以采用以下2个模式之一，前者更强调通识教育，更注重学科性，后者注重专业性。学科基础选修课可以考虑以下模式：

1. 全校统一安排学科基础选修课，实行模块制

可以把全校每个专业开设跨专业选修课进行规范，形成一个个用专业命名的模块，如会计学模块、财务管理模块、审计模块、工商管理模块、金融模块、税务模块等，每个模块包括四五门课程，学生从中只可选择一个模块，从而形成有效的知识结构模块。

2. 由每个专业或者学科制定学科基础选修课备选表，实行N选x模式

每个专业或者学科根据其他30多个专业开设的学科基础选修课中，结合本专业或者本学科特点，制定一个本专业或者学科的“学科基础选修课备选表”，这个表上可以包括12～20门课程，要求本专业或者学科的学生从这些课程中选择自己的学科选修课，也可以增加指导性，比如，细分为“经济学类学科基础选修课”“工商管理类学科基础选修课”等。

总　　结

通过小班化教学可以提升各类选修课的开课数量。通过学科基础课模块化，可以提高学科基础课的开出率，从而增加实际开出的学科基础选修课数量。

这2个措施，不仅可以增加我校课程开课数量，满足学生多样化的需求，而且可以提高本科教学质量，加强教风学风建设，推进人才培养模式改革。

参考文献：

[1] 熊丙奇. 高校小班教学“落地”需要系统改革 [N]. 中国教育报，2014-10-29.

[2] 杨春梅，杨艳平. 高校大班课堂有效教学的实证研究 [J]. 大学（学术版），2013（12）.

[3] 刘径言. 高校实行小班化教学的构想与可能途径 [J]. 江西科技师范大学学报，2013.

22　长三角金融监管跨区域协调机制和关于人才培养的思考

李雪静　王美馨　陆景开*

摘要： 金融监管协调是金融监管体系的有机组成部分，是金融监管体系发展到一定阶段的产物。本文在梳理金融综合监管及协调监管机制的国际理论与实践经验的基础上，针对长三角金融跨区域协调机制和人才培养进行分析并提供政策建议。

关键词： 金融综合监管；跨区域协调；人才培养

一、金融综合监管及监管协调机制的理论及国际经验

（一）金融综合监管及监管协调机制的相关理论

自20世纪70年代末期，由于传统分业监管体系中监管冲突、监管套利、监管俘获等问题逐渐暴露，国际社会开始意识到金融监管协调的重要性，认为金融监管协调机制是对传统金融监管体系的补充，论坛组织、自律组织、非营利性组织等协调主体或机构获得了发展。从国家层面，则是通过签订《谅解备忘录》（MOU）或出台规范文件，或以央行为核心实施监管协调。次贷危机后，国际金融监管协调机制逐步由非正式、非官方方式向正式性、常态化制度安排转变，形成了三种主要的协调机制：一是跨部门协调机制，如波兰金融稳定委员会（2008年）、美国金融稳定监督委员会（2010年）、印度金融稳定和发展委员会（2010年）、德国金融稳定委员会（2012年）、法国金融稳定顾问委员会（2013年）、南非金融稳定监督委员会（2015年）等；二是以央行为核心，如英格兰银行及其附属机构金融政策委员会（2012年）等；三是超主权的协调机制，如G20原金融稳定论坛（FSF）转为全球性金融稳定协调机制，更名为金融稳定委员会（FSB）（2009）、欧洲系统性风险委员会和欧洲金融监管体系（2011年）、欧洲银行业单一监管机制（2013年）等。金融监管协调的演进历程如表22.1所示。

---

* 李雪静，上海立信会计金融学院副研究员。研究方向：金融理论与实践。王美馨，上海立信会计金融学院2017级金融10班。陆景开，上海立信会计金融学院2016级金融学2班。

表 22.1　　　　金融监管协调的演进历程

年份	20 世纪 30 年代以前	20 世纪 30 年代至 70 年代中期	20 世纪 70 年代末至 90 年代中期	20 世纪 90 年代末至 2008 年	2008 年至今
背景	自由竞争	大萧条	金融自由化	央行与监管机构分设	次贷危机引发全球金融危机
经营模式	混业	分业	开始混业	混业过度	结构性分离
金融风险	不断累积	受到约束	不断累积	逐渐达到高峰	全面防范
金融监管协调	自愿协调	各自为政	补充协调	协议约定	独立运行

资料来源：钟震．金融监管协调：通道理论的提出及应用［J］，财贸经济，2018（9）：62.

涉及金融监管协调的相关研究包括利用系统论、信息不对称理论、协同论、博弈论、成本效益论、制度经济学理论、公共利益理论、通道（AISLE）理论等对其进行理论解释。其中：系统论主要认为单个金融监管机构是金融监管系统中的一个子系统，在“整体利益大于局部利益之和”的观念下，加强金融监管机构之间的协调与配合，关系到整个金融体系的安全与稳健。信息不对称理论认为，信息不对称程度与金融监管效率是负相关的，应建立金融监管机构之间的协调机制，降低信息获取成本，从而提高金融监管效率（苗文龙，2016）。

罗嘉、李连友（2009）从协同论的角度将金融监管协调分为三个层次：①金融监管主体在依法实施监管活动时应采取多种形式和层次的协同配合，在宏观上产生功能机构，促使金融系统发展成能产生有序结构的协同系统；②在金融监管系统中，对系统变化起主要作用的序参量促使金融监管系统向着有序状态发展；③通过金融监管系统各子系统之间的协同管理、协调配合来防范整个金融监管的系统性风险，研究出其内在规律和发展方向，促进金融系统的安全、合理及高效发展。

李成等（2009）、肖畅（2015）、刘相友等（2010）认为，在多头监管、分业监管及国际监管合作模式下，各监管主体的监管目标不同，监管过程中策略选择也存在差异，面对同一监管对象时，监管主体相互之间存在博弈策略选择，共同实施监管时可能会出现监管重叠和监管冲突。在制度安排上引入协调机制是强化监管协同的根本方法。

成本效益论认为金融监管协调目标包括降低监管成本和提高监管效率，合理衡量效益和成本之间的关系是金融监管协调存在的关键。

制度经济学理论认为金融监管协调是一种金融制度，制度带来的报酬递增决定了制度变迁方向，自然有其独特的路径依赖性。

公共利益理论认为金融监管协调的建立将带来积极和消极两个方面的公共利益：积极方面包括金融市场稳定效应、投资效率效应；消极方面包括替代效应、非公平效应等。

钟震（2018）认为，金融监管协调机制国际改革“从低到高”遵循“目标（Aim）→信息（Information）→制度（System）→法律（Law）→执行（Enforcement）”的演变路径。

可见，金融监管协调是金融监管体系的有机组成部分，是金融监管体系发展到一定阶段的产物，也是基于原有金融监管体系的制度变迁，其运行顺畅与否关系到政府与市场之间是否平衡。金融监管协调只有做到系列化、组合化、多元化才能有效发挥作用。

（二）金融综合监管的国际经验

迄今为止，国内外对金融综合监管尚无统一的定义。纵观国际上各国和地区的金融监管体制，可分为：分业监管①、统一监管②和介于两者之间的不完全统一监管③。

随着金融创新的不断深入，尤其是互联网金融等新兴金融业态的快速发展，金融综合监管的内涵不能仅仅理解为统一监管或不完全统一监管，而应多视角、多层次、综合理解其内涵：一是，金融综合监管要强调监管主体的综合协调。随着金融混业经营的日趋发展，金融综合监管主体安排上要加强监管协调和分工明确，至于是采用统一监管、不完全统一监管还是加强分业监管协调等模式，都是可以探索的，不必拘泥于形式。二是，金融综合监管模式上要体现宏观审慎与微观审慎的结合。宏观审慎监管的目标是防范系统性风险，维护金融体系的稳定；微观审慎监管的目标是控制金融机构或行业的个体风险，保护投资者利益；只有二者有机结合，才能达到有效监管目标，维护金融体系的稳定与健康发展。三是，金融综合监管的重点应偏重“事中和事后监管”。金融监管要将事前、事中和事后监管有机综合。随着国际经贸新规则的不断变化，当前监管的重点更多地已从“事前审批”转变为重视“事中和事后监管”，金融综合监管要符合这一思路和要求。

目前，国际上具有代表性的金融综合监管模式主要是美国、英国、欧盟和新加坡。

---

① 所谓分业监管，即按照行业划分，分别成立银行监管者（中央银行或银行专门监管机构）、证券监管者和保险监管者，分别对银行、证券和保险行业实施监管；监管者之间不存在组织结构上的隶属关系，各自在法律对其授权的范围内行使监管权力、履行监管义务，其他监管者不得越权监管。

② 所谓统一监管，是指对金融机构、金融市场和金融业务均由一个统一的监管机构负责全面监管，监管主体可以是中央银行或其他专设的金融监管机构。

③ 不完全统一监管，是对分业监管和统一监管的一种改进型体制，按照监管机构不完全统一和监管目标不完全统一划分为牵头监管体制（巴西、法国）、双峰式监管体制（澳大利亚、奥地利）和伞形功能体制（1999 年后的美国体制）。所谓牵头监管体制是指在各分业监管机构之上设置一个牵头监管机构，负责不同监管机构之间的协调工作，实质也是一种分业监管体制，是在分业监管主体之间建立了一种合作、磋商与协调机制；所谓双峰式监管体制是指根据监管目标设立两类监管机构，一类机构对所有金融机构和金融市场进行审慎监管，以控制金融业的系统性风险；另一类机构专门对金融业务进行监管。所谓伞形功能监管体制是指成立金融持股公司，该公司对银行、证券、保险、互助基金等业务实施综合监管，同时，联邦储备委员会对该公司进行综合监管，且金融持股公司按其所经营业务的种类不同接受不同行业的主要功能监管者的监管。

1. 美国

美国的金融监管架构是“双层多头”格局，由众多且权力交叠的联邦和州监管机构组成。当金融危机出现时，通过建立新的监管机构来应对，而不是扩展原有监管机构的管辖范围。因此，美国监管机构的数量是越来越多的，造成了金融机构应对监管的成本越来越高，且多头监管也容易诱发监管松懈，信息交流效果有限。同时，在监管方向上，美国实际上还是实体监管，只在对金融控股公司的监管上实现了小范围功能监管，真正意义的功能性监管并未实现。

美国1933年的《银行法》（即《格拉斯－斯蒂格尔法》）确立了证券业与商业银行分业经营的格局；而1999年通过的《金融服务现代化法案》则为混业经营和功能监管奠定了坚实的法律基础，也开启了美国自20世纪90年代以来集中统一监管与综合性监管相综合的“双线多头”“伞”式监管格局（见图22.1）。金融监管也从个别、分散走向了综合、统一。但这种模式也带来了监管错位与滞后、监管体系机构众多、权力分散、监管职能重叠等问题。

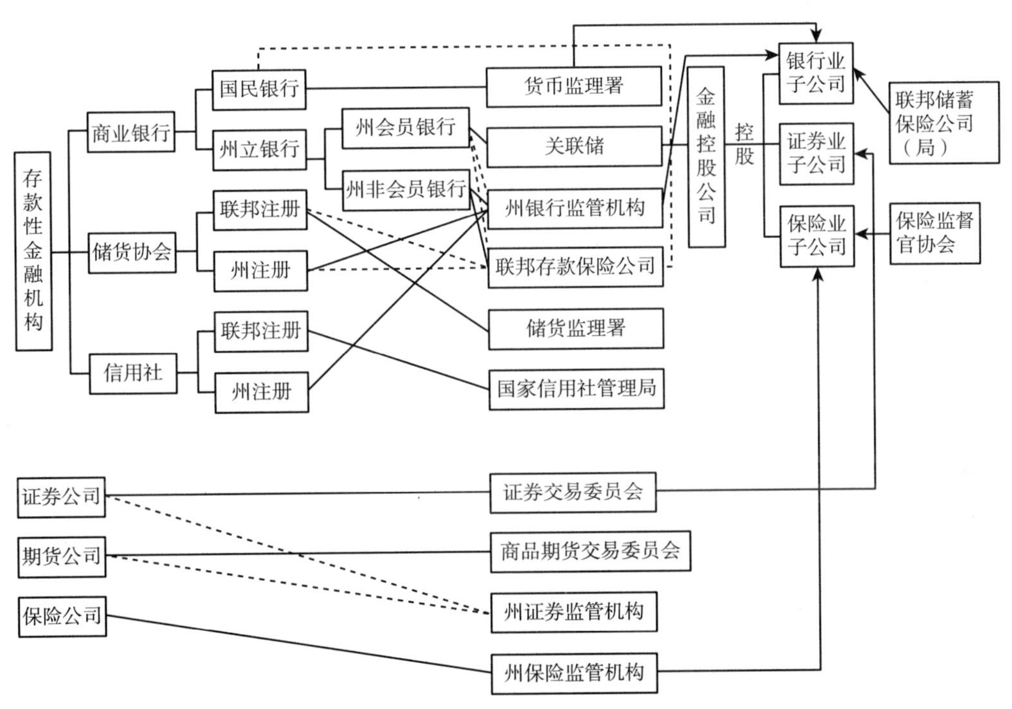

图22.1 美国的“双线多头”“伞”式监管模式

注：实线为主要监管机构，虚线为辅助监管机构。

2010年，美国通过的《多德－弗兰克法案》重构了金融监管框架，该法案以防范系统性风险和保护金融消费者权益作为核心目标，加强了对金融行业间的并购和金融控股公司的监管。新法案也带来了金融监管结构体系的变化，即新设立了金融稳定监督委员会负责系统性风险的监管和控制，并对大型的金融机构从事高风险活动进行识别并采取相应应对措施来管理风险。同时，强化了美联储的监督权力，美联储对金融稳定监督委员会认定的重要性风险机构进行直接监管。美联储系统下新设消费者保护局，负责保护消费者免受非法金融欺诈。该法案还对大型金融机构的自营交易进行了限制，并赋予联邦政府关闭濒临倒闭的大型金融机构的权利，并对信用评级机构提出了严格监管。

总体来看，美国的监管针对不同类型机构，采用了不同的监管模式。①针对存款类金融机构，大多采用了联邦和州的双层多元监管体制；②针对非存款类金融机构，由于该类机构不吸收公众存款，不会引起系统性金融风险，不需要联邦监管，仅由各州监管；③针对非法集资活动，首先，美国地方监管体系发挥了重要作用。在美国，公开对外募集资金必须取得相应的金融牌照，有的牌照由联邦政府发放，有的牌照由州政府发放，但二者是“不留空白点”的分工体系，且只在一个州拥有牌照，在其他州经营业务也是非法的，这种管理体系不易形成重大非法集资案例。其次，美国较完备的法律规定和判例，使得非法集资行为的界定和管理有法可依。最后，美国“好讼重罚”的法律文化也起到了威慑作用。

2. 英国

2013 年 4 月正式生效的《2012 年英国金融服务法案》开启了英国新的金融管理体制序幕。英国对金融监管体制进行了彻底而全面的改革，赋予了央行宏观审慎和微观审慎双重监管职责。同时，英国在 2015 年 7 月又发布了《英格兰银行议案：技术咨询稿》（以下简称《议案》），进一步深化了金融监管体制改革，调整了金融监管框架（见图 22.2）。

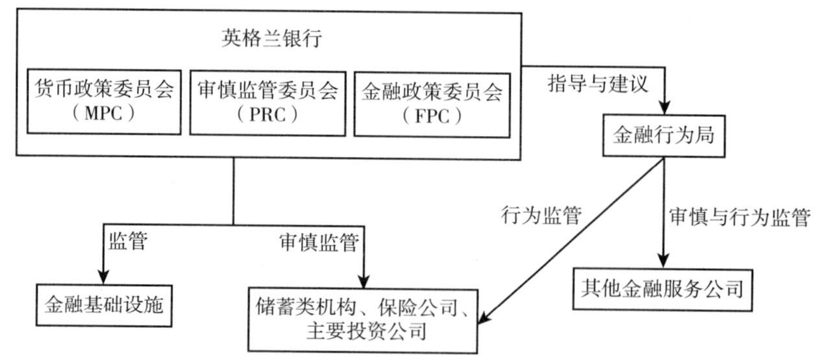

图 22.2 目前英国的金融监管体制（2015 年后）

3. 欧盟

2010 年 9 月，欧盟成员国财政部长通过的《泛欧金融监管改革法案》开启了欧盟全新的泛欧金融监管体系。这是首部突破国家间界限、跨国的金融监管法案。欧洲系统性风险委员会（ESRB）和欧洲央行分别履行宏观审慎和微观审慎监管职责。欧洲金融监管体系（ESFS）如图 22.3 所示。

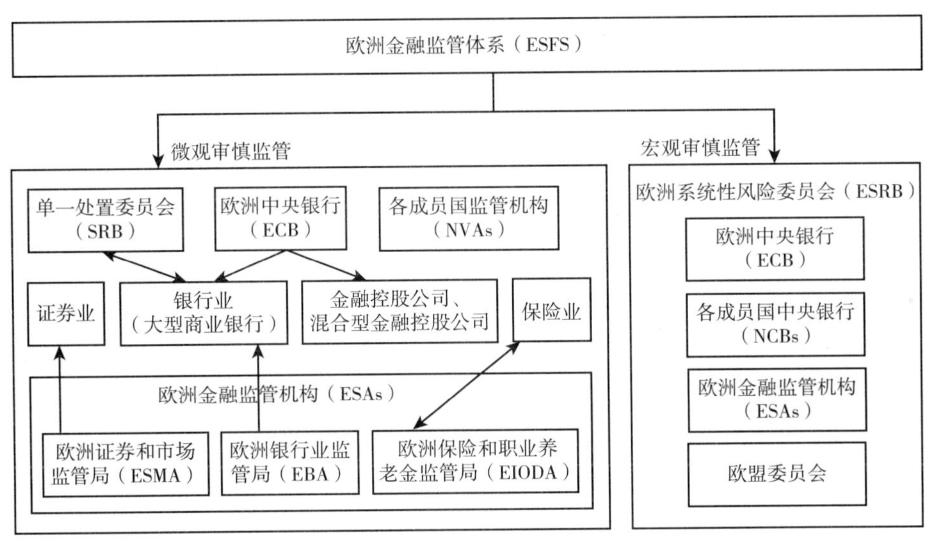

图 22.3 欧洲金融监管体系（ESFS）

4. 新加坡

新加坡采用的是大金融监管模式，金融监管主要是由新加坡金融监管局负责，具有央行金融调控与金融监管两大职责。2008 年金融危机后，新加坡进一步扩大了金融监管局的职权范围，除属于央行职责的货币发行权力外，新加坡金融监管局同时对本国银行、证券、保险业等全部金融机构和金融市场进行统一规范管理，形成了其集中、高效、统一的大金融监管模式。

从上述各国金融监管重点来看，目前各国在金融监管上的主要特点：一是，强调宏观和微观的双重审慎监管，并强化了央行的金融监管权；二是，重视金融消费者保护；三是，加强监管信息的透明度；四是，注重有法可依，明确分工，注重机构协调。

二、中国金融综合监管发展及长三角实践

（一）目前中国金融监管模式的特点与问题

目前，中国金融监管模式是以《中国人民银行法》为核心，以《商业银行法》《证券法》《保险法》《信托法》等为基础，“一行三会”及其派出机构为主要架构的金融分业监管、部门合作的机制。这种监管模式以“合规监管”为主要目标，以“行为监管”为方向，以“条线”为职能区分，以“机构”为监管对象，以“事前审批”为抓手，随着金融服务一体化的加深、金融混业经营趋势的加剧、政府管理模式的转变，现有金融监管模式面临的问题与挑战也逐步凸显，具体表现在：

（1）现有金融监管模式缺乏对风险的有效综合预判。现有金融监管是以“合规”为监管目标，这是典型的“事前监管”，它对事前准入存在较高限制，但对事后的经营跟

踪不够，风险考察点单一，且随着金融一体化和混业经营的加剧，市场往往先于监管实现金融创新，这些问题都使得现有金融监管在风险的把控和金融创新面前显得更加无力。

（2）现有金融监管模式滋生隐性业务，加大监管难度。“事前监管”在准入门槛上设有较高限制，不但降低了金融竞争，导致市场扭曲配置资源，无法真正实现金融安全；而且激发金融机构进行政策规避，滋生隐性业务及隐性风险，从而加大监管难度。

（3）现有金融监管模式存在监管真空。行政执法需要有授权，以“条线”为职能区分的监管模式往往使得监管主体无明确授权的金融创新领域存在监管真空；同时，随着金融机构业务发展中交叉跨市场、跨领域整合经营越来越频繁，混业经营使得原有以机构为对象的监管模式带来监管交叉和职责不清问题。

（4）现有金融监管模式存在政策内容缺乏连续性问题，导致市场信任危机。现有金融监管政策制定标准相对模糊，缺乏透明度，政策意图往往随着市场而变化，时常在“宽”与“严”，“放”与“收”之间摇摆，甚至有些政策存在“一刀切”，这些都使得企业机构在开展业务时存在政策风险和顾虑，市场和政府缺乏有效沟通且市场对政策难以进行有效预期，为企业机构择机开展业务带来困难。

（二）我国中央层面金融监管协调机制的发展过程

金融开放是一把“双刃剑”，在提高金融效率的同时也会带来风险，加剧金融的脆弱性，因此，需要进一步完善金融监管。同时，近年来随着金融机构混业经营加剧，以互联网金融为代表的金融创新日渐活跃，以往“一行三会及其分支机构”为体系的条线监管机制已越来越不适应金融环境的发展，暴露出的诸多问题迫切需要金融综合监管体制创新。

（1）经济转型升级需要完善的金融综合监管与之相匹配。随着国家“一带一路”倡议，人民币国际化、供给侧改革等国家战略的不断推进和深化，金融在服务实体经济，加快产业转型升级、促进对外开放方面的作用越来越重要。因此，必须要有与之适应的完善的金融综合监管。

（2）金融创新发展需要变革的金融综合监管与之相适应。从国际来看，2008 年金融危机后，市场主导的“金融自由化”监管思路遭到质疑与挑战，全球范围迫切需要探索新的金融综合监管体制来适应金融市场的发展；从国内来，中国产业结构和经济驱动方式的转变、间接融资向直接融资方向的发展、多层次资本市场建设、现有混业经营与分业监管错配等问题，使得金融综合监管体制变革迫在眉睫。

我国于 2013 年建立了以“一行三会”为主体的金融监管协调部级联席会议制度，首次将金融监管协调推向正式化、制度化轨道。但联席会由于并不改变现行金融监管体制，不替代、不削弱有关部门现行职责分工，不替代国务院决策，重大事项按程序报国务院等现状，在运行实践中仍存在较大局限性。之后，为了更好地推动金融监管协调，党的十八届三中全会、五中全会、“十三五”规划、党的十九大等重要会议都做了相关部署。习近平总书记在《中共中央关于制定国民经济和社会发展第十三个五年规划的建议》的说明中特别指出“要坚持市场化的改革方向，加快建立符合现代金融特点、统筹协调监管、有力有效的现代金融监管框架”。为了在更高层次上推动金融监管协调，2017 年在全国金融工作会议上宣布了在“一行三会”之上设立国务院金融稳定发展委员会作为国务院统筹协调金融稳定和改革发展重大问题的议事协调机构。2018 年 3 月，经十九届三中全会和第十三届全国人大审议通过，将银监会和保监会职责进行整合，组建了中国银行保险监督管理委员会进一步完善我国金融监管协调问题。

（三）长三角金融监管跨区域协调的必要性

1. 地方金融监管的属地化难以应对跨区域风险

地方金融监管主要是地方金融主管机构在地方政府和国家主管金融相关部门的统一领导下，依据国家有关法律法规在一定权限内对一定地域范围内的金融机构或类金融机构实施的各种监管措施，如机构的市场准入、市场运行、市场退出等，从而保证金融机构稳健运行，推动地方经济和社会和谐发展。

随着中国经济和金融的发展，新机构、新业态的不断出现，地方政府管理金融的层面和范围也在不断延伸、拓展，并在一定程度上弥补了中央部委“自上而下”的监管空白点。

目前，我国地方金融管理体制以不同名称的金融工作办公室（金融办）为主，根据经济发展程度不同，其履职方向也不同。有的以服务为主，有的以管理为主，也有的以服务与管理并重。同时，在职能和架构上并没有国家明确的法律法规和授权，职能往往根据地方政府的经济、金融发展要求，存在很大的不同。从职能上来看，各地地方金融监管部门主要执行和协调中央部委及金融主管部门的相关法律法规、制定区域金融发展规划等，但在具体细分业务或创新业务的监管上则存在很大差异（见表 22. 2）。大多数地方金融监管部门对细分业务或创新业务缺乏监管动力、存在监管“盲点”，这也是目前地方金融管理体制急需解决的问题。

表 22. 2 长三角部分地区金融监管部门（金融办）主要工作职能比较

	执行金融法律法规	协助金融监管	区域金融发展规划	统筹协调金融机构	统筹企业融资	监管金融国资	金融人才引进管理	地方小额信贷监管
上海	√	√	√	√	√	√	√	√
浙江	√	√	√	√	√		√	√
江苏	√	√	√	√	√			

与此同时，地方金融监管的权利基本被限制在本区域之内，但随着信息技术的发展，信息、资本、风险的布局也发生了重大变化，给地方金融监管带来了更多挑战，尤其是目前“7 +4 类”① 的业务中有多项业务不同程度涉及跨区域、跨机构和跨市场问题，因此，金融监管通过跨区域协调来处置跨区域风险任重道远。

2. 跨区域金融服务要求跨区域协调金融监管

金融服务是长三角迈向“全国发展强劲活跃增长极”的重要推动力。长三角地区是我国经济最具活力、开放程度最高、创新能力最强的区域之一，也是“一带一路”和长江经济带的重要交汇点。2018 年 11 月 5 日，习近平总书记在首届中国国家进口博览会开幕式主旨演讲中做出“将支持长江三角洲区域一体化发展上升为国家战略”的重大决定，标志着长三角从区域性发展迈入国家层面推动高质量发展的新纪元。长三角地区三省一市共 26 个城市，常住人口 2.2 亿人，创造的 GDP 产值接近全国的 1/4。长三角地区经济发展对我国经济发展具有举足轻重的作用。

长三角地区以上海为依托，金融业快速发展，集聚了银行、证券、信托等众多金融机构。目前，中国经济进入“新常态”的发展阶段，追求高质量经济发展方式的过程中，必须要有金融来为实体经济提供服务和支撑。长三角区域一体化战略的升级，需要金融来赋能。长三角一体化过程中，金融一体化是重要的一环。金融只有更好地服务实体经济，优化资源配置，促进企业成长，才能为区域经济发展提供动力，才能更好地实现高质量的金融供给。金融服务将带来金融集聚，金融集聚已成为现代国家金融发展的必然趋势，是区域经济增长的重要来源。目前，长三角的金融业发展已呈现出相对明显的集聚趋势，产业结构也得到了一定的优化和调整，对其他地区发展转型具有一定的参考作用，长三角金融服务的提升必将推动长三角迈向“全国发展强劲活跃增长极”。具体来说：一是，金融服务将有助于长三角普惠金融的发展。长三角地区是国内金融的前沿阵地，深化区域金融合作，能够更好地发挥长三角在深化金融改革、扩大金融开放方面的引领作用。长三角地区聚集了大量具有活力的小微企业和民营企业。这些企业是长三角区域技术创新的活力之源和经济发展的重要组成部分。它们在长三角一体化过程中发挥着创造就业、研发和技术创新、优化资源配置等重要作用，但融资难、融资贵的问题始终是部分民营企业面临的问题。金融服务力度的提升，将有助于长三角地区普惠金融的发展。同时，发挥上海作为金融中心的作用，依托上海齐全的要素市场扩大企业融资渠道，更好地服务企业。二是，金融服务将成为长三角打造标杆的基本要素。长三角区域市场化程度高，优质企业对金融服务的综合能力要求高，对服务速度、融资条件、产品创新等方面都有较高要求。同时，长三角区域内互联网 + 、物流等新兴行业发展迅速，新业态、新商业模

---

① “7 +4”类业务是指由中央监管部门制定规则，地方金融监管部门实施监管的“小额贷款公司、融资担保公司、区域性股权市场、典当行、融资租赁公司、商业保理公司、地方资产管理公司”七类机构；由地方进行金融监管的“投资公司、开展信用互助的农民专业合作社、社会众筹机构、地方各类交易场所”这四类机构。

式层出不穷，也需要金融机构产品创新和金融科技服务能力的提高。金融服务将成为长三角发展中打造“高质量发展样板区”“现代化引领区”“区域一体化发展示范区”的基本要素和核心优势。三是，金融服务将有助于长三角发挥“新时代改革开放新高地”的核心优势。借助上海自由贸易试验区建设，通过将上海金融要素市场服务能力向长三角地区延伸，利用金融要素市场创新和长三角金融机构的协同，将会更好地实现融资、投资、贸易、避险等方面的便利化和专业化，有助于促进长三角一体化的进程。

可见，金融服务对长三角一体化的意义非凡。但由于行政区划和监管原因，金融机构跨区域提供金融服务时很容易遇到障碍，如信贷业务等。但企业经营往往是跨区域的，同时，从我国融资结构来看，仍是以银行信贷为主。但银行往往是属地化经营和属地化监管，这使得各地监管标准、准入要求、业务流程等方面均有所差异，不利于金融资源自由流动，这客观限制了企业的异地贷款。即使是提供常规的金融服务，往往也受限于属地化，尤其是在地方性金融机构（如农商行）表现更为突出，这既不利于服务实体经济，也不利于金融机构本身的发展。只有长三角金融一体化，才能不断提升金融机构效率，提高金融服务质量，使实体经济获益。要想实现这一目标，在监管上就要建立金融监管协调机制，打通制约金融一体化的瓶颈。

同时，随着长三角区域一体化快速发展，融资需求跨区域化和多样化特征也越来越明显。目前，越来越多的跨国公司和中大型规模民营企业将地区总部、投资性公司、研发公司、金融结算中心、仓储和分拨中心等放在上海，而生产性基地和中心则分布在其他省市，尤其是江浙区域，存在跨区域金融服务的需求。

此外，虽然我国在20世纪90年代开始推动“政务上网工程”，但金融行业仅在垂直模式下形成了内部网络互通，而横向互通仍没有实现。长三角地区亦是如此，尚未形成金融横向的网络互通。早在2017年，中央网信办、国家发展改革委与有关部门曾联合印发了《关于开展国家电子政务综合试点的通知》，上海、江苏、浙江作为首批开展国家电子政务综合试点工作城市，但整个长三角地区仍存在数字政务用户两极化发展，源代码标准不一、互通接口不畅等问题，再加之法律法规不明使得数据归属权成为一大问题，这些都对长三角金融协同数字化管理带来挑战。尤其是金融部门之间的数据并没有实现互通，这阻碍了长三角金融机构金融数据的互联互通与共享，阻碍了长三角金融一体化进程。

三、政策建议

跨区域金融监管协调是各种机制的组合，需包括信息共享、分工安排、协同方案等要素。也就是说，金融监管协调机制要做好对监管对象的信息、数据的收集和共享；要做好对现有金融机构、金融产品乃至新型金融创新领域的监管分工制度安排；

要做好在政策制定、工作安排、执法行动等日常磋商协同、冲突解决及必要情形下的应急措施等。

（一）加强地方监管机构之间的沟通

为防范跨区域金融风险，进一步完善地方金融监管体系，地方金融监管当局之间应当积极沟通，有效合作，形成合力。可考虑，在长三角地区发布实施监管细则，杜绝监管套利；对于跨区域的金融风险，要打破区域壁垒和信息壁垒，让违法违规行为在第一时间被识别，提高跨区域金融风险的联动防控能力。

（二）不断创新新型监管机制

信用是现代经济、金融的基石。金融市场的风险很多追本溯源都来源于信用风险。“信用修复”“信用重建”应是新型地方金融监管体制的基础。为此，长三角地区应加强监管的数字化管理，用数字化与事前、事中、事后监管环节相结合，以市场主体全生命周期数字化监管为目标，不断提升监管能力和水平，进一步规范市场秩序，优化营商环境，推动长三角金融一体化高质量和纵深发展。为此，可考虑：①全面建立市场主体信用记录，尤其是“7 +4”类业务，及时、准确和全面地记录市场主体信用行为，做到信用记录建档留痕，可查、可核、可溯；②将市场重要主体的金融数据与政务数据相结合，动态监管市场主体的信用，形成可持续的数据资金池；③适应长三角一体化发展趋势，运用大数据、云计算、区块链等技术，支持金融协调监管，探索端口接入创新；④以法律、法规和备忘录等形式加强数据资产的制度建设，发挥信用数据的公益性和公共性。⑤鉴于长三角各地基础条件的不同，可采取建立信用监管示范区模式，引导各地协同开展新型监管机制试点。

（三）鼓励金融机构以自发形式开展“金融联盟”，扩大业务触角

在目前金融机构属地化经营和属地化监管暂无法打破的格局下，金融机构可考虑通过在长三角地区形成各种业务“联盟”，互相认证、互认标准，合力开展金融服务。这样不仅可以提升金融机构自身竞争力，也能更好地服务实体经济。

城商行一直在长三角经济、金融发展中伴有重要地位。但由于属地化问题，在发展中一直受限。可考虑借助长三角一体化契机，加大长三角区域内城商行的进一步合作和融合。为此，可考虑：一是，网络互联互通。长三角区域内城商行在网络互联互通上可从简到繁不断推进，从风险较易把握的支付清算系统、信贷风险预警系统、第三方存管系统、公用事业费代缴系统、票据业务系统等，过渡到银行卡系统、自助发卡系统、网银系统、直销银行系统、线上贷款系统、柜面系统等全面、综合的业务系统，最终实现存取款的通存通兑。对重大的、成本高的核心业务系统、IT 建设、金融科技等还可考虑采用联合开发等形式降低单一机构成本，促使区域内城商行形成合力。二是，资金互

流互助。长三角区域城商行可通过相互增加授信额度、联合投资、联合尽调等方式丰富融资渠道，提升项目推进效率，共同拓展优质资产。尤其是对重点项目，可通过联合成立项目组的方式，将优势的投行、风险、同业等条线的专业人员整合，形成合力，促进重点项目落地。在某些具体项目上，也可考虑资金的合作与互助，增加线上、线下资金拆借合作，强化流动性支持。三是，股权和牌照互参互补。为了进一步增强长三角区域城商行的合作，各城商行在增资扩股中可优先考虑其他城商行成员来参股。同时，鉴于长三角区域内各城商行发展的不均衡，可通过建立经营资质和业务平台互补机制，进一步帮助受牌照限制的城商行在业务领域的拓展，加大长三角金融合作的广度和深度，提高城商行的市场竞争力。四是，人才互访互培。长三角城商行应进一步加强人才的相互交流和培养，提高人员综合素质。为此，可考虑建立人才交流机制，定期开展人员交流互动活动，各岗位、各层级均应加强交流，尤其是在IT建设、人工智能、互联网金融、风险管理等方面的高端人才，更应加强人才资源的共享。为了促进城商行的互联互通，在金融监管上也需进一步打破一些限制。

（四）加大长三角区域金融监管与司法联动合作的力度

长三角区域一体化的过程中，防控金融风险一直是重中之重。区域性风险一直备受中央和地方政府的关注。同时，风险的区域内交叉金融风险、类金融的外部传染等风险始终是需要重点关注和防范的。为此，除了单纯依赖于金融监管部门的有效和跨区域协调监管外，还应加强区域金融监管与司法的联动性，加强长三角区域社会信用体系建设，通过平台共享与联动及时发布、共享失信及涉案人员名单，加大执法力度，使执法监督与日常监管联动，严格高风险行业的市场准入。

（五）加强金融监管的理论和人才培养

积极构建协同的人才培养机制。金融监管不仅是政府相关部门的职责，也需要金融机构、非金融机构等相关主体的深入理解和学习。因此，应进一步加强政府、企业、高校、科研院所等多主体合作机制，遵循利益共享、责任共担和优势互补的原则，建立基于利益相关理论的各方协同人才培养机制，共同推动人才吸引、培养和发展机制。

参考文献：

[1] 钟震．金融监管协调：通道理论的提出及应用［J］．财贸经济，2018（9）．

[2] 李成，马国校，李佳．基于进化博弈论对我国金融监管协调机制的解读［J］．金融研究，2009（5）．

[3] 刘相友，梁锐，李成．基于博弈理论的金融监管协调机制与整体效率研究

［J］．统计与决策，2010（1）．

［4］罗嘉，李连友．基于协同学的金融监管协同度研究［J］．财贸经济，2009（3）．

［5］苗文龙．信息约束、协调成本与金融监管模式选择［J］．制度经济学研究，2016（3）．

［6］肖畅．金融监管协调机制的进化博弈研究［J］．经济研究导刊，2015（20）．

［7］邵伟．长三角金融协调苛待数字化管理［N］．上海金融报，2019－10－29。

［8］孔龄方．论地方金融办监管职能的定位及其实现［J］．研究生法学，2017（8）．

23　中美高校教学方式差异及启示

——基于金融学专业的对比分析

刘亚琴　孙叶　张怡婷*

摘要：本文以金融学专业为例，从课程编制、教学实施以及教学评价三个方面，通过比较中美教学方式，揭示国内外教学方式方法差异及对我国的启示，探讨我国高校教学发展及改革方向。

与我国高校教学以授课内容为中心不同，美国大学教学以“学生”为中心，整个教学过程都充分注重学生能力的培养。首先，在课程编制上，在发挥教师专业特长的同时，提供给学生大量课程选择及课程信息，给予学生对课程独立自主的选择权和充足的知情权。其次，在教学实施方面，实行启发式教学，从教学设备、课堂教学到课外学习，重视学生的主体地位，鼓励课堂参与、独立思考、激发其学习主动性和创造性；同时，严格的教学管理在培养学生自律的同时，也对其努力学习形成督促。最后，成绩考核与学生对知识的应用能力关联，而非对课本知识的机械重复，极大地调动了学生知识运用的灵活性和实践分析能力。

通过对比，本文分析了国内高校在上述三方面的不足，及其对学生的知识汲取、能力培养及未来发展可能产生的影响，并尝试从教育体制和教育理念视角寻找原因。

最后，本文揭示了国外教学模式对我国高校的启示，在提取可借鉴之处的同时，也剖析了国外教学方式实施成功的客观条件和可能存在的障碍。

关键词：教学方式；课程编制；教学实施

引　言

由于文化背景及价值观念的不同，中美两国在教育理念上差异很大。总体而言，中国在某种程度上仍属于应试教育——自入学到大学毕业，中国学生在传统的考试选拔制度下，被一层层的考试所筛选，考试通过者被视为成功；美国教育注重学生个体特征，

* 刘亚琴，上海立信会计金融学院金融学院，金融学博士，讲师。孙叶、张怡婷，上海立信会计金融学院金融学院，2019 级金融学本科生。

学生在一次次对课程筛选中找出自己喜欢和合适的课程，自始至终朝着自己的兴趣和适合自己的方向努力。在两种不同的教育理念下，两国的教学实践在课程编制、教学实施以及教学评价上呈现出显著差异，对学生学习和未来发展，也对教师治学教学产生了深刻影响。

无论哪种方式，“把一个适合做木匠的人培养成博士和把一个适合读博士的人培养成木匠，都是教育的失误。把适合做木匠的人培养成木匠和把适合读博士的人培养成博士，才是教育的成功”（聂圣哲，2015）。本文以中美高校金融学专业为例，从课程编制和教学实施以及教学考核三个方面揭示中美教学方式差异，进而探讨大学教学方式发展与改革方向。

一、中美高校不同的教学模式

（一）课程编制

课程编制主要涉及课程安排和教学大纲两个方面。

1. 课程设置差异

（1）基于任课教师角度。从任课教师角度来看，中美高校在课程安排上的差异主要体现在所授课程稳定性及课程与自身专业一致性上。

国内高校教师各学期所授课程往往有所变动，甚至出现所授课程与自身专业或研究方向完全不同的情形。以本校金融学院专任教师为例，2013—2016 年，同一位教师所任教的课程横跨国际金融、银行和证券投资等不同专业方向，课程内容跨度大、课程种类较多（平均每人承担 3 ~4 门课程教学，最多者达 7 门课程），而且每学期课程往往会出现变动。这一情况对新入职教师更为明显。上述状况在国内高校很普遍，而教师所授课程与自身专业不一致也很常见。

所授课程的不稳定以及与自身专业的不一致，长期来看，会给学生和教师自身都带来一定的弊端。课程变动不仅分散了教师精力，不利于深入透彻理解课程内容，而专业方向的不一致制约了教师对课本知识适度拓展，可能会造成课堂教学照本宣科，影响授课效果。

相比之下，美国大学教师所授课程长年不变，而且所授课程与自身研究领域高度一致。任教的不同课程，都属于同一专业方向。教师长年累月重复担任同样的课程教学，即便增设新的课程，也是自己研究领域内的科目。这种课程设置的优点是，教师可以专心把同样的课上好，每一年度都能在上一年度的基础上有所更新和改进，不但有利于提升教学效果，而且教学和研究相辅相成。

本文认为，美国对教师的课程安排方式，是“让学生朝着兴趣和适合自己的方向发展”。这种教育理念在整个教育体系中渗透和延伸。在学生时代，选择自己喜欢的专业；成为教师后，得以继续在自己感兴趣的领域实现教学与研究相长是一件多么幸福的事！

（2）基于学生角度。从学生角度看，课程编制关系到课程选择。而选课单所提供的课程及相应内容，是学生选课的主要信息来源和依据。

国内学生在选课时，往往是在对相关课程缺乏了解的情形下做出盲目选择。从而在日常教学中，教师们会发现两种常见状况：学生对所学课程的预备知识没有了解，或者同样的内容在学生的多门课程中屡次出现。例如，当学生在“公司金融”课程中看到 CAPM 的简略介绍，甚至在“金融计算”课堂上对 CAPM 进行有关计算时，之前却还没有学习“证券投资学”课程中 CAPM 的系统知识；而货币市场、股票市场以及债券市场的基础知识则会重复出现在“证券投资学”“金融市场”以及“金融学”等多个课堂上。课程信息的匮乏导致学生在选课时茫然困惑、缺乏独立性与判断力，影响到课程选择及后续学习。

美国大学的选课单为学生提供了详细的课程信息。图 23.1 至图 23.4 是从 Cornell University 金融专业选课单中摘取的两门课程（“高级公司金融”和“公司金融政策”）信息。

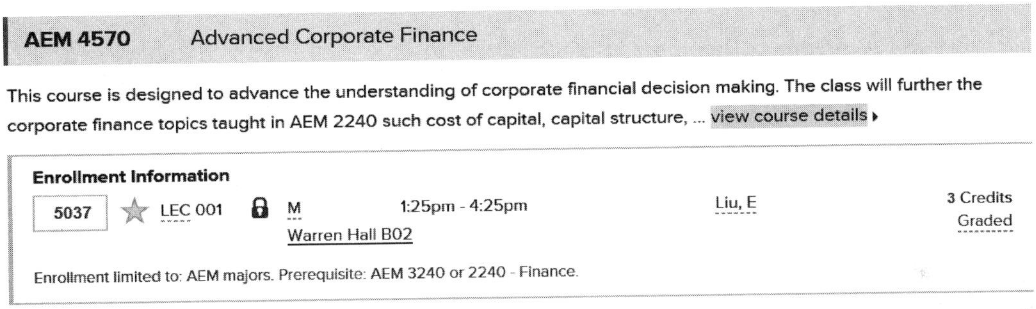

AEM 4570 Advanced Corporate Finance

This course is designed to advance the understanding of corporate financial decision making. The class will further the corporate finance topics taught in AEM 2240 such cost of capital, capital structure, ... view course details ▸

Enrollment Information

5037 LEC 001 M 1:25pm - 4:25pm Liu, E 3 Credits Graded
Warren Hall B02

Enrollment limited to: AEM majors. Prerequisite: AEM 3240 or 2240 - Finance.

图 23.1 “高级公司金融”课程注册信息

NBA 5580 Corporate Financial Policy

and liabilities, as well as their interaction with real-side decisions (investment, mergers, R&D, employment, etc.). It takes the perspective of financial managers at public corporations, individuals ... view course details ▸

Enrollment Information
Seven Week - Second.
Topic: Regular 1st Half Session

14982 LEC 002 MW 10:10am - 11:25am Mar 16 - May 6, 2015 Campello, M 1.5 Credits GradeNoAud
Sage Graduate Hall B05
F 10:10am - 11:25am Apr 24, 2015 Campello, M
Sage Graduate Hall B09

** Johnson and Graduate students ONLY ** Non-Johnson students must see their college registrar regarding policies connected with adding/dropping a second half Johnson School class. A petition may be required. Non-Johnson students must see their college registrar regarding policies connected with adding/dropping a second half Johnson School class. A petition may be required. Add/Drop Dates: Johnson Students ¿ March 16th at 8:00am to March 20th at 4:00pm. Non-Johnson Students: March 19th at 8:00am to March 20th at 4:00pm. You may add or drop a second-half class after March 20th with permission of the faculty. A late fee of $100.00 will be charged for each add or drop transaction. If you are dropping after March 27th you will also receive a "W" on your transcript in addition to the late fees.

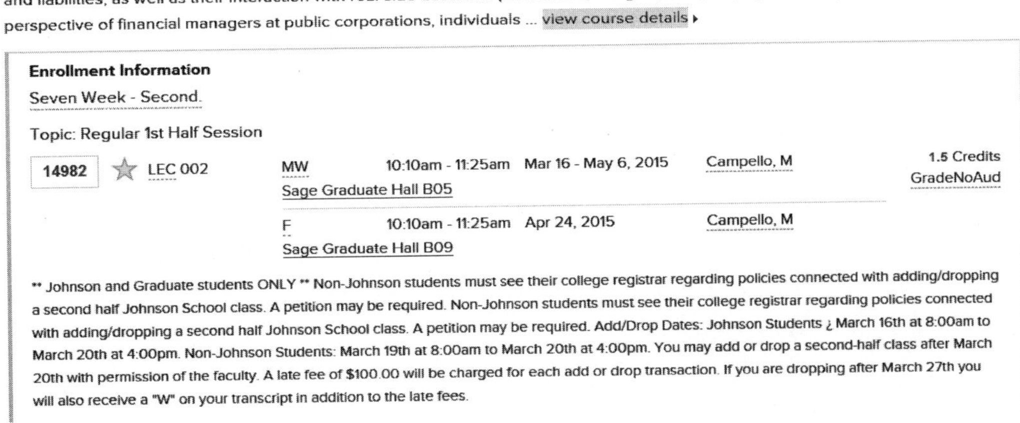

图 23.2 “公司金融政策”课程注册信息

AEM 4570 Advanced Corporate Finance

Course information provided by the Courses of Study 2014-2015.

This course is designed to advance the understanding of corporate financial decision making. The class will further the corporate finance topics taught in AEM 2240 such cost of capital, capital structure, mergers and acquisitions, and dividend policy. Some topics in international corporate finance topics will also be discussed.

When Offered: Fall.

Permission Note: Priority given to AEM students.

Prerequisites/Corequisites: Prerequisite: AEM 2240.

图 23.3 “高级公司金融”课程细则

NBA 5580 Corporate Financial Policy

Course information provided by the Courses of Study 2014-2015.

and liabilities, as well as their interaction with real-side decisions (investment, mergers, R&D, employment, etc.). It takes the perspective of financial managers at public corporations, individuals that are responsible for financial decision-making, as well as that of market participants - e.g., investment bankers, analysts, fund managers - that monitor and evaluate corporate policies. Among other topics, the course will discuss issues related to corporate capital structure, dividend policy, issuance decisions, liquidity management, and risk hedging strategies. The course will do so going beyond standard textbook coverage, making sense of available research on financial policy, looking at what CFOs think via field surveys, studying real-world examples of financial policy-making. All of these elements are integrated and analyzed with rigorous methodology, but the point is to understand the economic objectives financial policies really mean to achieve.

When Offered: Spring.

Prerequisites/Corequisites: Prerequisite: NCC 5060.

图 23.4 “公司金融政策”课程细则

图 23.1 显示，学生从选课单可以得知“高级公司金融”（Advanced Corporate Finance）的开课院系是经济管理学院（AEM），课程难度 4570（课程难度由 4 位数组成，开头数字从 1 到 9，难度逐次上升），下方的两行字对该课程的内容做出介绍，详情可点击“查看课程详情”（View Course Detail）（见图 23.3）。从注册信息（Enrollment Information）中，学生还可以知道经济管理学院（AEM）学生可优先选课，且预修课程是《金融学》（AEM3240 或 2240）。

与之名称相近的一门课是“公司金融政策”（Corporate Finance Policy）。图 23.2 显示这门课信息如下：开课院系是管理学院（NBA），课程难度 5580（课程详情见图 23.4）。注册信息（Enrollment Information）同样注明了上课时间、地点、授课人以及学分。注明管理学院学生优先选课，并明确不同学院学生加选或退课时间以及滞纳金收取。

更重要的是，选课单对每门课都提供了内容介绍，可以帮助学生了解相近课程及其之间的关联与差异（见图 23.3 和图 23.4）。例如，“高级公司金融”与“公司金融政策”，这两门课程名称相近，由课程代码可知后者（5580）难度高于前者（4570），此外两者有何区别?

在图 23.1 和图 23.2 的页面分别点击“查看课程详情”（View Course Detail）后，依次出现图 23.3 和图 23.4 中的课程信息说明。图 23.3 介绍了“高级公司金融”课程的主要目的和内容，并具体指出先行课程“金融学”中所必须具备的知识。图 23.4 中的课程信息则表明，“公司金融政策”不但涵盖了“高级公司金融”的基本知识，而且跳离教科书范畴，通过实地调查以及真实事件的案例等对金融政策作相关研究，同时注明所需要的分析工具以及学习该课程的关键之处，该课程的先导课程是“管理金融”（NCC5060）。

因此，对公司金融感兴趣的学生，不仅可以从选课单知道有哪些相关课程可以选择，还可以了解到这些课程在具体要求、难度、内容、学习方法以及预修课程等方面的关联与差异，从而避免盲目选课。

这种选课单对于国内高校具有参考价值。学生在选课时，不仅可以通过选课单对课程有较清楚的了解，而且可以根据自身需要和兴趣，独立自主选择适合自己当前学习的课程。一方面，有助于学生提前做好知识准备，避免因缺乏预备知识造成对课堂所授内容的理解困难；另一方面也能够节约学生的时间，不必重复学习同一知识（结合教学大纲的信息）。

综上所述，美国大学的课程设置方式，最大限度地发挥了教师和学生的特长，同时给教师较大的工作压力。

2. 教学大纲差异

和中国高校完全不同，美国大学的同一门课程没有统一的教学大纲，由任课教师各自制定大纲。然而，教学大纲在美国大学教学中至关重要。

（1）国内高校教学大纲。以本校为例，教务部门不但规定教学大纲的统一格式，而且主要内容也被统一化。下文为上海立信会计金融学院的本科教学大纲。

《课程名称》

本科教学大纲

课程编号：

上海立信会计金融学院

课程教学大纲编写说明

1. 课程类别，是指制定教学大纲时所针对的课程所属类别，包括通识类必修课、学科基础课、专业必修课、通识类选修课、学科基础选修课、专业选修课、专业实验课等。

2. 选用教材，按作者姓名、书名、出版社、出版年份、版次顺序。

3. 预修课程，一般填列 2 门左右。

4. 课程性质、目的，说明本课程在学科体系中所处的地位，在专业人才培养中的作用，课程的主要内容，通过本课程的教学在知识、能力培养方面应达到的目的。字数控制在 150 字左右。

5. 基本要求，明确本课程应掌握、熟悉和了解的内容。

6. 实践教学课时，是指课程中的实验、上机、听力等形式的教学课时。

7. 参考文献资料，包括参考教材、论文、网站。其中论文不必列太多，按下列格式列出：作者、论文名、期刊名、年份。

8. 课程考核，说明以下情况：

（1）考核方式（考试/考查）。

（2）期末考核形式（课程试卷/课程论文；开卷/闭卷；题型等）。

（3）成绩评定（期末与平时比例）。

9. 平时成绩考核评定范例：

平时成绩考核项目参照表

考核项目	课堂考勤/课堂互动	课外作业	阶段测验	期中测验
考核次数	15	5	2	1
考核分值	15	15	30	40

10. 平时成绩考核评定依据与标准：

（1）每周考勤一次（随机），共 15 次，每次 1 分，共 15 分。

（2）作业共收 12 次，其中 5 次记分（随机），每次满分 3 分，共 15 分。

（3）阶段测验 2 次，利用课外时间（测验时间 60 分钟）（开卷），满分 15 分，共 30 分。

（4）期中测验，利用课外时间（测验时间 90 分钟）（开卷），满分 40 分。

《 ××× 》课程教学大纲（三号黑体，居中）

一、课程基本信息（小四号黑体）

课程名称：（五号黑体） ×××（五号楷体）
英文名称：
课程编号：
课程类别：
预修课程：
开设部门：
适用专业：
学　　分：
总 课 时：　　　　其中理论课时：　　　　实践课时：（以上为 2 倍行间距）

二、课程性质、目的（小四号黑体）　　以下为 1.5 倍行距

×××××××××（五号宋体）

三、教学内容、基本要求、课时分配（小四号黑体）

章节	教学内容	课时数分配		
		总课时数	理论课时	实验课时
第一章 第一节 第二节 第三节 ……	基本要求： 掌握…… 熟悉…… 了解…… 重点难点： ……			
第二章 第一节 第二节 第三节 ……	基本要求： 掌握…… 熟悉…… 了解…… 重点难点： ……			
第三章 第一节 第二节 第三节 ……	基本要求： 掌握…… 熟悉…… 了解…… 重点难点： ……			
……				
合计				

四、课程考核（小四号黑体）

××××××××××（五号宋体）

课程类别：□必修（考试）课程

□除体育类、短学段开设、实践教学类以外的必修（考查）课程

□选修课程　　　　□体育类必修（考查）课程

□短学段开设的必修（考查）课程　□实践教学类必修（考查）课程

平时成绩占________%，期末成绩占________%（见下表）。

平时成绩考核项目参照表

考核项目	课堂考勤/课堂互动	课外作业	阶段测验（口语测试）	期中测验	课程论文/案例分析	课程实验	其他
项目选择	√	√					
考核次数							
考核分值							

注：1. 教师可根据课程特点在“其他”选项中加入适合本课程的考核项目；

2. 考核项目至少应包括课外作业和课堂考勤；

3. 根据各考核项目的重要性及《上海立信会计金融学院课程平时成绩评定实施办法》确定合适的考核次数和考核分值。

平时成绩考核评定依据与标准：

1. ××××××××××（五号宋体）
2. ××××××××××（五号宋体）
3. ××××××××××（五号宋体）

五、教材与参考文献（小四号黑体）

××××××××××（五号宋体）

制定人签名：

教研室或专业负责人签名：

20××年　月　日修订

大纲制定后，被同时任教该课程的所有教师共同遵守，在没有修订通知的情况下，同一份大纲将被持续使用。然而，教学大纲对任课教师的课堂教学具有总体指导作用，对学生似乎并没有体现太多意义。大纲内容与学生并没有体现出密切关联，整个教学大纲似乎是针对教科书，而非针对学生所设计的。

（2）美国大学的教学大纲。美国大学没有统一教学大纲，然而教学大纲的作用异常突出，在日常授课中受到教师和学生双方的高度重视。

教学大纲由任课教师自主编制，没有统一规划的形式，在内容和课程要求上呈现出个性化特征，而且更为具体化。本书以 Cornell University 的金融学专业课程“管理金融”（Managerial Finance）部分教学大纲为例说明上述观点。

suggested problems, align only approximately with the dates within each general topics. However, the dates allocated to each of the eight general topics, the dates that assignments are due, and the dates of exams are firm.

1. Introduction and Tools
26 August (Wednesday)
31 August (Monday)
2 September (Wednesday)
9 September (Wednesday)
14 September (Monday)

a. Arbitrage and Financial Decision-Making
b. The Time Value of Money
c. Interest Rates: Normal, Effective Quotes and Adjustments
d. Background: the economics of interest rates and the term structure; quantitative easing

Skim most of Chapter 3 BDeM, except read Section 3.4 and 3.5 [suggested problems: 15, 19]
Read Chapter 4 BDeM [suggested problems: 13, 14, 25, 29, 33, 41, 49]
Read Chapter 5 BDeM, especially Section 5.1 except for 5.4 [suggested problems: 22, 30, 31]

2. Basic Valuation I
16 September (Wednesday)
21 September (Monday)
23 September (Wednesday)
28 September (Monday)
30 September (Wednesday)

a. Valuing Projects: Investment Decision Rules
b. Fundamentals of Capital Budgeting
c. Valuing Bonds

Read Chapter 7 BDeM, especially carefully Section 7.1 and 7.2 [suggested problems: 6, 16, Data Case]
Read Section 8.1 and 8.2 of Chapter 8 BDeM, skim 8.3 and 8.4 [suggested problems: 5, 10, 14]

Read Chapter 6 BDeM, especially Section 6. 1, 6. 2, skim 6. 3 to 6. 5 [suggested problems: 3, 13, 25]

Read Section 5. 4 of Chapter 5 BDeM [suggested problems: 33, 34]

Assignment: Tobacco Bond valuation [DUE 30 September (Wednesday) 11: 55 AM]

3. Basic Valuation II

5 October (Monday)

4. I will not accept or acknowledge any file sent to me by email or in hard copy form.

5. Full credit will be earned for a complete and careful solution, even if the details are not perfect.

I present a solution and lead discussion of each case or spreadsheet in class on the day it is due.

Professional Behavior

Disruption to the learning environment in class will be judged by the instructor, and final grades will be adjusted accordingly. Disruptive activities include but are not limited to: the use of laptop computers, tablet computers, smart phones, and other mobile phones; ringing phones; private conversations that do not cease when class begins; private conversation initiated once class is underway. Cheating and other violations of academic integrity will be addressed in the final letter grade and with formal administrative proceedings as mandated by Johnson School and OTHER Cornell regulations. Name cars should be brought to every class and displayed.

Some lectures include presentation and discussion of examples or cases. The use of laptop and tablet computers for viewing cases materials and solutions is permitted during those parts of class sessions. All such devices must be powered off at other times.

Final Letter Grades

A rough guide to how final grades will be determined is 30% for the first exam, 30% for spreadsheet and case assignments, 30% for the final exam, and 10% for class participation.

The instructor reserves the right to determine the final letter grade assigned to each student.

Office Hours

I plan to be in the office at least an hour prior to every class session, that is, Mondays and Wednesdays from 10: 30am on, and probably earlier. I can be found at other times and can also be contacted with questions by emails.

If a teaching assistant is allocated to this course, contact information and dates for review session will be supplied.

Warnings

If you register for this class, you agree to accept all course requirements, dates, deadlines, and other procedures outlined in this syllabus and in class discussion. There will be no discussions, pleas, or……

……

资料来源：Cornell University 金融学教授 Warren Bailey "管理金融" 教学大纲第 7 页。

制定教学大纲需要任课教师非常细致严谨的工作。美国教师制定的大纲主体部分包括：

（1）课程内容简介、教学方法以及对学生的总体要求（有些大纲中甚至会将对学生的要求细化，列出课程结束后学生应该可以回答的一系列具体问题），并列出课程阅读资料（包括参考书和期刊文献）。

（2）课程资料。课程资料不仅包括教科书，还包括期刊文献、课程教学网络系统（Blackboard）中的上传资料以及课堂上发放的纸质材料。

（3）授课内容及进度安排。大纲中列出每部分内容的上课时间（日期和星期几）、所对应的课程资料章节（有些会列出页码）、思考题以及作业。

（4）教学大纲对作业要求及其评分、考试及成绩评定予以说明。美国大学十分注重课堂参与（Class Participation），这不仅是指出勤，更是指学生的课堂提问或发言，这一项在上述课程的最终成绩中占10%。

（5）大纲还明确规定了课堂秩序，违纪行为将影响最终成绩。诸如笔记本计算机、手机等电子设备的使用，手机响，开始上课后继续交谈等都属于违反课堂纪律。作弊和其他破坏学术公正的行为不但影响成绩，而且记录在学院和学校监管部门的正式档案中。

（6）大纲注明了答疑时间及联系方式。如果课程安排了助教，则助教的姓名、联系方式以及辅导时间地点也会在大纲中清楚说明。

（7）大纲列出注意事项。所有注册这门课程的学生必须遵守大纲中的要求，在任何情形下对课程管理不得商讨、求情或争议。课程要求或日期节点在任何情形下不得改变，除非学院或校方规章制度要强制执行。但是，院长、副院长等必须能够向任课教师就这些制度做出解释。特别需要指出的是，作业必须单独完成，从网上或其他途径抄袭是违反学校与学院有关学术诚信的规定——同学之间抄袭或讨论作业也在此列。任课教师会在大纲中尽可能囊括常见意外状况，有些教师会对平时考试缺考（不予补考）、成绩重新评定以及行动不便学生听课等都一一加以规定。总之，任课教师对课程管理具有绝对的决定权，并严格恪守大纲。

新学期第一次上课的第一件事就是，任课教师向每位学生分发一份纸质教学大纲。而后每次上课时，教师所做的常规教学准备是打开PPT中的教学大纲。在整个授课过程中，对教学大纲的遵守被师生双方贯彻始终。一方面，教师严格按照教学大纲进行授课，关于课堂管理、作业、考试等安排均按照教学大纲执行，不会在课堂上重复提起。另一方面，教学大纲是学生进行课程学习的重要依据。有关该课程的所有预习、作业和其他要求，学生都自行遵照大纲条目进行。

综上所述，美国大学中，教学大纲的指导意义被切实落实到教师和学生的教与学中。教师在制定教学大纲时拥有完全自主权，有利于更有效率地讲授课程，但是，这种自主权是以高度的敬业态度为支撑的；学生在学习过程中，以教学大纲为指导，充分了解课程安排，从而拥有更多的主动权和目标性，这种主动性是以自觉性和独立性为基础的。

（二）教学实施

1. 教学设备

美国大学的教室除了具备国内高校常用的电子教学设备，还具有一个显著的特征，即良好的声音效果。一方面，声音可以清晰地在室内传达。Cornell University 的很多教室呈圆弧形设计，各角落的学生可以清楚地听见教师授课，而最后一排学生的发言也可以清晰地传递到教室各个角落。即便使用扩音器，话筒也是音质清澈明亮。另一方面，教室的前后门采用厚重木门，将室内外声音隔离开来，室外声音被完全阻隔。因此学生在听课过程中，室内声声入耳且不受室外噪声干扰。

相比之下，以本校为例，教室硬件设备有待改进：第一，教室中的计算机不能连接互联网，在一定程度上影响课堂教学。对于金融学科而言，需要通过上网查看的实时资料无法在课堂呈现。第二，教室声音效果欠佳。大多数教室的扩音器音质昏沉，劣质的音效影响学生听课；而且，教室门窗大多没有隔音作用，两侧教室的声音以及室外噪声干扰教学。

2. 教学时间

我国高校本科生每次授课时间是 90 分钟，以本校为例，一个学年分为两学期，每个学期有 17 周属于课堂教学时间。

美国大学课堂授课时长短于我国，以 Cornell University 的本科生教学为例，每次课时为 75 分钟，每年分春、秋两个学期，每个学期各有 15 个教学周。之所以这样安排，是因为在美国的教育理念中，学生自主性和能动性的发挥一直占据重要地位，从小学直至大学，美国学生的课堂时间都比中国学生的课堂时间要短很多。而学生要自主能动，首先需要有自己控制的时间和空间，只有压缩学生的课堂时间，才能给学生更多的自主时间和能动时间，学生才能有更多的时间进行自学。

虽然美国大学的课时量与课堂教学时间较少，然而丝毫没有影响课堂所提供的知识量和学生对知识的掌握。那么，如何在短暂的课堂时间内实现教学效率的最大化的？这与教学方式，教师的教和学生的学，是分不开的。

3. 教学方式

国内大学课堂最常见的方式是一言堂，教师讲、学生听，即便教师提问学生也极少有回应，课堂教学表现为教师单向输出知识、装进学生大脑的过程。常见表现为，教师围绕教科书讲解，授课内容往往照本宣科；学生在课堂获取知识的方式是对照着书，或听或记。一般而言，如果记住上课要点或记得很全，考试时就可以取得不错的分数。教师对于教学管理，重“课堂出勤”轻“课堂参与”，即只重视“学生出现在课堂”这种形式，而忽略了“学生出现在课堂”的意义。即便教师以提问的形式来实现“课堂参与”，学生也往往选择沉默以对；如果“课堂参与”被纳入平时成绩，通常也是在学生问题回答“正确”时才能得分，而答案“正确”与否，评判标准往往是唯一的。因此，课堂上，学生罕有表达自己的想法或疑问的机会。这种单向的授课形式、固化的对错标准，可能导致思维单一化，抹杀了学生的创造力。

与之相比，美国大学课堂则注重激发学生创造力和独立思考的能力，教学过程是师生不断相互提问、双向交流的过程，这对授课教师和学生都提出了极高的要求——前者主要体现在课堂，后者主要体现在课外。

（1）课堂教学。首先，教师恪守教学大纲，教与学有序进行。开课后第一件事是，对应教学大纲中列出的上一次课的日期和主题，简明扼要地总结回顾后询问：大家对上一次课内容有没有问题？得到确认后，在教学大纲中明示当天的日期和主题，开始授课。授课内容严格按照大纲进度展开（如课程进度超前或落后于大纲，则在制定教学大纲时提前将这种可能性及其原因列明），因为学生在课外是按照教学大纲安排学习，对大纲的违背意味着扰乱学生的学习进程。教师严谨的时间观念和对授课内容的娴熟掌控，得以保障教学的同步。

其次，教师对授课内容非常娴熟，且其对专业领域研究促进了课堂教学。整个课堂教学过程按照课件推进，内容紧凑丰富、重点难点层次清晰、节奏很快，没有时间拖沓浪费。在授课的过程中，学生会不时发问，教师立即解答释疑。学生的问题常常是联系现实经济即兴产生，教师只有在专业领域中长期研究进行知识积累，才能在解答问题时信手拈来理论与案例。

再次，教师善于启发学生思考、激发学生的创造性。“大家有问题吗？”这句话贯彻课堂教学的始终，在每一次课开始、中途以及结束，教师会反复询问。学生有问题在课堂上随时提出，而非留待课后解决。教师会耐心回答问题，直到没有学生提问时，才接着往下讲。课程学习要求让学生带着问题和思考听课，对存疑之处，随时举手发问；对老师提出的问题，自由地表达观点。教师不会在意讲课时被学生打断，而是鼓励学生课堂参与——“课堂参与”绝不等同于“学生出勤”，学生的发言，尤其是有建设性的问题、多元化的观点更受鼓励。学生通过课堂参与以理解课程内容、探讨合理的多种解释和答案。而且，“课堂参与”的成绩评判不是基于学生回答出所谓的“正确”答案，而是取决于学生对上述过程的贡献，实际上教师也并不认为答案固定唯一或有对错之分。而具有启发性的问题和解答，在师生相互提问、不断解析的过程中产生碰撞。

最后，教学管理严格。虽然课堂教学气氛自由平等，但是教师对于教学管理坚守原则、非常严格。例如，对于学生作业，美国学校有两个主要要求：一是必须单独完成。作业是一个学生真实水平的反映，老师根据学生的作业评定学生的学习状态。如果作业有困难，同学之间是不得交流的（小组作业可以由组内成员集体讨论）。如果在作业上和其他同学商量，是一种不诚实的行为。教学大纲中也明确禁止这一行为，教师对作业抄袭或类似行为予以查验，如有发现则施以严惩。二是作业必须按大纲中规定的时间提交。守时非常重要，如果作业提交迟于规定时点，教师拒收，没有商量的余地。教学大纲中其他课程管理规定，教师和学生一一遵照执行，在日常教学中，教师不会再提醒学生。

（2）课外教学。在课外，教师有关教学的工作是答疑。学生如有问题可以在教师的答疑时间（Office Hour）去其办公室，答疑时间一般是当天课堂教学后的 30 ~ 60 分钟；非答疑时间，学生通过 Email 向教师提问，所有邮件都会得到回复；学生也可以在下一次课开始时提问。

对学生而言，课程速度快，课外学习是课堂学习的重要前提。首先，是对 Blackboard（网上教学资料平台）和教科书的课程资料学习。Blackboard 中有任课教师上传的课程资料及作业等，学生按照教学大纲中的要求执行。学生上课时边听边问，而学习课本，也是学生必须自己在课外完成的。其次，教学大纲中列出的大量文献，以及上课时发放的学习材料，也需要在课外阅读完毕。最后，完成作业。作业对理解课程很重要，课程学习依赖于作业。只有每周认真看书和完成作业，才能跟上课程进度。通过课外学习，学生带着问题进课堂，到课堂上寻找解决问题的方法和答案。因此，美国学生课外时间紧张忙碌，非常勤奋用功，有随时随处学习的习惯。

综上所述，美国大学的教学充分体现了以学生为中心。教师注意学生上课的反馈，鼓励学生不断质疑、主动学习、独立思考。这种教学方式不但提高了学生的阅读和理解能力，而且锻炼了其思维和表达能力，远强于死记硬背。学生对知识的掌握，依赖于学习过程中的不断思考和学习的能动性。

（三）教学考核

教学大纲中的一个重要内容，就是学生的成绩考核方案。一般而言，最终成绩由课堂参与、作业、期中考试和期末考试所组成。

学生考核与国内存在两大差异：一是出题方式。试卷由各任课教师自行命题，考前不在课堂上做任何复习。美国教授着重于对知识的理解和运用，出题方式很“活”，哪怕背熟了定义或理论，也不能照搬来答题。想拿高分，就一定着重理解，花大量时间去理解书本，把里面的知识灵活运用。分数固然重要，但美国教授觉得能力的培养更为重要，他们不想培养“高分低能”的学生，这可能是美国教育的强势所在。二是淘汰不合格的学生。我国的在校大学生，只要不出现重大的违法乱纪行为，一般都能顺利地拿到毕业证书。美国大学成绩分为 A、B、C、D 四个等级，如果 C、D 等级科目累计较多，学生会被退学。这对我国教育部所提出的狠抓大学生质量、合理增负（教育部，2018）具有借鉴意义。

二、美国大学教学模式对我国教学改革的启示

（一）可借鉴之处

与我国大学教学注重教学内容相比，美国大学从课程设置、教学大纲、教学实施到

教学评估，体现出以培养“学生”为教学中心。由于各种主客观原因，目前我国本科院校的金融学实践教学模式仍有诸多有待改善之处，美国大学教学方法的以下优势或可借鉴：

（1）美国大学教学中更注重启发式讨论。启发式教学表现为学生和教师之间、学生和学生之间的讨论与争论，有助于调动学生的创造性和积极性。美国的教学注重鼓励学生独立去发现问题、思考问题，尝试多途径去解决问题。而在国内以灌输式讲授为主问答单一的教学模式中，问题讨论在课堂活动中的地位有待增强。

（2）案例教学应用更为广泛和彻底，特别是金融学。美国大学教学中，教师从日常生活、学习和科研等各种来源中积累了丰富案例，在教学中随意拈取，理论教学不流于空泛或照本宣科，学生既提高了兴趣又提高了实践分析能力。

（3）鼓励各种形式的实践教学形式。例如，案例教学、录像教学、企业实践教学、本科生在暑假期间参与教授的课题研究等。

（二）制约因素

美国大学教学方式的成功实施与教育不同阶段所秉承的教育理念的一致性密不可分，在我国可能存在制约因素。

（1）从小学到大学，学校课程安排都是以学生的兴趣为主。在学习的任何阶段，美国学校提供大量的课程选择，学生选择自己喜欢的课程，不喜欢的可以不学，有助于学生朝自己的兴趣发展。这种课程选择方式让学生最终可以找到最擅长、最喜欢的领域，而且兴趣令学生愿意付出努力、主动学习。而在我国，教育方针是让学生全面发展，体现在升学考试上则是通常只看学生的考试总分。对学生来说，只要是升学考试需要的科目，各科都是重点，一科也不能少。对于升学考试中不需要考试的内容，则全部不是重点，全都可以不知道。学生是在一层层考试中被选择，进入大学后，很多学生并不喜欢自己的专业，学习缺乏内在动力。

（2）学生独立自主的判断力。学生在一次次的课程选择中，知道自己要选择什么、想做什么，对自己的兴趣和未来有越来越清晰的认识。特别是，美国的高中教育在体制上类似于大学，开设有大量选修课，包括金融、财务管理等，对之感兴趣的学生可以通过这些课程了解这些专业的基本知识，以判断是否将其作为自己大学修读专业。相形之下，我国学生总体来说知道怎样考试，对未来和人生都不怎么选择，而是习惯了听从安排。例如，我国中学和大学教育几乎完全脱节，中学以高考为导向，相当比例的大学生在入学时并不清楚自己的专业，选择专业时需要指导；进入大学后，不知道自己想做什么，对未来发展没有概念、需要指导；甚至连选课，也需要指导。外在的“管”和“帮”在某种程度上是夺走了学生锻炼独立的机会。

（3）美国大学的教学方式要求学生具有良好的自我管理能力才可以发挥其有效性。例如，考试成绩只有学生本人知道，由于学生已经成年，学校基于隐私权条例，不会透露成绩给家长，而且，美国大学也没有类似中国高校辅导员的职位。因此，学生在校的学业和生活，完全依靠自我约束去完成。这种方式虽然有益于自由独立精神的培养，但是如果学生自身缺乏自主能动性，结果可能荒疏学业而被校方开除。

参考文献：

［1］教育部关于狠抓新时代全国高等学校本科教育工作会议精神落实的通知［教高函（2018）8号］.

［2］李振宇，许晶．大学自主招生综合改革的探索与展望［J］．考试研究，2013（3）.

24 翻转课堂及其在“商业银行学”教学中的应用初探

潘慧　申月　徐君*

摘要：翻转课堂已成为发展趋势。在梳理翻转课堂理论和实践的基础上，本文以“商业银行学”为例，探讨该课程应用翻转课堂的可行性，明确目前存在的挑战，并试图提出相应对策。希望在这一新的教学模式下，通过线上+线下的有机结合，发挥教师的指导作用，强化学生的主体地位，深化专业课学习，实现更优的教学效果。

关键词：翻转课堂；商业银行学；教学共同体；教学效果评价机制

一、翻转课堂理论和实践探索

当代信息技术高速发展，尤其是在互联网+背景下大学教学模式出现深刻变革。翻转课堂即是典型产物。翻转课堂（“Flipped Classroom”或“Inverted Classroom”），也可译为“颠倒课堂”或“反转课堂”。传统的线下教学模式是先“教”后“学”，即老师在课堂上先讲授知识，学生课后消化。翻转课堂把这个教学过程翻转过来，学生提前学习老师提供的视频等资料，然后在课堂上通过讨论交流等不同方式完成知识的内化。在这个过程中教师的角色、学生的学习行动出现明显变化（见表24.1）。教师从“讲台上的智者”变成“学生身边的指导者”，学生的学习则更具主动性和积极性。

一般认为翻转课堂的思想源于19世纪早期。当时西点军校的General Sylvanus Thayer创新了一套新的教学方法：课前学生提前学习教师发放的资料，以备课堂上的批判性思考和小组协作。1991年哈佛大学物理学教授埃里克·马祖尔（Eric Mazur）创立了所谓的PI（Peer Instruction，PI）教学法，即教师传递知识在前，学生内化知识在后。这一观点后来成为翻转课堂的重要理论基础。MaureenLage、Glenn Platt和Michael Treglia（2000）介绍了美国迈阿密大学教授讲授“经济学入门”课程时采用的“翻转教学”的模式，以及取得的成绩。J. Wesley Baker（2000）首次提出了翻转课堂模式和教师角色

* 潘慧，江苏扬州人，上海立信会计金融学院金融学院讲师，研究方向：商业银行经营与管理、中小企业融资。申月，上海立信会计金融学院2017级金融学9班学生。徐君，上海立信会计金融学院2017级金融工程2班学生。

的转变，并试图给出翻转课堂模式的基本模型。

表 24.1　传统课堂和翻转课堂的比较

比较标的	传统课堂	翻转课堂
教师	知识传授者、课堂答疑者	学习引导者、伴随者
学生	被动接受者	主动探究者
教学媒体	黑板、教材	多媒体资料、因特网、教材、黑板
教学方法	讲授法	多方法结合
教学形式	课堂讲解，课后作业	课前学习基本内容，课堂解决问题
课堂内容	知识讲解传授	解决问题、概念延伸、应用
评价方式	纸质测试	多环节、多方式

实践中，2007 年美国科罗拉多州“林地公园”高中的化学老师乔纳森·伯尔曼（Jon Bergmann）和亚伦·萨姆斯（Aaron Sams）为了解决旷课学生的学习问题，尝试用录屏软件录制了 PowerPoint 视频，然后上传到网络上供学生自学。后来，两位教师进一步尝试课前让学生在家观看教师录制的视频，课堂时间则用来完成作业和讨论。新的教学模式推出后，深受学生欢迎，教学效果良好。翻转课堂在美国各个学校得到大力推广。现在一般把“林地公园”高中作为翻转课堂的起源地。

2010 年左右，国内学者特别是教师群体开始了对翻转课堂的研究与实践。国内研究主要集中于翻转课堂在各学科的应用推广、课程设计、微课制作等方面。近几年来在互联网 + 的浪潮下，这种新的教学模式日益受到重视并逐步在各大校园推广。

二、翻转课堂的内涵及意义

从内涵上来说，翻转课堂模式与混合式学习、探究性学习等不同的教学方法或工具有类似的地方，都强调学生主动学习。需要强调的是，翻转课堂依赖线上渠道和资源，但并不是简单地去使用各种在线平台和建设数字化的教学资源库，其关键着力点在于重新构建了学习流程，也就是所谓的“学生前置自主学习（知识传授）” + “师生课堂互动学习（知识内化）”（见图 24.1），从而有效提升绝大部分学生学习的深度。

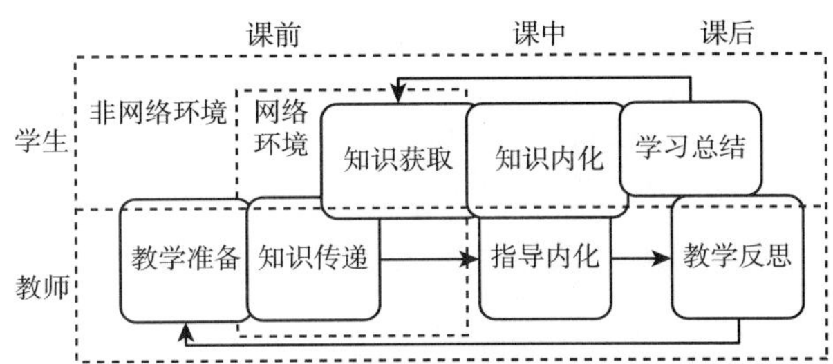

图 24.1　翻转课堂系统结构模式

翻转课堂教学模式，可以解决教学中的不少实际问题，比如理论学时不够、课堂教学实践难以作深入拓展等。教师可以在教学准备阶段，把基础知识点、简单的实践操作、作业等以 ppt、视频等多种形式上传到网络学习平台，供学生预习，期间还可以组织网上讨论、测试和交流。课堂时间则集中用于重点答疑、知识扩展等，通过深入讨论、团队协作等各种方式帮助学生完成知识的消化吸收。

通过翻转课堂的教学实践，可以实现多方面的教学效果。首先，突破时间和空间限制，方便教师和学生灵活安排教和学的内容，从而有可能激发学生的主动学习。其次，可以帮助构建“教学共同体①”，实现更好的学习效果。学生之间、学生与教师之间能够在平台上进行及时友好的交流。学生可以分享自己的学习进度，交流学习情况；教师也可以实时掌控学习效果、发现教学设计中的不足，从而实现相互间的启发、补益和提高。这些都不是传统教学模式中有限的课堂时间和课后互动所能实现的。当然翻转课堂的有效运用还能实现教学资源库的积累和逐步完善。

三、“商业银行学”课程的特点及应用翻转课堂的可行性

“商业银行学”是金融学专业的核心专业课之一。主要内容除了关于银行基本情况的介绍以外，主要是学习关于银行的业务和管理相关的内容。同时在基本业务和理论知识的基础上，希望学生具备一定的理论联系实际的能力，学会将理论知识和实践结合起来，能分析、会应用。所以对“商业银行学”的定位不是专业基础课，而是针对高年级同学提供的有一定深度的专业课。同时由于金融业包括银行业理论和实践发展迅速，从未来就业需求的角度，现代银行业对从业人员的要求不仅仅是掌握基础概念和基础理论知识，而是要具备综合分析能力、实际应用能力、团队协作能力，甚至是沟通交流能力。

在传统的线下教学过程中，为了实现这些目标，往往通过案例分析、专题讨论等方式展开。但问题是课堂时间有限，有的内容不能深入展开，深度和有效性不够。

在引入翻转课堂后，这一问题有望得以解决。一方面，其专业课的特点要求学生已经具备了本专业一定的基础理论知识，在“金融学”课程中已经简单学习过关于商业银行的业务、管理等基础性内容。在本课程的学习中，这部分基础性知识可以放到课后让学生自学。另一方面，课堂时间可以更多地用于专题讨论、课程实践等内容，督促学生进行深入学习和探讨。

四、应用翻转课堂的现实挑战

翻转课堂融合了传统教学和网络教学的优势，已成为现代教学发展的重要方向。现

---

① 所谓“教学共同体”，是师生基于共同的目标任务，在互动交流与合作发展的基础上构成的群体。具有互动合作、交往生成、持久稳定的特点。

在以及未来正在被应用于更多的课程教学中。但无论教学模式如何变化，教学本身是有其特定规律的，例如，学习应该是学习者主动参与的过程；教学是学习的外部条件，教师给予学生的应该是及时、准确的外部支持。遵循基本的教学规律可以最大化学习效果。所以翻转课堂应用的核心应该集中于教师通过有效的教学设计引导学生主动、深入地进行专业课学习。而要实现这样的目的，在当前具体教学过程中还面临不少挑战。

（一）对教师的要求更高

这里首先要克服的一个误区是翻转课堂是把传统的线下授课照搬到网上，单纯的视频教学对学生来说依然是知识的灌输和被动接受。翻转课堂首先是教学系统和过程的重新设计；其次实施过程中还需要教师全程关注、适当地引导和支持，并加以及时评估和调整，这些都需要投入大量的时间、精力进行持续性学习。那么如何激励教师就成了一个重要问题。

（二）如何实现有效的教学互动

翻转课堂将线上网络学习和线下课堂学习相结合，那么，线上学习过程中师生之间直接的沟通和交流就减少了，对教与学之间的有效互动就提出了更高要求。目前，国内关于师生情感构建和交流的文献并不多，这方面还需要逐步探索和持续付出努力。

（三）教学效果多元评价机制

传统的线下教学对学生的评价主要通过考勤、作业、测试等方式展开，对教师的评价主要通过督导、同行、学生等渠道进行。翻转课堂部分教学搬到了网络教学平台，有时候还要借助于微信和 QQ 等系统实现及时沟通，教学渠道多样化后，教学评价也趋向多元，如何评价教与学就成为一个新命题。

五、对策

（一）教育教学观念的转变

以翻转课堂为代表的新的教学模式的推行和成功实践，首先需要的是教育教学观念的转变。这一点不仅仅指直接负责教学任务的一线教师，同时也包括教辅部门。网络教学平台是重要的辅助设施，教辅部门要大力投入，支持和配合相应配套设施的完善。具体工作包括教师需要培训、要选择可靠的平台、要提供持续的技术支持等。其次是教师环节，要认识到现代教育的发展趋势，及时跟进更新教学方式。要想实现翻转课堂的预期目标，在教学设计、互动环节、评价反馈等各方面要做好充分准备。当然来自学校的倾斜政策和适当激励也是必要的。

（二）教师教学能力的提高

有别于传统教学过程中课堂上教案的设计，教师关注的重点是课堂，翻转课堂是系统工程，包括教学设计、互动、反馈评价等多个环节，每个方面都需要反复斟酌和优化设计（见表24.2），教师教学能力提高了才能实现预期的教学效果。

表24.2 "商业银行学"翻转课堂教学全过程设计

翻转课堂前期准备	课前自主学习（网络学习平台）	课中知识内化（课堂）	课后
教师：发布教学大纲/学习方案/知识框架介绍等 学生：了解相关内容	在线任务点学习 在线作业和测评系统 在线实时交流系统 学习体验记录系统	作业答疑 案例分析 小组讨论 实践活动 教师评价	反馈评价 改善提高 资源共享

翻转课堂有多种实现方式，线上教学部分，可以是慕课、SPOC或者网络直播等，同时还涉及多种网络资源的开发和利用。所有的这些线上资源要做到能吸引学生，满足其学习需求。对初步接触线上教学设计的教师来说，短期内具备高素质的信息素养，确实是个考验，也是必须解决的问题。

但网络资源也只是教学辅助设施，以后工作重心将会逐步转移到教学过程的各个方面。在互联网+时代，教师教学能力的提高显得尤为重要。当然海量的网络资源也为教师提供了主动学习和提升的机会。

（三）有力的技术支撑

翻转课堂背后依赖的一个重要因素是网络平台。一个稳定成熟能实现多种教学目标的平台至关重要，否则教师的很多时间和精力都用于摸索和适应选定的平台，而不是用于更重要的教学过程的设计和完善，这显然是不经济的。所以在选择平台方面，在日常技术支持扶持教师渡过早期的技术瓶颈阶段，在压力测试和应急处置方面等，是教辅部门要特别关注和努力改善的。

（四）有效互动

（1）有效互动体现在线上教学过程中。这个是初期阶段很多教师不擅长的，什么样的渠道和方式是有效的，同时也是受学生欢迎的还需要探索。长期以来，学生习惯了被动接受知识，在没有有效激励的情况下，未必能主动地开展互动。如果没有主动有效的学习和积累，也难以实现高效的互动。所以即便是线上教学比较方便进行互动，也需要教师多方考虑提供有效的引导和激励。

（2）有效互动体现在线下授课过程中。经过前期的网络自主学习，学生有可能通过有效的线下互动来实现深入学习，从这个角度来说，线下的互动更显得重要。教师不仅需要及时解决线上教学过程中出现的共性问题，及时答疑，还需要引导学生进行案例分析和小组讨论等活动，甚至在条件具备的情况下开展校外实践。这样的课堂组织比单纯的知识讲授要求更高。学生依然是课堂的主体，但教师要做出适时的引导和评价，教师是课堂的灵魂。

（五）多元化的教学评价机制

无论是线上还是线下都需要给予学生及时的学习反馈和评价。对于新增的线上教学环节，必须在教学评价中占有一定比例。其中一个常用做法是基于在线教学平台或者其他小程序开展一些在线小测试来检验学生的学习效果，这种及时的反馈，让教学活动更具有针对性。当然教学过程中的互动也必须纳入考虑范围。同时，长期以来线下学习比较重视结果反馈，对教学过程侧重于日常考勤，显然这是有一定问题的，因为教学实施的过程是非常重要的。但是，传统的教学模式很难做出及时有针对性的反馈，而线上教学却可以轻松实现这一目标。所以，翻转课堂采用的教学评价机制既关注线下，也关注线上；既考虑结果考核，也重视过程考核，应该是多元化的评价机制。

参考文献：

［1］Maureen Lage，Glenn Platt，Michael Treglia. Inverting the Classroom：A Gateway to Create an Inclusive Learning Environment［J］. The Journal of Economic Education ，2000（31）：30－43.

［2］Baker W. The Classroom Flip：Using Web Course Management Tools to Become the Guide by the Side［C］. //The 11th International Conference on College Teaching and Learning（11th）. 2000.

［3］陈康，朱燕平，骆钰. 互联网＋背景下翻转课堂教学设计探究［J］. 经贸教育，2016（1）：132～133.

［4］桑雷. “互联网 ”背景下教学共同体的演进与重构［J］. 高教探索. 2016（3）：79～82.

［5］赵娟. 翻转课堂内涵、发展与思考［J］. 大东方，2016（4）：211.

25　经管类新生研讨课意义、实践与展望

汪若君　任丹青　沈怡琳*

摘要：新生研讨课是面向大一新生的研讨性课程，通过以学生为中心的研讨课，为学生的大学生活提供指引。本文通过对新生研讨课意义的探讨，以及教学工作中发现的问题和实践经验的总结，提出增加交叉学科、通识教育以及社会实践等环节教育，提升学生的学习能力。

关键词：新生研讨课；交叉学科；通识教育

新生研讨课是面向大一新生研讨形式的课程。该课程以学生为中心，采用授课教师辅助指导的探索型教学新模式，旨在为新生提供合作环境下探究式学习的机会。新生研讨课开始于20世纪50年代的哈佛大学，目前已经在我国本科生教学中得到了广泛的应用。新生研讨课相较于传统课程是以传授知识为主，以教师为中心的课程，更注重以学生为中心的研究型教学理念和实践。新生教授研讨课以互动授课的方式，通过充分的师生交流，对学生进行培养与训练。课程通过专业教师的引领，加强学生对专业和学科的认知认同。通过与教师近距离互动，使学生对大学生活有全方位的了解，对专业的发展方向、特有的学习方法、标准，获得感性认识，提高学生的专业认同感和学习能力，引导学生进行科学思维，并且有助于学生尽快适应大学生活，提高综合素质，为学生的大学学习、生活打下良好的基础。

一、新生研讨课开设的意义

（一）有助于学生尽快适应大学生活

学生从高中到大学是一个巨大的转变，高中时期有固定的教室，同学们学习的是相同的教材和课程，都以高考为自己的人生目标，同时甚至有一部分同学并不住校，没有

---

* 汪若君，上海立信会计金融学院金融系，经济学博士，上海立信会计金融学院金融学院讲师，主要从事金融学的教学和金融监管领域的研究。任丹青，上海立信会计金融学院金融学院2016级金融学国际化班。沈怡琳，上海立信会计金融学院金融学院2016级金融学（浦江农行）H班。

集体生活的经验，也没有社团、学生团体等社会活动经验，生活和学习的环境都比较单一。进入大学后，很多同学会发现大家的目标不一样了，学的课程也可能会不一样，面对专业课的知识，更加讲究自己独立自主的学习，而老师可能很难像高中时一样，一个知识点反复讲、反复练，学习的专业课知识也和高考科目完全不同，使得学生在学习上面临很大的挑战。如果学生在这一问题上无法得到有效的指引，可能会导致出现学习困难，这种学习困难甚至可能贯穿整个大学阶段。在生活上，学生从家长身边来到学校，这对他们的自立能力是一个挑战，能否合理规划每个月的生活开支等问题，如果不能得到妥善引导，可能会让学生陷入入不敷出的境地，甚至会滑向网络借贷的泥潭。同时，学生在大学阶段也会有一些社会活动，例如，学生会、社团等，很多同学在高中时期并没有接触过这类社会活动，如何平衡社会活动和学习之间的关系，如何正确处理同学关系都是摆在学生面前的重要问题。大学阶段对于很多同学来说是校园生活和社会生活之间的一个中转站，学生在这个阶段可能会出现迷茫和不解，这些都需要学校和教师来给他们正确的引导。

（二）培养学生勇于探索的精神

学生初入大学，面临着四年以后的就业压力，很多同学都有自己的目标，多为考证、实习或者进一步深造。由于有着这些压力使得同学在这四年中都会将更多的精力放在提高自己在职场上的竞争力上，而忽视了充实自己人生这一重要的议题。有一个明确的目标固然有利于学生应对就业压力，但是也有一定的弊端，例如，可能会使得学生忽视专业课的学习以及自身综合素质的提高，让学生专注于短平快地获得成绩和证书，而读原著、创新思维则有可能被忽视。提高学生的专业理论知识、读原文、读原著和培养学生勇于探索的精神这些工作虽然短时间内看不到成果，但是在这个过程中锻炼出的辩证思维能力、创造性思维和深厚的文化内涵将在学生未来漫长的人生道路中成为他们的营养宝库。而且这项工作在大一开始最为合适，一方面，高年级的本科学生或者学生在进入职场或深造以后，工作和生活的压力将使得他们难以有充足的精力开展创造性思维；另一方面，学生一旦形成思维定式以后难以改变，所以给大一新生开设新生研讨课是大有裨益的。新生研讨课通过研讨的形式，向新生传递勇于思辨的创新精神，介绍专业课程的前沿动态，培养学生的学习兴趣，重点不在于教授专业知识，而在于启发和引导，培养学生自主学习的能力。

（三）教学相长，为日后的专业课教学打下基础

通过新生研讨课的教学工作，教师能够更加了解学生的需求，了解学生的学习能力，为教师制订更适合学生的专业课授课计划提供了便利。新生研讨课的教学环境相对开放，学生可以就学习和生活中的各种问题向教师寻求帮助，也可以就任何学术问题展开探讨，教学环境相对于正式的专业课教学更加轻松活泼，也就更便于教师了解学生的

动态，了解他们学习中会遇到的一些专业问题、学习计划以及辩证思维和逻辑思维的能力。那么在正式的专业课教学的时候，教师就可以根据前期的教学经验总结，建立适合学生的教学方法，避免教学脱节。新生研讨课的意义在于启发新生探求专业领域未知世界的兴趣，初步培养学生提出问题、解决问题的研究能力，让学生更加了解专业课程的学习方式，培养专业课程思维，用专业的眼光来看专业知识，为建立基于教师指导下的研究探索式的学习方式奠定基础，为学生进一步地跳出中学时期的思维定式，用学术视角来进行进一步的理论和专业学习提供了帮助，有利于整体教学水平的提高。

二、新生研讨课的教学实践

新生研讨课的设置采用专题的形式，主要包括大学生活、专业前沿知识和研究方法三个模块，采用案例教学法、启发式教学法等，课堂内容包括小组展示、课堂讨论和主题发言等。在教学中突出以学生为中心，为学生排忧解难，取得了良好的教学效果，但是在授课过程中也发现学生中存在的一些问题，以及互联网时代下学生群体的新变化。

（一）新生研讨课实践中总结出的问题

（1）学生对本专业并不了解。学生反映对于经管类专业，在填报志愿之前并不知道专业的就业方向，授课的内容等，所以在开始大学生活以后会觉得不适应，抓不住学习的方向，甚至有部分同学感觉对其他专业更感兴趣的情况。学生在高中阶段学习的都是数学、物理、化学、生物、政治、历史等学科，和金融学之间没有明显的联系，金融学是一门研究社会经济运动的学科，货币、证券这些概念对于缺乏社会经验的学生而言显得有些抽象。而数学、物理、化学等专业的学生由于他们在初等教育阶段就已经学过相关专业的基础知识，他们到了大学，面临的学业转型难度相对于金融类专业就有一定优势。由于很多同学此前没有接触过金融学专业课程相关知识，因此对于学生而言是有一定挑战的，学生们很难把握住学习的重点，难以真正理解这门学科的研究对象和研究内容。

（2）学生对大学生活感到迷茫，大一新生从高中来到大学，面临着学习角色和社会角色的转型，在这个转型期中，他们面临很多新的挑战。例如，如何适应大学的学习方式，如何平衡社团活动和学习，如何建立好人际关系，如何科学合理地使用自己的生活费用等。这些问题都需要大学生一一去解决，他们迫切地需要学校在这方面给他们提供帮助。大一新生突然离开家庭的约束，在时间和金钱的支配上有了很大的自由，那么与此同时，如何合理地分配时间和金钱就是摆在学生面前的一道重要课题，如果这类问题处理不好，将会严重危害学生在大学阶段甚至毕业以后的人生道路。很多同学表示他们希望知道如何平衡社会活动和学习，如何进行理财规划，如何拥有独立的人格等问题，这些问题反映出他们对大学生活的迷茫，迫切需要得到相关方面知识的指导。

(3) 同学们对于自己未来的人生道路有着非常明确的规划，这是非常可喜的。但与此同时，大家却往往忽视了自身知识的积累。作为大学生而言，考研、找工作或者是出国继续学习都是未来可以选择的人生道路，但是除此之外，努力学习专业课知识，提高自身的知识储备也是非常重要的，但这一点却往往被大家忽视了，过于重视结果，而不关心过程，可能会给学生大学四年的专业课学习带来隐患。从学生向教师咨询的问题构成来看，绝大多数同学关心的是如何考证，考证与考研的冲突，实习工作等问题，而对于专业课本身却鲜少有同学提及。未来好的职业发展是建立在对本专业工作的热爱以及扎实的理论和实践功底上的，过度注重技能而不注重理论，不重视培养学习兴趣对于学生长久的发展不利。

(二) 新生研讨课实践经验总结

(1) 学生非常关注考研、考证和实习工作。很多同学对会计相关证书或者金融相关证书非常感兴趣，有的同学已经在着手寻找相关资料，研究不同证书的报考资格和业内认可度。对于考研而言，很多同学已经在了解相关学校或者专业的考研信息，包括考试科目、专业设置和校园环境等，提前做好准备，这对于同学在大学毕业后能顺利找到心仪的工作或者考取心仪的研究生院校也是很有帮助的。在新生研讨课的教学中，可以提供工作经验、实习经历、考研信息、考研和考证之间关系平衡这些学生感兴趣的话题，对于同学而言，这可以降低他们的搜寻成本，尽快在学习和工作上走上正轨。

(2) 大学生对于新的教学手段有很大的需求，例如，慕课等教学平台。这类教学平台能够帮助大学生学习到本专业的优秀课程或者能够学习到非本专业的课程，因此对于渴望扩充自己知识面，提高学习成绩的同学来说是非常有益的。慕课、微视频等教学手段，让学生可以在学校里学到很多本专业没有开设的课程，同时，慕课、微视频网站的教学手段比较轻松愉快，辅助以动画、音乐等新媒体手段，能够让学生用相对轻松的态度学习专业知识点。这些教学方式使得学生在学习中自主选择适合自己的课程，通过网课回看等方式补缺补差，在学习中提高了学生的主观能动性，这种以学生为主的课堂教学，相对于传统课堂的满堂灌方式，更能激发学生的学习兴趣。同时，这类微课程一个知识点的时间一般不超过 15 分钟，学生可以利用一些碎片时间完成学习，提高学生的学习效率。在新生研讨课的教学课堂上，可以向学生介绍慕课等其他教学平台，指导学生如何使用教学平台，如何筛选优质课程，以此来帮助同学拓宽学习渠道。

此外，很多同学对于跨专业的学习有着浓厚的兴趣，在金融本专业之外，他们也渴望能够学习到计算机、心理学、数学、法学、语言等专业的专业课知识，同学都希望能通过跨学科、跨专业的学习，扩充自己的知识面，成为复合型人才，更能应对未来工作和学习的挑战。因此，学生希望能够提供给他们更多的辅修专业选择。现代社会对人才的要求更倾向于复合型人才，很多同学出于职业发展的需要，希望在金融学本专业之外学习会计和法律等相关知识，学习数学和计算机专业课程，来提升自己的专业素养，提高自身在职场的竞争力，或者为自己进一步深造做好知识储备。有些同学出于兴趣，希望在本专业之外学习一些生物、心理学学科的专业知识。他们很希望能拓展自己的视野，了解不同学科的交叉以及前沿动态。在新生研讨课中，教师可以介绍金融学的相关交叉学科，给学生介绍不同学科的专业特点，方便学生积累学习资料，找到合适的学习途径。

三、总结和展望

（一）总结

新生研讨课的开展，对于同学和教师来说都有很大的意义。新生研讨课课程的设置注重学生和教师之间的互动，给师生交流提供了一个平台，在这个平台上学生能够畅所欲言，主动和教师互动，寻求教师在学业和社会经历上的帮助。教师也可以通过这个平台，向学生展示专业课的相关知识、获取知识的途径和方法以及了解学生的需求。这门课程能够帮助同学尽快适应大学生活，激发同学的创造力和学习兴趣。

（二）展望

新生研讨课的教学，也深刻反映出学生群体的需求，对未来的教学工作有着重大意义：

（1）重视交叉学科的专业知识。学科的发展已经从分化转向融合，这对于学生的工作或者是研究而言都带来了更多挑战。以金融学科为例，学习金融学的同学，在毕业参加工作后，可能需要处理会计、法律、计算机等专业的相关专业知识，甚至会包括工程、化学、生物等理工科的课题，而进一步深造的同学，可能会面临金融学和信息科学、心理学、物理学等学科的交叉研究。也有一些用人单位，在招聘中倾向于复合背景的人才。如果仅学习金融学的知识，可能会不利于学生职业或学术生涯的发展。而同学们已经意识到这一问题，很多同学寻求辅修或者跨专业考研等方式来提高自己的专业复合背景。在后续的教育实践中，可以为学生提供更多的可供选择的辅修或者不同专业课程的选修，帮助学生提高竞争力。而在新生研讨课上，也可以设置交叉学科研究热点介绍，帮助同学了解前沿动态。

（2）需要重视通识课程教育。很多同学今后不一定从事本专业的工作，因此可以通过通识课程的教育来帮助同学。学习前沿交叉学科，或者从事非本专业的工作，都需要学生进一步接触不同的专业课知识，而金融学的交叉学科很多，难以一一掌握，这时，通识课程就能发挥作用。不同的课程虽然研究内容不一样，但是基本的逻辑思辨关系是相通的。在大学生入学初期，要通过通识课程教育引导学生树立独立思考和辩证思维的思想作风、学习态度和精神。在新生研讨课的教育中，可以关注基本的研究方法和逻辑思维，在后续的教学中加强通识课程的讲授，提升学生的科学素养。

（3）新生研讨课可以增加实践环节。金融学相关知识较为抽象，学生难以摸清金融专业的就业方向以及学科研究的内容。通过一些实验课环节和实地参观等方式，能让学生对本专业有更加直观的认识，激发学生的学习热情。

参考文献：

［1］陈方泉，杨辉．新生研讨课建设的困难与破解之策——基于上海大学的实践探索［J］．中国大学教学，2014（6）．

［2］刘晶．基于创新能力培养的新生研讨课探讨［J］．技术与创新管理，2019（40）．

［3］李莉娟，翟启杰．新生研讨课的实践与体会［J］．教育教学论坛，2016（16）．

［4］邱民月，叶楠，郭红霞等．前沿交叉学科新生研讨课在本科教育中的必要性［J］．教育现代化，2019（65）．

［5］王永强，赵朝成，赵东风．新生研讨课的意义及其教学问题探析——以中国石油大学（华东）环境工程专业为例［J］．高教论坛，2017（7）．

26　金融学科翻转课堂的案例与实践

——结合案例教学的课程实践

魏玮　郭凡钰　张浩*

摘要：通过学习国内外翻转课堂的理论研究与实践经验，作者将一些关键理念应用在自己所教授的案例分析课程中，获得很多收获与启发，并对开展翻转课堂提出了建议。通过实践，本文发现，翻转课堂的重点不是工具的更新，而是观念的转换、教学中师生角色的变换与教学权利的让渡。

关键词：翻转课堂；案例分析；角色转换

一、翻转课堂国内外经验分析

随着科学技术的不断进步，人们学习的模式和方式也在不断更新迭代，从历史悠久的百科全书，到网上公开课、开放大学，各种教学资源触手可得，人们自学的便利性越来越强，教师的作用也在不断发生变化，从传授知识逐渐变成引导和解惑。自 20 世纪 90 年代教育界提出翻转课堂的概念，应用于实践中，并逐渐重视理论研究，2011 年已经风靡整个北美，热潮进而席卷整个世界。

尽管翻转课堂是教育研究中令人兴奋的新话题，但到底什么是翻转课堂依然缺乏共识，按照英文翻译（Flipped Classroom），意思是倒置的课堂，这意味着传统上发生在教室里课堂上的事情现在发生在课堂外、教室外。大多数关于翻转课堂的研究都采用了基于群体的互动学习活动，引用了以学生为中心的学习理论。因此，翻转课堂实际上代表了课程的扩展，而不仅仅是对活动的重新安排。从而，翻转课堂包含了两部分的活动，一部分是课堂上教室内的互动学习；另一部分是课堂外、教室外的自学活动。

根据中国知网数据统计，截至 2019 年 12 月，关键词包含有“翻转课堂”的文献有 29025 篇，其中 2012—2019 年的数据如表 26.1 所示。显示出针对“翻转课堂”的研究自 2012 年以来一直呈现逐渐上升的趋势，2019 年较 2018 年有所下降。同时要注意的是，很多文献虽然没有包含“翻转课堂”这一词语，但类似“师生角色互换”“以学

---

* 魏玮，金融学院金融系讲师，经济学博士，主要研究消费金融。郭凡钰，2017 级金融学 9 班。张浩，2018 级金融学 7 班。

生为中心”的研究与“翻转课堂”在本质上也有很强的相关性。

表 26.1　　2012—2019 年度包含有关键词“翻转课堂”的文献数量

年份	2012	2013	2014	2015	2016	2017	2018	2019
篇数	21	155	1085	3407	5617	6602	6549	5589

同时，利用谷歌学术，我们发现自 20 世纪 90 年代末已经有一些论文开始讨论翻转课堂“Flipped Classroom”，至今相关英文文献已近 9 万条。

纵观中外文献，翻转课堂已开始被应用于中小学基础教育、职业教育、高等教育等教育的各个层次与领域。关于学生对翻转课堂看法的报道有点混杂，但总体上反映出的结果是积极的。学生倾向于选择现场讲座和视频讲座，但更喜欢互动式课堂活动而不是讲课。与传统课堂相比，学生的学习能力有所提高。

总结实践结果较好的翻转课堂，发现翻转课堂的几个重点在于：

（1）提升课堂效率。将课堂从课上延伸至课下或者课前，通过学生自学（往往采用视频手段）来掌握课程的基本知识，可以更有效地利用课堂有效的时间。

（2）差异化学生需要。不限时间的课前学习，给予学生足够的自由度，接受能力不同的学生可以用不同的学习时间长度来达到学习目标。同时在课堂上，开展讨论，总结反馈，也为学生提供了差异化的学习方式，而不是传统的，所有的学生按相同的进度听老师讲相同的内容。

（3）角色互换，学习中心转换。翻转课堂是孔子式教学向苏格拉底式教学的转变，传统的教学以教师讲授为主，学生被动接受，而课堂翻转后，学生通过课前自学发现问题，找到难点，具备可以在课上和老师讨论，请教老师难点的基础，通过课上老师的引导和启发，学生们可以真正掌握知识，实现知识的内化。

（4）重视反馈。好的翻转课堂实践往往也非常重视反馈，通过作业及测试情况，老师及时掌握学生自学、预习以及课堂上交流学习的效果，与老师推荐的自学、视频或材料形成良好的改进闭环。

同时，翻转课堂也有些特点值得引起关注。

（1）无论什么样的学习材料，只要能达到学生自学知识的目的即可，即无论是百科全书还是慕课，还是其他的学习视频，或者单纯看书，都可以作为翻转课堂的前期学生自学部分，而不必拘泥于是否是视频这种形式。

（2）课堂更多的是讨论，而并非单一由老师讲解，老师与学生的讨论、思辨的过程，可以使学生更好地达到学习目标，实现更好的学习效果。

二、结合学生自主分析案例的翻转课堂实践

2018—2019 学年第二学期本人负责的一门课程是“商业银行经营管理综合案例”，是针对金融学专业大三本科生的一门专业选修课，通过课程设计，本人将翻转课堂应用

到这门课程的全部专题中，并取得了预期的效果，但同时也收获了问题和反思。

（一）课程及学生情况分析

本课程是“商业银行经营管理综合案例”，是在金融学本科生已经先行学习了“金融学”“商业银行学”“中央银行学”“管理学”“投资学”等课程后的一门专业选修课。课程大纲及配套教材包含多个分主题，包括“混业与分业——以花旗银行为例”“现代商业银行的公司治理——以招商银行为例”“银行理财——以光大银行等为例”“中小企业贷款——以民生银行为例”“银行的国际化——以中国银行为例”“中间业务发展——以汇丰银行为例”“银行的倒闭——以海南发展银行和大陆伊利诺伊银行为例”……

学生正处于大三下学期，面临将做出未来是考研还是就业重大选择的时期，虽然已经学过“商业银行学”等课程，但并没有实际接触银行业的经验，如果单纯地像传统模式一样授课，学生很有可能听的时候听个热闹，下课就忘了，期末写篇课程论文，草草结束这门作为选修课的学习。

而实际上，这门课是一门综合性的课程，是学生前期基础课学完之后，综合能力得以应用的一门课，是需要高度重视的一门课，也是非常接近现实的一门课。

（二）应用翻转课堂的学习模式设计

本课程根据翻转课堂的核心理念，从以老师教授为主的课堂转换到以学生学习、掌握为主，并且达到会应用、会反思的学习目的，进行了课程学习模式的设计。具体学习及教授的模式如下（见表 26.2）：

表 26.2　“商业银行经营管理综合案例”课程翻转课堂分阶段工作设计

阶段	学生		教师
	作为案例分析者	作为案例分析的评价者	
课前	找到自己感兴趣的银行		与学生沟通，给予学生案例分析支持
	确定自己感兴趣的案例		
	学习相关知识		
	进行案例分析		
	制作 PPT		
课中	讲演自己的案例分析	与案例分析者讨论	启发引导针对案例的讨论
	应对与同学和老师的讨论	评价案例分析的质量，并打分	总结要点，归纳升华
课后	总结自己的讲演与发现		总结讲演及大家的讨论
	提交报告		收集评价并发现问题，进行改进

（1）与学生讨论确定本门课程的学习模式。从确定模式开始，本课程就运用翻转课堂的核心理念，以学生为学习的中心。在这门课程的第 1 周，教师给学生讲授本门

课程包括的主要内容：银行的混业与分业；商业银行的公司治理；商业银行的风险管理；商业银行的国际化；商业银行的中间业务等。梳理本门课程与其他课程的关联，介绍这门课程的重要性。请学生结合本门课程的主要内容自行决定是否需要重温相关的先导课程。

本课程主要是由同学们自行选取一个感兴趣的银行进行案例分析，主题既可以是本门课程包含的主要内容，也可以是学生自己感兴趣的其他内容。需要有 PPT 的制作，需要有课堂上的一个公开讲演。

（2）讲演者讲演完毕，其他学生和老师对讲演者的内容进行讨论，并根据讲演者讲演及和其他同学及老师讨论互动的情况获得评价。老师让渡部分评价权利给学生，评价来自于老师，也来自于每一位同学。学生合计权重 50%，老师权重 50%。为保证学生评价的公平性，并保护大家评价的隐私，学生评价由老师收取，并由老师于总结时告诉大家（不包括评价者姓名）。学生评价包括 1～10 分的分数及一段简短打分原因。一方面是为了除了讲演者以外的同学也能全身心去理解案例、反复强化课程知识；另一方面也是老师了解同学反馈的一个过程。

（3）为保证尽可能地发挥大家的积极性与主观能动性，要求学生案例所讲的银行不可以重复，即如果已经有同学讲过招商银行，后面的同学不可以再讲招商银行。

（4）讲解完某一银行案例的同学，需要在次周课堂提交一份总结，总结自己所讲案例的主要内容以及自己的发现。这既是一个老师收获学习反馈的过程，也是一个学生梳理自己知识，总结经验教训的过程。

（三）应用翻转课堂的学习效果

（1）学生课堂参与度大幅提高。除了进行案例分析的一位同学外，其他的同学要为进行案例分析的同学打分，并且要写出给出该分数的原因，因此大家都很认真地听案例分析，也都很认真地行使自己的打分权。由于分数和评价对学生的匿名性，学生给的评价能够较好地反映他们的感受与评价。

（2）学生在听老师提炼重点及回答大家问题时更加认真，能够有更多互动了。

（3）学生对银行及本门课程的兴趣大大提高。通过人人参与案例分析，每个人都根据自己的偏好进行了选择，其中很多银行的分析都出乎老师及其他同学的意料。例如，一位同学因为参加过汇丰银行的实习面试，因此分析的是汇丰银行的发展；一位同学因为有去德国学习的想法，分析的是德意志银行的衰退。还有很多因为有亲身使用的经历，分析的是招商银行（自己的第一张信用卡）、成都银行（境外提现成都银行手续费最低）、广州银行（家在广州，父母有广州银行的银行卡）、昆仑银行（家在新疆，昆仑银行在新疆常见，在其他地区却不常见）、彰化银行（中国台湾的一位同学介绍的）、甘肃银行（家乡在甘肃）、内蒙古银行（家乡在内蒙古）等。还有的因为对银行好奇，或者对银行的主要灵魂人物感兴趣，比如渣打银行（香港的发钞行之一）、民生银行（史玉柱有股份）、网商银行（在支付宝上发现的）。

（4）学生评价忠实反映学生感受。学生的评价基本能够客观反映案例分析者的准备情况，那些准备更充分，讲解更投入，有自己亲身体验的案例分析者往往得分更高，而生硬刻板，照抄资料较多的，则得分较低。

（四）翻转课堂实践中的问题

虽然类似商业银行学，“工商管理”等课程已经为同学们提供了本课程的先导知识，但显然同学们对很多知识并不能很好地运用。比如在分析银行年报时，经常忽略银行业绩时间上的纵向比较，也容易忽视和同行业其他银行的横向比较，其原因是综合案例分析所要求的经济金融以及管理知识并不扎实，当然也就不能很好地应用。

学生容易引用网络上不加证实的分析以及数据，忽略了基础数据的可靠性。从源头上来讲，是学生不知道如何获取可靠的数据、可靠的信息。这两个问题实质就是知识脱节、技能脱节，各门知识都有，却没能综合起来应用，这也正是我们这个课程的目的，即倒逼大家自我学习、自我提高。

三、实践改进方向及思考与展望

（一）针对课程本身

一个学期过去了，不仅是作为教师的我获得了翻转课堂教学技术的实践和提升，也对课程本身涉及的商业银行的知识有了更新和提高。短短 15 周课程也显示出很多可以改进的地方。目前想到针对课程本身的改进措施包括：①细化主题，请学生就固定主题进行案例分析，这样的案例分析将更有针对性；②细化准备方案，请学生在拟定要分析的银行的问题时，列出分析提纲，大家一起讨论，以获得更好的分析方案及效果；③细化学生评价，让学生对自己给出的评价分类、分标准，以帮助他们的评价具有一致性。

（二）对于翻转课堂的落地

有些讨论是否会增加教师的工作量？同时会不会过于流于形式、华而不实？忽视课程本身要求的重点和难点以及基础知识？我的体会是，翻转课堂确实对教师的要求更高，即使是一位教授过这门课程的老师，面对不同的学生，不同的时事环境，也要做到课前大量的准备，以及课后大量的督学、反馈与反思。然而这不仅是翻转课堂的要求，也是时代的要求，我们做教师的也要与时俱进。

同时，翻转课堂不一定要用高大上的数字媒体工具，当你切换身份，哪怕只是一次小小问答的评价权力、一次演示机会的让渡，也已经是角色的翻转、课堂的翻转。一旦开启翻转，就会落地。

总体来说，翻转课堂的目的是为了学生真正掌握知识和技能而翻转，是为了学生达成目标，教师和学生都必须做的一次重新分工。课堂翻转后，学生可能掌握主动权，但是方向需要教师予以引导，否则容易导致学生迷茫失措，失去兴趣及信心。翻转课堂帮助老师成为引导者，成为帮助学生获得知识与技能的灯塔而不是舵手！

参考文献：

[1] Tucker B. The flipped classroom [J]. Education next, 2012 (12): 82 ~ 83.

[2] Bishop J L, Verleger M A. The flipped classroom: A survey of the research [C] //ASEE national conference proceedings, Atlanta, GA. 2013 (9): 1 ~ 18.

[3] Herreid C F, Schiller N A. Case studies and the flipped classroom [J]. Journal of College Science Teaching, 2013 (5): 62 ~ 66.

[4] 吴仁英，王坦．翻转课堂：教师面临的现实挑战及因应策略 [J]．教育研究，2017 (2): 112 ~ 122.

[5] 郑瑞强，卢宇．高校翻转课堂教学模式优化设计与实践反思 [J]．高校教育管理，2017 (1): 97 ~ 103.

27　基于短课的"金融学"翻转课堂教学模式探析

——以金融专业的新生研讨课程为例

魏忠　王清　孔衣云*

摘要：在互联网时代，基于短课的翻转课堂教学模式是一种新颖的教学模式。该模式有别于传统教学模式，它在传统授课的基础上，营造出一个高效互动的学习环境。它颠覆了"灌输式"的传统教学模式，让学生成为主角，老师则为配角；它打破了学生学习的时空限制，学生由"要我学"变为"我要学"。通常要求，课前学生自主学习，利用互联网平台，收集资料，制作视频和PPT，课上进行讨论，课后提交报告。这不仅有利于学生全面掌握知识点，也培养了学生的动手能力，轻松实现学习目的。金融学是一门应用性强的学科，需要不断创新，"互联网＋金融"顺应了时代的发展，我们应改革传统教学模式，大力加强互联网金融教学及其人才的培养。

关键词：短课；翻转教学；互联网金融

引　言

21世纪是现代高科技信息技术飞速发展的时代，互联网已经成为全球经济、政治和社会发展不可或缺的一部分。它的普及不仅改变了人们以往的生活工作方式，同时也影响着人们的思维和学习方式。随着信息技术的高速发展，互联网覆盖的范围不断扩大，"互联网＋"的概念应运而生，互联网金融成为一项重要议题时常出现在全球高端讨论峰会上。

在全球新的发展趋势下，金融市场对人才的要求也越来越专业化、高端化和多样化。在此背景下，为适应时代的发展和要求，传统的金融教学模式已经不能够适应互联网时代的要求。因此，为了培养出合格的当代金融人才，对传统的金融教学模式进行改革创新势在必行。在互联网大数据时代的背景下，如何最大限度地提高金融教学水平，

---

* 魏忠，经济学博士，副教授，研究方向：金融理论。王清，2018级金融学本科生。孔衣云，2018级金融学浦江（农行）班本科生。

提升教学质量，培养出高品质的优秀学生，既是金融教学改革亟待解决的新问题，也是互联网时代教学教研的重要课题。

互联网金融是在经济全球化、一体化和信息化背景下金融市场的一个创新，是互联网时代的一次颠覆性变革，与传统金融不同，互联网金融直接匹配市场，打造出一个无边界、无交易成本的巨大市场，实现了金融市场配置效率的最大化。互联网金融不仅要学习传统金融理论知识，还要学习有关电子商务和网络金融等前沿理论知识，尤其是学习从事金融领域最新的市场实践，这就需要我们不断改革和创新教学机制。基于短课的“金融学”翻转课堂教学模式是互联网时代金融教学的一项创新模式，弥补了大学一年级金融新生对专业领域认识的一知半解，缩小了因不同的注意力、不同的接受力而造成对知识理解吸收的差异，激发了学生不同的兴趣点，提升了学生自主学习的能力，提高了教学效果，为下一步继续学习金融专业课程打下一个良好基础。可是目前，国内高校为金融专业新生开设金融学短课，采用翻转课堂进行教学的还不是很多，为此本文尝试性地提出一些有关的课程内容，望其能起到抛砖引玉的作用。

一、翻转课堂教学模式的必要性

（一）互联网时代发展的要求

21 世纪的今天，互联网信息技术高度发达，人类社会已经进入到大数据的发展时代。显然，国民的教育事业也是不能脱离这一发展趋势的，教育网络化发展已成为共识，方兴未艾。在高校金融专业的教学中，如果仍然束缚于书本上的知识，而不能够通过互联网获取大量的知识信息，很明显这样的教育方式不能够适应当前社会发展的要求。因此，我们要充分使用互联网带来的各种信息，改变教师“一言堂”的传统授课方式，将互联网技术引入传统课堂上，通过网络教学平台，实现课堂上教师与学生的时时互动，围绕知识点，针对学生不同的问题，展开讨论，不仅提高了学生的学习兴趣，而且也提升了学习质量和教学效率。

（二）市场对互联网金融人才的需求

互联网技术的广泛应用改变了人们以往的生活工作和学习的方式，众多的企事业单位和社会组织机构对具有互联网思维的新型专业人才求之若渴，而传统的教学模式培养出的金融人才已经不能适应互联网时代金融市场的需要，市场对金融专业学生有了更高的要求。传统模式培养出来的学生虽然拥有了较多的金融理论知识，可是在应用互联网从事学习进行研究等方面还稍显不足，造成金融互联网人才的短缺。可见，将互联网技术引入到金融专业传统教学模式中是解决互联网金融人才不足的有效手段。

互联网金融，是一次深层次的技术创新，金融市场全面采用数字化运营，甚至会出现未来采用人工智能机器人替代人工交易员。因此，金融专业的学生不仅要具备互联网思维，要掌握互联网金融理论，而且要能够解决未来金融市场上的各种问题。

（三）传统教学模式创新的需要

1. 短课提高了教学效率

短课，是指短学期的课程，以前沿、核心的专业知识作为主要内容，精练讲解重要知识点，深入浅出、举一反三，采用短时段、集中学习方式去掌握理论知识、巩固学习成果。短课采用讲演 + 讨论的上课方式，课前根据班级实际情况，学生被划分成若干小组，依据不同的兴趣点，选取市场热点问题，利用互联网分工合作，收集素材，制作课件；课上，利用短视频和 PPT，进行讲解展示，之后展开讨论，提出各自看法、观点和解决方法；课后，提交一份整理好的研究报告，作为课程考核成绩。目的是打造一个以学生为主角，老师为配角，师生积极互动的教学环境。在短课模式下，每一位学生都是课堂内容设计的参与者和创作者，人人参与，积极思考，通力协作，极大地调动了学生们学习的主观能动性，大大地提高了课堂教学的效率。

这种教学模式的好处，不仅是能够使学生集中精力关注学习内容，而且多组的短视频和 PPT 展示，能够使学生获取更多的知识点和市场认识，有利于学生对所学知识的理解、把握和运用。

2. 翻转课堂创造新的教学模式

翻转课堂，这一名词来源于美国。在美国，很多大学课后布置大量作业，有已经学习过的内容，还有涉及相关的、延伸的、没讲到的知识，需要学生在课外进行学习，之后在课堂上进行讨论和解答。在《一个世界级学校》一书中，作者萨尔曼·可汗对整齐划一、标准化的“普鲁士式”教育模式提出了批评。“普鲁士式”教育模式是 19 世纪的一种教育方式，学生通过大脑死记老师课堂上讲的内容，只是机械地、被动地接受知识，缺少进一步理解，没有深入加工，学生的想象力受到了约束和限制，学生的创新能力也就自然不能很好地发挥出来。在 21 世纪，这种旧式的教育模式已经落伍了，不适合教育和培养创新型人才。

翻转课堂模式，将以往的教学顺序颠倒过来，学习者自己首先主动学习，然后再通过练习和实践活动，消化知识、掌握知识和运用知识。在学习者学习完一个知识点之后，根据学习情况，推出相关联的知识，帮助学习者构建知识的系统结构，形成学习者个人的知识场域。新的教学模式，不仅激发了学习者主动学习的动机，而且有助于个人的深度学习。

3. 新教学模式的特点

“金融学”是一门实践性较强的专业课程，需要用市场实践来检验它的理论知识，否则毕业的学生将难以在市场上站稳脚跟，争得一席之地。新的教学模式特点有：第一，学生成为主角，老师则为配角。新教学模式区别于传统教学模式，逆转了教师为主角，学生为被动接受者的传统学习方式。第二，强化了学生自主学习能力。

新的教学模式不仅能够激发学生主动学习的动机，而且能够培养学生独立思考能力、实践动手能力和团队合作能力，更好地将理论与实践结合起来。第三，着重培养学生的创新能力。新教学模式不仅要求学生熟练掌握和运用互联网金融知识，而且加强培养学生强大的创新能力、理解能力和解决问题的能力。通过学习，学生不仅要深刻理解互联网金融的每一个基本原理，而且还要能够解决实际金融市场问题，推动金融市场创新，这正是提出翻转课堂教学模式的关键所在，解决了学生动手能力不强的问题。

二、新教学模式面临的问题

（一）教学旧观念

新的教学模式不被认可。首先，一些教师对这一教学模式的新价值认识不足，坚持认为翻转课堂难登大雅之堂，与传统教学模式格格不入；另一方面，一些教师担心这一新教学模式会减弱自身地位，甚至担心这样的课程被取消。其次，新的教学方法不被认可。他们认为，翻转课堂这样的教学方法近似教学游戏，不适合当前的教育体系。在课前准备上，学生可能出现搭便车现象；课堂上，学生可能出现开小差走神、注意力不集中等情况，教师的影响力下降，学习效果大打折扣。最后，新模式耗费大量资源。一些人错误地认为翻转课堂平台需要大量的资金和技术支持，可实际情况并非如此。以美国可汗学院为例，这一全球最大的翻转课堂平台，教学的主要设备有微软写字板和供制作播放视频使用的软件。制作视频也不复杂，遵照简明原则，选取典型案例，方便学习者使用和学习。

（二）教学内容简单

教学内容适合初级阶段新生学习，介绍讲解的专业知识点深度不足，对市场现象的剖析还不深入，需要进一步提高挖掘和认清事物本质的能力。还有，短视频制作较为容易，存在拓展深层次能力不足的问题。再有，课程内容较为单一，主要是专业知识，而关于金融行业道德、职业素养等方面的内容较少，不利于学生形成良好的职业操守。

（三）教学设计零散

教学流程缺少具体互动环节。一是，在课堂上，教师仍沿用传统授课方式，通过几个视频和几张 PPT，向学生进行介绍讲解，缺失了以学生为中心的理念。二是，缺少师生互动性交流设计。课堂上，教师不能够及时了解和把握每个学生的接受程度，需要进一步提高课程的规划。三是，教学设计缺少系统性。教学设计零散，系统性不足，教师需要通过学习和实践，进一步提高关键点提炼和课题总结的能力。

（四）教学实施遇阻

一是，在常年的工作中，一些教师已经熟悉了传统的授课方法，形成了固定的授课习惯，缺乏互联网思维，对新的教学方法会出现不适应，阻碍了自身角色的转换。二是，缺乏学生监督机制。在新的教学过程中，对学生的自律性要求较高，学生小组需要利用课余时间，根据老师的布置，完成自我学习和制作课件任务，并且及时上交。由于缺乏对学生的监督，可能存在个别学生“搭便车”的现象，影响学习质量和教学效果。

三、新模式的设计与实施

（一）模式设计

1. 教学理念

一是，与时俱进，推陈出新。任何事物不是一成不变的，是向前发展的，是相互联系的，任何理论知识也是如此。针对一个市场的热点问题，我们要一直坚持研究下去，直到解决这个问题，同时探索问题根源，找寻问题答案，揭示问题本质，推出新知识，总结新规律。二是，突破创新，以点带面。教学内容要适合专业学生的基础学习，引导学生主动学习，突破传统教学模式，以班级为整体，以学习小组为单位，形成以点带面的教学体系。三是，难度适宜，激发兴趣。要保持知识的合适深度，让学生有感而发，追踪市场热点问题，激发学生学习乐趣。四是，以学生为中心，老师成为配角。学生是学习的主角，要从兴趣出发，不受他人支配，不受时空制约，不受地域限制，利用互联网，自主学习和探索。

2. 教学目标

第一，让学生了解基本的金融理论知识，掌握互联网金融基本应用和基本操作技能，熟悉计算机网络工作原理等。第二，培养学生独立思考和解决问题的能力。重视学习方法，培养学习能力，注重独立解决问题的能力。第三，培养学生的实践动手能力。在熟悉互联网的基础上，培养学生独立操作使用能力，模拟开展互联网支付、融资、众筹、分析、投资等活动。第四，培养学生创新能力。将金融与互联网联结起来，从市场出发，在强大数据的基础上，创造新的金融工具，创造新的市场，创造新的组织，培养出具有创新思维和能力的学生。

3. 前期条件

第一，认识互联网教育的重要性。让教师、家长和学生了解互联网教育的重要性，认清新模式的优势。第二，拥有互联网 + 金融的教学思维。突破传统课堂，不拘泥于书本，立足市场，通过互联网解决实际问题。例如，关于 P2P 网络借贷，不应局限在书本上，只有在网络实践中，才能解决诚信问题。第三，建立自我学习和创新意识。树立互联网＋自主学习的理念，学生能够主动学习、愿意学习；坚持以学生为中心，教师要保护好学生的奇思异想，鼓励学生进行创新。第四，具备良好的教学平台。平台设备要简单实用，易于操作，具有交互功能。具体说，PC机平台与移动网络终端能够自由相连，传输清晰，画面质量保真，声音同步纯粹等，同时将市场变动情况实时呈现出来。

（二）教学实施

1. 教学流程

第一，传统讲授。第一次上课，教师介绍“金融学”的课程概论，讲解主要的基础理论知识，评述前沿研究状况以及未来发展的前景。第二，课前制作。在整体理论知识框架下，老师将知识内容划分为不同的学习模块，让学生组成小组并根据兴趣选择一个模块，一个小组负责一个模块。在课前，学生做好资料收集和整理，制作视频和PPT，完成课程任务。第三，课上研讨。上课时，每个小组依次进行讲解，时间控制在10～15分钟。之后，全体同学参与讨论，同时教师给予指导，最后做出点评。第四，课程成绩。课上讨论之后，进行小组总结，写出研究报告并上交，教师对此评分，作为该课程的成绩。第五，教学评价。注重学生思维能力、动手能力、创新能力和解决问题能力等方面评价。

2. 教师素养

一是，互联网金融是实践性很强的一门课程，教师要具备一定的专业水平和实践能力。这样，才能具体分析金融市场情况，才能把握对互联网金融市场的各个领域实践操作；只有将线上应用和线下理论结合起来，才能指导学生。二是，教师要熟练掌握多样化的技术工具。在课堂教学活动中，不仅自己要使用各式工具，并且也应让学生学会使用，以便他们更好地完成课前学习制作。三是，坚持学习，做好配角。教师要坚持不断地学习，根据自己多年的教学经验，不断更新和提炼知识点，加入最新研究成果，完善课程体系，让自己转变为学生的引导者、合作者。以学生为中心，教师着重培养学生的认知、动手和解决问题能力。

3. 转变教学方式

一是，改变传统的教学方式。传统教学方式注重死记硬背，强调机械练习。“金融学”是一门综合性、应用性强的课程，包括复杂的数学、经济学和专业金融理论，不仅要掌握心理学、博弈理论、金融行为学等知识，还要掌握计算机工作原理，以及熟练使用相关的统计、计量软件等。因此，要实施由单一变为综合，由机械变为灵动的教学方式。二是，教学由“要我学”转变为“我要学”。以学生作为主体，引导学生主动学习，重视学生兴趣，尊重学生选择，鼓励学生创新；让学生成为主角，给予学生更多的课堂表现机会。

4. 提升教学效果

一是，搜集国内外最新课程，引入国外优秀课程资源，不断完善课程内容，构建前沿的课程体系。二是，做好课堂布置和组织工作。上课前，提早布置好学生学习任务，让学生带着问题走进课堂，通过课堂上全体师生讨论，找出解决问题的方案。

结　语

当前，随着支付宝、微信银行、京东金融、P2P、网上支付、众筹等互联网金融创新工具的迅速发展，新的金融市场领域不断涌现，推动了金融市场网络虚拟化的发展，新的金融市场具有广阔的发展前景。互联网金融作为金融市场最具创新性发展的前沿领域，给传统的金融行业带来了巨大的冲击。21 世纪是信息化时代，科学技术水平不断提高，一些传统的金融教学理念和手段已经不能适应新时代发展的要求，旧模式下培养出来的学生难以适应市场的需要。为了满足互联网时代对金融人才的需要，我们应转变观念，改变金融专业教学模式，针对教学中存在的问题，结合实际的教学情况，提出具体的改革措施。

基于短课的翻转课堂教学模式，依据互联网平台，逆转传统的课堂教学方式，可将学生转变成主角，老师变为配角，突破传统教育方式的束缚，顺应互联网时代金融市场的发展与要求，可是在教学中仍存有这样或那样的问题，要不断地改进优化，不断完善课程内容，要精心制作短视频和设计 PPT，增强校企合作，做好教学效果评价。

参考文献：

［1］陈丽．“互联网 + 教育”的创新本质与变革趋势［J］．远程教育杂志，2016，34（4）：3 ~ 8.

［2］丁杰．互联网金融背景下的《金融学》课程改革探析［J］．亚太教育，2015（19）：70 ~ 71.

［3］刘桂花．微课在高校课堂教学中的应用［J］．中国成人教育，2014（6）：122 ~ 124.

［4］李建军，吕勇斌．互联网金融课程建设与人才培养模式的思考［J］．中国大学教学，2018（5）：64 ~ 68.

［5］吴道华．互联网金融下的金融专业课程教学改革探析［J］．现代职业教育，2018（15）：186 ~ 187.

［6］张超，李吉栋，徐临．现阶段我国互联网金融教学内容改革探析［J］．中国市场，2016（11）：207 ~ 208.

［7］张杰．探究互联网金融的发展状况及其对传统金融模式产生的具体影响［J］．财经界（学术版），2015（20）.

［8］阿兰・柯林斯，理查德・哈尔弗森．技术时代重新思考教育：数字革命与美

国的学校教育［M］. 陈家刚，程佳铭（译）. 上海：华东师范大学出版社，2013.

［9］萨尔曼·可汗. 翻转课堂的可汗学院：互联网时代的教育革命［M］. 刘婧（译）. 杭州：浙江人民出版社，2014.

28　基于课程思政视角的“银行管理”课程改革探索与实践创新

张丕强　张经诚　李金鑫*

摘要：本文以课程思政为视角来探索“银行管理”课程教学改革与实践。文章首先分析了课程思政开展的背景与课程思政德育的丰富内涵，提出了课程思政是新时代背景下我国思想政治教育的重大改革和创新，其核心本质和使命就是将思想政治教育融入传统非思政课程以外的课程教学和改革的各环节和方面。该课程通过教学理念革新，教学方式创新，教学内容翻新等方式将思政教育融会到该课程教学之中，通过学科渗透的方式达到思想政治教育的目的，把立德树人作为教育根本任务的一种综合教育理念，构建全员、全程、全课程立德树人的新格局和新模式。

关键词：思政元素；教学理念；改革与创新

一、问题的提出

习近平总书记在全国高校思想政治工作会议上指出：“要用好课堂教学这个主渠道，思想政治理论课要坚持在改进中加强，提升思想政治教育亲和力和针对性，满足学生成长发展需求和期待，其他各门课都要守好一段渠、种好责任田，使各类课程与思想政治理论课同向同行，形成协同效应。”①

课程思政是新时代背景下我国意识形态领域在思想政治教育层级的重大理论实践改革与开拓创新，其核心本质和使命就是将思想政治教育理论融入传统非思政课程以外的课程教学和改革的各个系统环节和方面，将各类学科专业课程与思想政治理论课程同向同行，形成协同效应和连环效应，寻求每个学科专业知识与思想政治素质教育内容与形式之间的关联性与映射性，融合性与渗透性，在课程教学与学习的全过程与全环节中，将思政教育融合与嫁接到专业课程教学，通过学科专业渗透与映射的方式达到思想政治素质教育与学科专业教育的全方位立体化嫁接与耦合。从而实现好和完成好把立德树人

* 张丕强，上海立信会计金融学院金融学院副教授，主要研究方向为银行管理与金融市场。张经诚，上海立信会计金融学院金融学院金融学2016级金融学专业学生。李金鑫，上海立信会计金融学院金融学院金融学2019级金融学专业学生。

① 习近平．把思想政治工作贯穿教育教学全过程．新华网，2016年12月8日．

作为教育根本任务和全新的综合教育理念，构建全员、全程、全课程立德树人的新格局和新模式。这既是三全育人格局的内在基本要求和核心要求，也是基于中国特色社会主义核心价值教育的战略和现实考量。

这也就是说，新时代背景下的课程思政就是立足专业课程作为学科专业发展的基础地位，从全方位和多角度育人和树人的层级凸显课程价值，完成思政教育寓课程、课程教学融思政，实现润物细无声。要充分发挥各类课程的思想政治教育资源，共同致力于提高学生的思想素养水平、政治思想觉悟、道德情操品质、文化内涵素养。如何强化课程思政，加快思政教育与学科专业教育的深度融合是当下每一位高校教师必须全方位思考和迎接的崇高而神圣的重要使命。

本文将围绕课程思政视角下的“银行管理”课程建设的改革创新与实践探索。该课程思政以立德树人和教学质量提升为核心，以教学内容、教学方法和教学手段的创新为切入点，加强宏观金融理论与中国国情的银行管理与学生德育教育的全方位立体化融合，致力于专业课程教学中提高学生的思想觉悟、道德修养、情操熏陶和文化素养积淀，着力锻造学生在社会主义核心价值观指导下的综合金融问题分析思维与解决实际问题的综合素质与能力水平。

二、“银行管理”课程思政教学目标重塑与教学理念革新

课程是教育学中的基本术语，是基于教学计划的教学进程和安排。“银行管理”在金融学科建设中占有重要地位，是金融学专业学生的专业基础课。金融学科的不断发展也要求“银行管理”课程的教学内容、教学体系也随之发展更新，以体现其时代性和发展性。新时代中国特色社会主义理论的发展与创立为“银行管理”课程思政的开展提供了重要的理论思想指导。

“银行管理”在实施课程思政教学改革中积极探索、勇于创新，大胆实践新的教学理念、创新教学体系和教学内容，从而实现与课程思政完全融合的全新教学目标。我们认为课程思政教学改革首先要树立全新的教学理念，重新凝练和系统构建思政课程教学目标与“银行管理”课程专业知识有机统一和融合协调的教学目标与内容，为更好地实现立德树人、教书育人、知识传授、传道解惑、能力培养和素质提升打造全新的教学理念体系和目标体系（见表28.1）。

“银行管理”课程通过对银行管理基本理论问题的学习研究，探讨银行在现代金融体系中的核心作用和运作机理。通过课程思政与银行专业理论知识的系统有机融合和相互映射与渗透教学，使学生能够比较系统全面地掌握现代银行管理的基础理论和基本方法，培养学生以社会主义核心价值观为准绳来分析、研究、判断全球银行业和我国银行业面临的主要目标与任务、机遇与挑战、对策与措施。特别是如何解决和应对我国银行业在改革与发展过程中出现的新机遇、新问题、新挑战的分析问题与解决

实际问题的能力，以适应应用型财经大学在新形势下对厚基础、宽口径、高素质人才的培养目标。

表 28.1 银行管理人才培养目标

	人才培养目标	培养内容
1	知识培养	掌握银行管理的基础理论
		熟悉体系的运行规律与政策法律法规特征
		掌握通用银行报告与绩效分析方法
		熟练掌握银行业务流程与管理要素
		熟悉银行风险管理原则与方法
		熟悉银行国际化业务与全球化战略及并购
2	能力培养	解释金融现象的能力和预测宏观经济金融政策与经济发展趋势的能力
		培养逻辑分析判断能力和理论联系实际的能力
		培养逻辑分析判断能力和理论联系实际的能力
		熟练利用一切工具获取信息的能力
		具备基本的资料搜集、整理、分析能力
		具有解决工作实际问题的应变能力
		具有对新知识、新技能的自我学习能力和创新能力等
3	素质培养	以马列主义思想和新时代中国特色社会主义理论为指导，能够对西方银行管理进行全面客观评价的能力
		通过团队学习与分析讨论，培养学生团队协调能力、自律能力、组织能力和合作能力
		根据理论与实践，分析中外银行管理与发展特征与差异
		领悟中国特色社会主义市场经济银行体系的职能与特色；培养思想素质过硬的社会主义金融管理人才

三、“银行管理”课程思政教学体系重构与教学内容创新

在“银行管理”课程思政教学体系建设中我们重新设计和构建了全新的教学大纲体系。在新教学大纲当中全面融入了课程思政理念和课程思政元素，我们在课程的每一章中根据教材内容都设计了相对应的课程思政教学元素和教学案例，通过每一个课程案例潜移默化地进行社会主义核心价值观教育和爱国主义教育，使学生全面理解和认识中国共产党领导下的中国特色社会主义金融体系取得的伟大进步和辉煌成就。在课程思政课程体系的设置上，我们重构融入了中国特色社会主义市场经济体系的金融与银行管理

理论；在教学内容的安排上，我们注重对学生价值观、人生观和世界观的正确引导，在讲授外国银行理论时穿插讲授中国金融理论知识，并辅以中国金融实践案例，融通理论来自于实践又服务于实践的基本机理；在培养目标设计上，注重学生实际能力的培养，贯穿以学生为本，围绕以学生为中心，在课程思政与专业课程教学中注重培养学生的政治素养能力、协调能力、组织能力和团队合作精神，着力提升学生全面综合素质与能力培养。

在课程思政理念和元素的教学设计方面，从原来的机械式直接插入到现在有的放矢地在教学过程中润物细无声般地有机融入教学环节当中，使学生在学习专业课程和专业知识的过程中自觉与不自觉地受到课程思政教育，学生在充实专业知识的同时，升华了爱国主义教育，提升了社会主义核心价值观，在教书育人过程中起到了事半功倍的效果。

本课程包括七篇。第一篇为美国银行环境发展演变和美国银行法律和监管政策。在这一部分内容学习过程中，学生容易被美国银行业表面的繁荣和强大所迷惑，产生崇洋媚外的心理。因此，把社会主义核心价值观纳入本部分教学过程中。计划共计用 3 课时进行课程思政教学，其中课堂 1 个课时，课外 2 个课时。以美国 1929 年大萧条、2008 年国际次贷危机和中国银行业发展具体成就为案例进行教学。

本课程第二到六篇为银行管理理论与实务的教学内容，专业化程度很强，在本部分适时穿插一些课程思政教学元素，在抓小、抓细、抓实上下功夫。因此，可以补充马克思关于资本、银行的论述，对比社会主义银行体系和资本主义银行体系的本质不同，使学生更加清晰地理解社会主义银行体系的重要作用和意义。

本课程第七篇为银行国际化与并购重组，本部分内容主要讲述中美银行业形成的强烈对比与冲击，在价值观和意识形态方面容易给学生造成模糊感，甚至在部分学生中产生认同感。因此，在此增加 2 课时课程思政教学，让学生通过对比社会主义核心价值观和西方普世价值观再进行辨析，从而树立牢固的社会主义核心价值观。另外，根据本课程特征，在教学中要加强对学生进行职业精神教育，职业奉献精神和职业团队合作精神教育，培育复合型、应用型和国际型的职业金融人才。

四、“银行管理”课程思政元素与银行知识理论的融合创新实践

课程思政教学探索实践的难点在于，如何以通俗易懂的方式将思想政治教育与银行理论专业学习有机融会贯通，激发学生以政治的高度来理解和学习银行管理理论知识，并且能够扎实掌握和灵活运用。

由于本课程全英文教学采用了英文原版教材，课程体系主要内容集中体现美国金融业特别是美国银行业的制度法规和银行业务。因此，从弘扬社会主义核心价值观和激发学生爱国主义热情角度出发我们增加了中国金融体系的章节和内容，比较系统和全面地介绍了中国金融制度、金融机构、金融市场和金融监管以及中国金融发展所取得的巨大

成就。这些内容主要体现在以下方面。

一是重新设计和构建能够全方位立体化融合和渗透课程思政元素和银行专业理论知识的教学单元和模块，系统设计了银行管理课程思政教学大纲，在课程思政建设中高度重视意识形态问题，督导学生抵制西化意识，以鲜活案例和感人中国金融故事引导学生树立社会主义核心价值观，提高课堂教学质量和培育具有社会主义核心价值观的又红又专的新时代复合型、应用型人才。

二是精心设计和构造课程思政元素模块，有的放矢地打造课程思政红色金融模块。比如，2019 年恰逢中华人民共和国成立 70 周年，在举国上下热烈庆祝祖国生日的日子，最好的献礼方式就是祖国建设辉煌成就展示。“银行管理”课程也借此推出社会主义金融事业发展成就展示，中国工商银行成长之路就是在此背景下推出的。本案例介绍了改革开放以来，我国金融业发展取得了举世瞩目的伟大成绩，其中中国工商银行就是这样一个杰出代表，它从一家名不见经传的普通商业银行发展为全球最大的商业银行，在案例中我们从中国工商银行发展历程、发展战略、发展成就和社会责任等方面系统展示了中国工商银行发展之路，以此为例来说明社会主义金融事业的伟大成就和中国特色社会主义的巨大优越性。

三是以突出成就为标杆，开展民族自豪感教育。我们在课堂上讲世界十大银行排名时，从 20 世纪 80 年代到 21 世纪前 20 年，我们逐一列举了世界十大银行排名变化顺序。同学们惊讶地发现中国银行业的巨大发展变化。同学们看到了我国银行业取得的骄人成绩，在 20 世纪 80 年代后期到 20 世纪 90 年代中期，在世界十大银行中，日本占据了六个；从 20 世纪 90 年代中后期到 2008 年，世界十大银行排名中，美国银行占据了五家；从 2008 年后期开始一直到现在，世界十大银行排名中中国一直占据四家。在讲到取得这一辉煌成绩时，老师告诉同学们，这不仅是中国银行业取得的辉煌成绩，而且是我国改革开放取得的巨大成绩，没有改革开放和中国共产党的英明领导就没有中国经济的巨大进步和成绩。同学们由然而生地竖起大拇指点赞伟大祖国和伟大的党。

四是红色金融社会实践教育。我们利用寒暑假组织学生积极参与社会实践，基于“银行管理”课程思政的教学需要，我们指导了一组学生赴陕甘宁边区革命老区纪念地和陕甘宁边区银行考察和实践。学生们事前准备调研实践计划，到达陕甘宁边区后针对计划认真实践，返校后总结撰写了社会实践报告。他们总结到这次社会实践活动是一次非常好的对中国革命历史的深度学习和认识了解的过程，收获很大，感悟颇深。在考察中他们了解到在中国银行业的发展历史上，陕甘宁边区银行有着极其重要的历史地位与经济作用，其与中华苏维埃共和国国家银行有着直接继承的渊源关系，都是作为中国共产党领导下的人民银行的历史见证。这次活动进一步使学生深刻理解了党领导人民通过武装斗争取得新民主主义革命胜利成果的来之不易，我们不仅要更加珍惜今天的繁荣稳定，而且要更加努力学习去创造明天更加伟大的辉煌。

五是积极拓展国际化教育。在来华学习的外国留学生中开展今日中国和我爱中国宣传教育活动。近年来，课程教师团队多次担任来华外国留学生的专业课教学工作，在教学当中本人尝试把思政教学纳入到国际学生教学之中，对来华外国留学生系统介绍中国金融体系和中国经济与金融所发生的翻天覆地的巨大成就和人们的幸福生活以及一带一路推广介绍，外国留学生对中国的发展留下了深刻感受和美好的印象。

五、“银行管理”课程思政教学改革探索与实践创新的成效

“银行管理”课程思政教学改革以来，教师团队兢兢业业，一丝不苟，全力学习和提升政治理论水平和专业理论素养，竭力将课程思政与银行专业理论教学有机融合，把立德树人和教书育人贯穿到每一堂教学当中去。学生们在社会主义核心价值观教育下，人生观、价值观和道德观显著提升，学习热情和动机更加明确，精神面貌和学习热情空前提升，为中华民族伟大复兴而努力奋斗的动力更加强劲。

（1）学生的获得感大大增强。学生一方面获得了更加丰富的专业知识，另一方面也获得了政治素养、人文素养和道德素养等方面的提升。学生的学习动机更加明确，学习动力更加强劲，学习的拼劲更加十足。

（2）教师的政治素养和专业素养也同时获得显著提高。在课程思政教学改革与实践中，加强了社会主义核心价值观的传播，我们与学生共同学习探讨金融学与社会主义核心价值观之间的联系。有课程思政经验的教师指导专业教师，每一位教师积极进取，全力提升政治思想道德素质与修养，勇于探索金融前沿，提升课程的时效性和针对性。专业思政老师利用自身扎实过硬的政治理论功底指导银行管理专业课程教师完成好课程思政课程，竭尽全力开展各种学习与交流的机会，做到共同努力、共同学习、共同进步，教学水平和效果显著提升。

（3）实现了把教学从课堂延伸到社会实践。陕甘宁边区红色景区考察实践活动把课堂延伸到了社会实践，参加社会实践的同学认为这次社会实践活动是一次非常好的对中国革命历史的深度学习和认识的过程，收获很大、感悟颇深。他们认为这次活动进一步加深了对党领导人民通过武装斗争取得新民主主义革命胜利成果的来之不易，我们不仅要更加珍惜今天的繁荣稳定，而且要更加努力学习去创造明天更加伟大的辉煌。

总之，课程思政的核心本质和使命就是将高校思想政治教育融入课程教学和改革的各个环节和各个方面，实现立德树人润物无声。把立德树人作为教育根本任务的一种综合教育理念，实现全员、全程、全课程立德树人的新格局和新模式。本课程思政教学改革和创新实践仅仅是这种探索与实践的开始，我们将不忘初心，牢记使命，努力探索好和实践好课程思政教育教学改革。

参考文献：

［1］习近平．把思想政治工作贯穿教育教学全过程［EB/OL］. http//news. Xinhuanet. com/politics/2016－12/08/c1120082577. htm.

［2］习近平．在全国高校思想政治工作会议上强调：把思想政治工作贯穿教育教学全过程，开创我国高等教育事业发展新局面［N］．人民日报，2016－12－09（1）.

［3］高燕．课程思政建设的关键问题与解决路径［J］．中国高等教育，2017（8）：11～14.

［4］杨涵．从“思政课程”到“课程思政”——论上海高校思想政治理论课改革的切入点［J］．扬州大学学报（高教研究版），2018（4）：98～104.

29　高校学生成绩形成性评价的实施效果体会

赵捧莲　宋佳欣　蔡雨阳*

摘要： 当前高校在学生成绩评价中运用很多形成性评价的方式以更好地促进教学质量的提高。从理论和实践的双重角度看，形成性评价在提高学生的自主学习能力、及时调整教学活动、强化教学效果以及及时解决知识难点上都有很好的作用。但在高校目前的实际教学中形成性评价的作用发挥存在较大的发展空间；在应用形成性评价时应该注意形成性评价不能代替总结性评价；在形成性评价运用的同时，要注意师生的协同发展，充分调动学生学的主动性并增加对形成性评价结果的反思。

关键词： 师生互动发展；形成性评价；实施效果；学习主动性

引　言

当前绝大部分高校学生成绩的教学评价已经结束只重视期末考试的一维考核，而走向多元化—重过程—考能力的教学评价考核模式。也即在教学评价中已经走出了过度倚重总结性评价并走入逐步加大形成性评价的阶段。所谓形成性评价是通过诊断教育方案或计划、教育过程与活动中存在的问题，为正在进行的教育活动提供反馈信息，以提高实践中正在进行的教育活动质量的评价（陈玉琨，1999），国际著名教育家布鲁姆认为，形成性观察的主要目的是决定给定的学习任务被掌握的程度、未掌握的部分，目的不是给学习者分等或对其鉴定，而是帮助学生和教师把注意力集中在为进一步提高所必需的特殊的学习上。不难看出，形成性评价更注重教学质量的循序提高和师生的多维互动。

关于形成性评价的优势及操作方法和策略的研究文献已经较多，尚明霞（2011）、林静（2011）、操君（2013）、林青（2015）都对形成性评价在高校课程教学中的应用情况进行研究。但这种偏过程性评价的教学评价方法也可能会让老师和学生对整体的教学质量有所放松，很多老师仅仅为了评价而评价，没有将形成性评价结果作为改善教学方法的依据；据某高校的调查问卷（陶爱萍和林静，2012）显示，当前课堂教学的反

---

* 赵捧莲，上海立信会计金融学院金融学院讲师。宋佳欣、蔡雨阳，上海立信会计金融学院金融学院2016级本科生。

思一般仅限于教师个体之间，教师集体之间从未进行过教学反思活动，教师对课堂教学进行反思一般因为当时课堂教学中出现了偶发性的“教学小状况”。只有 15.45% 的教师选择了有经常性的教学反思行为。而学生对于教学过程中最关心的问题是教师的教学过程是否有效，教学过程能否引发师生的互动（占比 42.06%）。师生都有通过形成性评价提高教学质量的意愿，但总体意愿不是很强烈。说明当前高校在运用形成性评价时还存在诸多的问题。

在形成性评价运用的时候，如果师生之间的接纳程度较高，一般师生互动效果较好。著名教育家第斯多惠说过，“教学艺术不在于传授本领，而在于激励、唤醒和鼓舞”，也就是教育最大的关键在于激发学生学习的主动性。教师在课堂上所使用的发展性评价和鼓励性评价更能增强学生的自信心，调动学生学习的积极性。而高校教师是相对稳定的一份职业，教师的教学水平需在教学活动中不断提升，才能获得职业认同感，加强形成性评价对教师教学方法的指导有助于提升教师的工作成就感。

本文分析了形成性评价在高校教学中的作用，结合本人及本校部分教师在课堂教学中形成性评价的运用体会，提出在高校形成性评价中需要注意师生协同发展、调动学生学习的主动性、增加对形成性评价结果的教学反思等问题，另外指出不能重形成性评价而轻总结性评价，形成性评价也无法代替总结性评价。

一、形成性评价的作用分析

相对于课前的诊断性评价及课程结束时的总结性评价，教学过程中的形成性评价具有“诊断—反馈—调整”三位一体的功效。即形成性评价是在教学过程中进行的，通过评价对教学模式、教学方法及时进行调整；另外根据学生的反馈来找出课程内容中的难点问题，并有针对性地解决。具体来说：

（一）形成性评价可以及时调整教学活动

教师可以根据形成性评价的结果及时调整教学活动。以笔者所讲授的“金融衍生品交易”课程为例，该课程为一门经济学大类专业的选修课，在上该课程的时候，需要给学生讲授期货及期权交易的杠杆性原理。但上课时一般会结合学生的实际接收能力先给学生补充一些关于衍生品交易在资本市场中的地位，衍生品交易的基本交易程序和交易规则等，让学生对衍生品交易有一些基本的概念。因为作为选修课程的“金融衍生品交易”往往面对的学生基础是，这些学生仅仅完成了对“宏微观经济学”和“金融学”的修读，而对“证券市场学”和“投资学”的课程一无所知，如果仅仅根据教学大纲上的内容给学生按部就班地讲授知识模块，学生可能无法理解衍生品交易的杠杆性原理到底是如何运作和实现的。要求教师根据学生的已有知识水平对所授内容及时进行补充和调整，而对于金融学专业的高年级本科生则不需要对基础知识进行补充。形成性评价可以较好地检测出学生已有的知识和能力水平，可以帮助教师在课堂上更好地因材施教。

（二）形成性评价可以及时强化教学效果

形成性评价相对于总结性评价（形成性评价和总结性评价的主要区别如表 29.1 所示）最重要的特点在于，形成性评价是希望当前的教学活动能够变得更加高效、师生互动更加的融洽、知识的加工深度增加，让学生在学习的过程中理解知识，并更加注重学习的能力。形成性评价是为了改善教学活动，而总结性评价一般是在教学结束的时候给出的，总结性评价只能给出教师课堂教学的水平等级，学生学习相对于教学目标的质量的高低；而形成性评价可以强化教学效果，发扬好的教学方式、方法，使用高效的师生互动方式，而回避和舍弃差的教学方式方法，让教学质量变得更高效。

表 29.1　　形成性评价和总结性评价的区别一览表

比较标的	形成性评价	总结性评价
考核目标	为了改进教学活动	为了判断教学活动
主要特征	参与	顺从
考核标准	多样化	标准化
证据性质	定性和定量	定量
参照点	过去	既定标准
结果使用	多种方式反馈	正式报告

资料来源：Peter T. Ewell. Assessment and Accountability in America Today：Background and Context [J]. New Directions for Institutional Research，2008（fall）：7 –17.

在具体的评价方式上，教师可以采用课堂小测验、课堂间的教学互动、教学过程中的小组讨论、期中测验、课下座谈等形成性评价的具体形式，学生自身可以明确自己在该阶段是否达到了课程所需要的教学目标，通过教师的评价和反馈明确当前形势下自己在学习中存在的问题，锁定学习中的重点和难点，并消化这些重点和难点。而教师通过形成性评价可以马上知晓学生的知识掌握情况、班级普遍的能力水平、易错的知识点和难点。针对学生反馈的学习情况调整教学方法，调动学生学习的积极性。

（三）形成性评价可以及时解决知识难点

通过和学生之间的教学互动，教师对存在的教学问题做出分析，及时调整教学目标，改进学生参与教学的方式，给予学生辅导和帮助，扫除学生在学习中存在的障碍，提高学生的学业成绩，让师生在互动中获得教与学的协同发展。

（四）形成性评价可以提高学生的自主学习能力

建构主义学习理论认为，学习应该以学生为中心，要强调学生对知识的主动获取、主动发现并主动建构所学知识的意义。形成性评价主要是通过诊断教育方案或计划、教学活动中存在的问题，及时为教学活动提供反馈。形成性评价关注的不是学生最终的学习成果，而是学生在学习过程中的问题和不足，并对学生学习的自我规划进行调整，以使得学生学习的效果最终能达到更好的教学目标。

20 世纪 80 年代，Henri Holec 最早提出了“学习者自主”的概念，认为具备自主学习能力的学习者可以自主确定学习的目标，自主选择学习的进度、学习的内容，并能够恰当地评估自己的学习效果。国内学者徐锦芬（2004）结合英语教学的特点，提出在英语教学时英语的自主学习应该涵盖的内容为：了解教师教学目的与要求；确立学习目的并制订好学习计划；有效使用学习策略；监控学习策略的使用情况；监控整个学习过程。而国内外学者认为，对于自主性学习，教师应提供有针对性的教学指导，许多实验研究已经表明，通过系统的教学指导，学习者可以获得和使用某些自主学习策略，这些策略能够促进学习者对各科内容更好的学习。另外自主学习的能力还可以通过模仿的方式以及通过设计和实施学习实验来获得，但后两种方式任务繁重，充满挫折、效率低下。因此教师有针对性的指导是学生获得自主学习能力的最高效的方式。

二、高校形成性评价的教学运用体会

当前的高校形成性评价打破了传统总结性评价的单一考核方式，并将形成性评价和总结性评价有效地结合起来。以笔者所在的一所地方性应用型高校为例，学校在选修课上普遍应用形成性评价，并严格规定了形成性评价的考核规范。而最后的课程成绩组成中，形成性评价占据了较高的考核份额，通过对形成性评价的份额比例的管控，学生必须积极参与教学过程，才能获得较好的考核成绩，对于每一项的课程考核项目都要参与，整个教学活动过程的参与度比以往增加了不少，而这种效果在选修课上的体现比必修课更加明显。

从形成性评价的方式来说，笔者所在的高校给出了制定形成性评价的范例（见表 29.2）。而在形成性评价的考核方式中，课堂考勤/课堂互动、课外作业两项是必选项目，而另外两项教师可以根据课程的性质和特点做出合适的选择，比如实验课程可以让学生撰写实验报告，讨论课可以让学生进行小组演讲等。这样可以让学生对学习过程更加的关注，包括对课程的提前预习情况、学生在课堂上的表现等都可以对学生进行评价；老师在课堂上还要设置一些提问环节，来检验学生的预习和课堂注意力情况。

表 29.2　　平时成绩考核项目参照表

考核项目	课堂考勤/课堂互动	课外作业	阶段测验	期中测验
考核次数（次）	15	5	2	1
考核分值（分）	15	15	30	40
平时成绩考核评定依据与标准 ①每周考勤一次（随机），共 15 次，每次 1 分，共 15 分；②作业共收 12 次，其中 5 次记分（随机），每次满分 3 分，共 15 分；③阶段测验 2 次，利用课外时间（测验时间 60 分钟）（开卷），满分 15 分，共 30 分；④期中测验，利用课外时间（测验时间 90 分钟）（开卷），满分 40 分。				

通过对这种评价方式的应用，老师和学生逐渐适应了这种重形成性评价的教学方式。通过和老师的访谈，笔者了解到：从教学效果上来看，这种多重形式评价相结合的重过程的评价方式可以在一定程度上提高学生的出勤率，但主要针对选修课而言，必修课程不需要通过外在的手段来增加学生对科目的重视，因为学生对必修课本身就很重视。通过和学生的访谈发现，学生对于这种偏过程性评价的考核方式还是非常欢迎的，因为这样可以提高自己的最终考核成绩，而降低对真正学业考核方式的权重；从学校管理层面来说，由于高等教育的大众化，目前学生的基本素质和以往有所下滑，通过这种重过程的方式，可以一定程度上降低学校的不及格率，更加便于管理，而且可以更好地量化管理教师的教和学生的学；对于高校的教师来说，这种评价方式普遍不太受教师的欢迎，不但增加了老师的工作量，而对于实际的教学质量也是比较担忧的。从中可以看到，虽然形成性评价有很多好的作用，但在实际的使用中还存在不少的问题。

三、运用形成性评价需要克服的问题

（一）要注意师生的协同发展

在高校中，应摒弃重科研轻教学的观点，统筹教学与科研的关系，让老师在教学上增添使命感、责任感，在教学活动中获得成就感，并配合相应的职级晋升和激励政策，让老师上好每一堂课作为自己事业的一部分。在此前提下，通过教师和学生观念的协同，构建教师关爱学生，学生拥护老师的信任机制，形成师生协同发展的和谐氛围，为开展师生互动的课堂教学奠定思想基础。

在师生思想协同的前提下，横向深入挖掘师生的各自需求，努力探求师生相互依存、深度契合的差异化教学。鼓励教师开拓学生喜闻乐见的教学模式，开展教研融合的，以问题为导向的学习模式，调动教师和学生双方的积极性。让教师把每一堂教学都当作一个创造性的科研活动来对待，让教师有激情地对待三尺讲台，学生也能够在教师的主导下积极学习。

（二）要调动学生学习的主动性

形成性评价在调整教学活动和促进学生的学习上，发挥的作用比较及时。课堂教学是高校教学质量的细胞，每个细胞都鲜活饱满才能保证学校整体的教学质量。而大学的任务是创造较为高效的学习环境，教师是学生学习的促进者和学习环境的设计者，而不仅仅是一个知识的传递者。教学评价主要是用来促进学生学习的，而不是用来监控教师的教和学生的学的。教师的教—学生的学—教学评价是三位一体的，无法相互分离。

从学生端来说，中国的高校课堂上学生沉默不语是普遍现象，沉默是扼杀教学互动的杀手。现代教学理论特别强调师生互动对学生的发展价值。师生互动具有生成性，即时的交流互动会启发学生的思维，让学生碰撞出灵感的火花。传统的师生互动基本是通过言语互动来完成的，而随着技术工具的发展，人们逐渐开始探究借助新的辅助师生互动的工具，如信息互动、资源互动、游戏互动等。研究课堂上这些新型的师生互动模式和工具有利于改善课堂教学质量。

在调动学生的学习主动性上，目前笔者所在高校已经做出了一些有意义的探索。比如小班上课，目前学校规定选修课的班级人数不得超过 60 人，而实际情况是，很多的选修课班级只有二三十人，在这样的班级里上课的老师，由于上课人数较少，老师可以关注到每一个学生，可以增加课堂上的互动环节，这种小班上课模式相对于以往最多 120 人的选修课班级来说，教学效果大大提升。另外增加讨论课的节数、加大学生在课程上的参与度，比如以问题解决为导向设置小组作业，学生参与课堂的积极程度作为一项考核选项等，都会增加学生的参与度，增加课程学习的主动性。

（三）教师应增加对形成性评价结果的教学反思

形成性评价具有很多优点，教学过程中无法缺少形成性评价。形成性评价可以及时发现教学中的问题并立即进行修正。但从实际的教学实践来看，形成性评价的环节贯穿于整个教学过程中，可以说老师可以实时把握学生的学习情况，但如果老师没有好好利用这些考核机会，单纯为考核而考核，没有对自己的考核方式进行反思、总结，那么即使运用到了形成性评价，也无法做到对教学活动的及时调整，形成性评价的作用就发挥不出来。因此，教师应当对形成性评价的教学结果进行及时的反思，并做出教学方式方法、内容上的调整。

（四）不能重形成性评价而忽视了总结性评价

虽然形成性评价具有很多优点，但在高校的教学中不能轻视总结性评价的作用。总结性评价就好比高考中的指挥棒，考试的时候考哪些学生就对哪些掌握得牢固。高校中课程的学习也是一样，学生在通过总结性评价考核的同时，对课程中的知识点进行深加工，把科目中的知识纳入到自己已有的知识体系，将课程的知识点内化为自身的知识，这样才能实现教学的最初目的。如果学生仅仅是参与很多体力活动就可以拿到一个自己满意的成绩，导致学生对知识的理解深度不够，随着时间的推移，该课程仅有的一点记忆也是会被时间抹去的。

参考文献：

［1］林青．过程性评价在高校教学管理评价中的践行［J］．山东农业工程学院学报，2015（9）：113～114.

［2］尚明霞．形成性评价在高校教学改革中的应用［J］．黑龙江教育，2011（12）：62～63.

[3] 操君．形成性评价在高校课程教学中的应用 [J]. 安徽农业大学学报（社会科学版），2013（5）：117~121.

[4] 林静．形成性评价在高校课程评价中的应用 [J]. 现代教育管理，2011（9）：66~68.

[5] 俞佳君．以学习为中心的高校教学评价研究 [D]. 武汉：华中师范大学，2015.

[6] 周景人．中美高校教师教学评价的比较研究 [D]. 上海：上海师范大学，2014.

[7] 程颖．形成性评价研究与实践——基于大学英语自主学习模式的实施 [J]. 重庆电子工程职业学院学报，2010（2）：110~111.

[8] 徐锦芬．非英语专业大学生自主性英语学习能力调查与分析 [J]. 外语教学与研究，2004（1）：64~68.

30 高校财经专业人才培养中党建与思想政治教育融合发展的思考

徐学锋 孙娴斌 李晓曦 黄文韬*

摘要：高校大学生党建工作和思想政治教育发展，对新的历史时期高校人才培养的教育改革具有十分重要的意义，本文以高校财经专业人才培养为例，提出了促进高校财经专业人才培养中党建与思想政治教育创新融合发展的三个方面的思路。

关键词：高校财经专业；人才培养；党建思政

改革开放40多年来，我国的经济取得了巨大的成就，高等教育也得到了飞速发展。为适应经济的高速发展，1999年开始我国高校实施扩招，高等教育进入了大众化的阶段。目前，我国高校大学生在校人数已经超过了3000多万人，改革开放后的经济发展，使我国高校财经类专业成为社会的热门专业，报考人数高居不下。在各高校中，财经类专业大学生占了相当大的比例，这是与我国的改革开放以经济发展为中心，对财经类专业的大学生的社会需求量加大密切相关的，高校财经专业为我国经济管理培养了大量的专业人才。高校财经类专业大学生就业方向是主要从事我国宏观经济管理和企业管理工作，这些单位和企业是我国经济的关键单位和企业，我国高校财经类专业大学生的思想政治素养和职业素养直接影响着我国的经济发展。在新的历史时期，如何把二者有机地融合创新发展，全面贯彻党的教育方针，解决好培养什么人、怎样培养人、为谁培养人的根本问题，培养一代又一代拥护中国共产党领导和我国社会主义制度，立志为中国特色社会主义事业奋斗终生的德才兼备的人才，是目前高校党建工作和思想政治教育改革的当务之急。

一、问题的提出

关于如何把高校大学生党建工作与思想政治教育相结合的研究，是从2008年开始的。2008年在中国哈尔滨召开的关于“改革开放与中国高等教育”的论坛上，中国人

---

* 徐学锋，上海立信会计学院金融学院教师。孙娴斌、李晓曦，上海立信会计金融学院金融学院2017级金融12班学生。黄文韬，上海立信会计金融学院国际经贸学院2016级服务经济1班学生。

民大学吴潜涛教授等发表的《高校学生党建与思想政治教育 30 年主要成就、经验及启示》[①] 的文章，不仅指出了高校学生党建与思想政治教育从恢复与初步建立到全面发展的几个阶段，还试图将两者结合起来，主张发挥思想政治教育课堂教学的主导作用，努力探索加强高校学生党建与思想政治教育的新途径。这为研究高校大学生党建工作与思想政治教育提供了新的视角，引导、激励更多的专家、学者从两者的关系入手去研究高校大学生党建和思想政治教育的发展提升。高校是为社会和企业培养高素质人才的摇篮，需要从德、智、体、美、劳等多个方面对人才进行培养，促进人才的全面发展。党的十八大以来，很多高校已经开始认识到针对大学生开展思想政治教育的重要性，尝试将高校党建工作与思想政治教育进行协调以促进人才培养，适应新形势下国家社会对合格人才的需求。但是目前针对高校党建和思政教育融合创新模式的方面研究内容较少，特别是针对高校财经类人才培养中如何融入党建与思政教育融合创新发展的研究就更少了，有的都是针对两者其中之一进行研究，因此无法对高校人才思想道德素质方面的培养工作提供深入的理论参考，也无法指导实践过程的顺利开展。特别是，目前针对高校党建和思想政治教育协调的研究，大多数都集中在理论层面，针对具体的实施策略、有效途径等方面的研究比较少，在理论研究方面也不够深入，无法在实践中更好地指导高校人才培养计划的实施，无法更好地促进我国高校人才培养与教学改革效果的提高。

二、创新的思路

笔者认为，在高校财经专业人才培养中必须以习近平总书记关于新时代中国特色社会主义思想为指导，深入贯彻党的十八大以来的路线方针和政策，按照习近平总书记关于教育的重要论述，特别是习近平总书记在全国高校思想政治工作会议上关于把思想政治工作贯穿教育教学全过程，开创我国高等教育事业发展新局面的讲话统领高校财经专业人才培养全过程。为此，提出高校财经专业人才培养中党建与思想政治教育融合发展创新的三方面思路：

（1）建立高校大学生党建工作与思想政治教育融合创新发展的理论体系。高校大学生思想政治教育与党建工作是相辅相成、相互促进、共同发展的，两者都是在党的教育方针的指导下进行立德树人的工作，在教育内容、教育目标、教育的方式方法上都具有内在统一性。有必要探索二者融合创新、相互协调促进的理论体系，从而指导实践工作。

（2）建立高校大学生党建工作与思想政治教育融合创新的发展模式，把该创新发展模式嵌入到高校财经类专业人才培养教育教学全过程中去进行实践尝试，从而实现应

---

① 吴潜涛，赵爱玲，范笑仙．我国高校党建与思想政治教育 30 年——主要成就、经验及启示［J］．中国高等教育研究，2008（7）．

用推广的实际应用价值。

（3）建立高校大学生党建工作与思想政治教育互动协调的长效机制，不断适应我国高校教学改革的发展。

三、具体的措施

（1）借鉴高校党建工作与思想政治教育工作两个方面的理论与实践经验，选择从学生接受度和满意度角度实施高校大学生党建工作与思想政治教育工作有效性举措。在有效界定高校财经专业人才培养的内涵、职责与职业特点的基础上，归纳高校财经专业人才培养中党建工作和思想政治教育工作的基本内容、方法和特殊性，明确党建工作与思想政治教育有效性的内涵及评价标准，建立理论基础。

（2）通过与大学生和辅导员、思政课通识教育课老师、专业课老师进行访谈，选定相应的调查样本，发放调查问卷，调查目前高校大学生培养中党建工作和思想政治教育工作有效性的现状，以及有关影响因素，总结开展党建工作与思想政治教育工作融合创新发展的有益经验，提出合理的对策建议。

（3）有针对性地调查大学生党建工作与思政教育所显现出来的问题与矛盾，采取调查问卷、实践实验等方式搜集相关的数据，对得到的数据进行分析整理，以更加清晰、直观的方式呈现出来，通过呈现这些数据来反映大学生党建工作与思政教育中存在的具体问题。针对思政教育以及大学生党建工作中存在的问题、两者相结合的可能性等问题找相关部门的教师、工作人员、学生进行回访，听取他们对于这些问题的看法，共同探讨改进的方法与措施。对于调查得来的数据以及思政教育与大学生党建工作所反映的问题加以分析，分析得出导致这些问题存在的具体原因，探索解决问题的具体方法。

笔者认为要更好地指导高校财经专业人才培养计划的实施，更好地促进我国高校财经人才培养与教学改革效果的提高，就必须对高校财经专业大学生党建工作与思想政治教育进行全方位的考量，涉及大学生党建工作、思想政治教育的主体、客体和介体，范围涵盖第一课堂、第二课堂和教育环境、教育评价等方面。通过把高校大学党建工作与思想政治教育进行融合创新，并融入财经专业的人才培养教育教学全过程中去，把立德树人的教育具体落实在专业培养的全过程实践中，把高校财经专业人才培养中的党建工作、思想政治教育和职业专业培养融为一体，建立高校立德树人与专业培养有机结合的高校教学改革的长效机制，设计出高校大学生党建工作与思想政治教育有效融合创新的实效性建设的方向和基本原则。为高校财经专业人才培养教育教学全过程提供立德树人的党建、思政与专业相结合的创新发展方案，并形成长效发展机制，为高校大学生其他专业人才培养提供可推广、可复制的模式，取得高校教学改革的新突破。

参考文献：

［1］习近平．在实现中国梦的生动实践中放飞青春梦想 在为人民利益的不懈奋斗中书写人生华章［N］．人民日报，2013－05－05.

［2］习近平．习近平在北大考察：青年要自觉践行社会主义核心价值观［N］．人民日报，2014－05－05.

［3］习近平在全国高校思想政治工作会议上强调：把思想政治工作贯穿教育教学全过程，开创我国高等教育事业发展新局面［J］．中国高等教育，2016（24）.

［4］习近平．习近平谈治国理政：第2卷［M］．北京：外文出版社，2017.

［5］习近平．在北京大学师生座谈会上的讲话［N］．人民日报海外版，2018－05－02.

［6］习近平在全国教育大会上强调坚持中国特色社会主义教育发展道路培养德智体美劳全面发展的社会主义建设者和接班人［EB/OL］. http：//news. cctv. com/2018/09/10/ARTILsb0tyXScrmnKqoKe2Z3180910. shtml.

［7］习近平．习近平主持召开学校思想政治理论课教师座谈会——用新时代中国特色社会主义思想铸魂育人，贯彻党的教育方针落实立德树人根本任务［N］．人民日报，2019－03－19.

［8］习近平．在纪念五四运动100周年大会上讲话［N］．人民日报，2019－05－01.

［9］习近平主持召开学校思想政治理论课教师座谈会强调：用新时代中国特色社会主义思想铸魂育人，贯彻党的教育方针落实立德树人根本任务［J］．党建，2019（4）.

［10］教育部课题组．深入学习习近平关于教育的重要论述［M］．北京：人民出版社，2019.

［11］薛娟．专业课教师在高校德育中的地位、问题及对策［J］．思想理论教育导刊，2017（4）.

［12］顾明远．马克思主义教育思想在中国——纪念马克思诞生200周年［J］．北京师范大学学报（社会科学版），2018（3）.

［13］童潇．非思政课专业教师应特别增强授课中的思想政治教育意识［J］．红旗文稿，2017（14）.

［14］徐曼，冯小桐．新时代思想政治教育创新发展研究［J］．思想政治教育研究，2019，35（03）.

［15］冯刚，成黎明．改革开放以来高校思想政治工作的实践与理论发展［J］．思想理论教育，2018（10）.

31　金融业科技化对大学金融学教育的影响及应对

杨尔稼　李佳琦　张嘉胜*

摘要：金融学以研究货币、货币流通活动为主要对象，旨在通过资金的有效配置，促进经济健康发展，提升整体经济的效率，是一门理论性、实践性都很强的学科。大学金融应当研究新时代的金融、创建符合新时代需要的新型金融学科体系，培养符合市场需求的新型金融人才。改革开放40多年，目前我国已进入了新时代中国特色社会主义建设时期，金融市场规模、金融行业生态、金融业务模式都已经发生了翻天覆地的变化，本文针对新时代金融业的需求对大学金融教育应如何应对做出专门探讨，认为应该立足于传统理论、优化交叉学科体系，增强校企互动以及鼓励学生实践四个方面对当前高校金融学教学做出调整，以更好地应对金融业科技化的挑战。

关键词：金融业科技化；金融学教育；金融人才培养

一、金融科技化是当前金融业发展的趋势

根据中国人民银行金融业机构资产规模统计数据，截至2018年底，我国金融业机构总资产规模达到293.52万亿元，其中银行业机构总资产268.24万亿元，证券业机构总资产6.95万亿元，保险业机构总资产18.33万亿元。其中银行业规模已稳居全球第一，债券、股票、保险市场也成为全球第二大市场。已经形成了覆盖银行、证券、保险、基金、期货等领域，种类齐全、竞争充分的金融市场体系。

金融科技化是当前金融业发展的重要趋势。截至2018年末，我国数字经济的规模达到31.3万亿元，占当年金融行业总资产规模的10.7%。而人工智能、云计算、大数据、区块链等技术在金融业各业务领域中使用的范围逐渐拓宽。当前科技金融主要涵盖了智能风控、智能客服、智能投顾、大类资产配置、互联网小额贷款、个人信用以及保险相关的业务领域。相较于传统业务模式，这些技术的应用对于金融人才也提出了新的需求，如何满足这些新的需求对于大学金融教育是一项十分重要的课题。

---

* 杨尔稼，上海立信会计金融学院金融学院讲师，博士，主要从事资本市场研究。李佳琦、张嘉胜，上海立信会计金融学院金融学院2016级金融学CFA2班。

二、金融科技化提升对复合型金融人才的需求，加速知识结构更替

金融科技化的发展趋势客观上要求未来金融从业人才应当是复合型的专业化人才，除了要掌握坚实的金融理论知识作为基础之外，还应具备不同程度的大数据分析、计算机编程、人工智能等能力。

以人工智能在保险资产管理行业的运用为例，智能风控和智能投顾是当前应用最为广泛的两个业务领域。

智能风控又可以分为事前、事中、事后三个环节。事前智能风控主要通过建立一整套风险预警体系，针对潜在的风险事件做出风险提示，进行前瞻性的决策。这需要以金融学基本理论知识为基础，通过大数据分析、人工智能的方式寻找风险事件与预警指标之间的关系；需要熟练的计算机编程技术及时地、动态地计算出这一体系中的指标；需要能够借助信息技术的手段及时地将这些指标结果传递到决策者手中；需要定期的收集反馈意见来调试指标体系。

事中、事后的智能风控主要是基于法律法规、政策性规章制度以及公司自身的风险偏好，设立关键风险指标、风险限额，利用完备的底层业务数据及时、准确、动态地计算相关指标，并以此为依据作为金融业务监测、管理的依据。

可以看出，事前、事中、事后风控在整个业务环节中，都涉及金融学基本原理知识、大数据分析能力、人工智能技术、计算机编程能力以及信息技术能力，因此，对人才的要求是相当高的。

本文虽然是以保险资管业的风控业务为例加以说明，其实对于银行、证券、基金、期货的风控来说也是大同小异的。这些不同的金融机构进行风险管理的总体框架和思路都是相近的，所不同处仅在于不同金融子业涉及的具体风险动因存在差异。

从智能投顾的角度来看，主要涉及大类资产配置与品种投资两个方面。智能大类资产配置主要在于利用相关技术，量化机构投资者的风险偏好，预测资产的长期收益率特征以及相关关系，再以机构投资者面临的实际投资限制为基础，生成资产配置的备选方案，最后再结合金融机构的负债端约束条件、监管要求等，筛选出合适的方案予以实施。在这一过程中，资产长期收益率及相关关系的确定都需要用到机器学习、神经网络等方法，而有效前沿的生成也涉及遗传算法等相关的优化技术。

从品种投资的角度来看，当前量化投资类产品中已经大量开始利用人工智能技术构建产品的投资策略，进行产品回测。量化投资业务团队在招聘员工时，也主要倾向于从计算机、数学、物理、统计等学科领域吸收应届毕业生，金融专业的毕业生反而较少。非量化投资的相关产品，目前也开始通过使用大数据分析的技术选取相关因子，来拟定投资策略。因此从以上的行业现实来看，人工智能、计算机能力以及大数据分析能力是

非常重要的职业技能。

新技术的兴起除了创造出新的需求之外，对原有的知识技能也将产生不同程度的更替作用，这一点在金融服务相关业务中非常明显。例如，支付过程中人脸识别、声纹识别、虹膜识别技术的应用；再如银行中间业务中智能机器人的使用，都极大地简化了原有的业务流程，节约了人力成本，降低了交易成本。但是从人才需求的角度来看，传统上的银行柜员，有逐渐被智能设备替代的趋势。再比如财务会计核算，随着ERP系统、智能系统的运用，传统上的会计核算功能可以完全由机器来实现，人工也有被替代的趋势，这都对大学金融教育应当培养何种人才提出了挑战。

三、应对金融科技化的大学金融教育变革建议

为了能够更好地满足新时期金融行业发展所需要的人才需求，有必要对大学金融教育进行适当的调整，使之能够符合新的需要。为此，本文提出以下几点建议：

（1）要注重学校教育与金融业变革的紧密联系。当前，高校金融教育仍注重传统金融理论知识的传授，但对于国内外金融行业的政策导向、最新现状、发展趋势则涉及不多。经典理论知识的学习对于学生而言固然十分重要，但是从企业对金融人才的需求角度来看，了解行业现实及未来发展方向的应届毕业生无疑更受欢迎，也更加容易实现从高校跨向企业的过渡。因此在大学教育阶段，有必要加强课堂与行业的互动。可以通过邀请行业专家定期开展讲座、定期进课堂授课、担任学生校外导师的形式，将行业力量引入校园。学校在引进行业专家时，也应结合学校的学课体系及金融行业的发展趋势，系统性、针对性地选择相应人员，避免单纯追求数量。

（2）要坚实金融学基础理论体系的建设。经典理论的学习仍然是金融教育的基石，对经典理论的传授仍然是教学工作的重中之重。但是，由于金融学科的实践性与理论性同样重要，在传授金融理论的同时，要以培养学生运用理论解释现实的能力为导向。注意在教学过程中增加案例、实验实操的内容，给学生运用理论创造机会，提升学生运用理论分析、解决实际问题的能力。应尽量避免出现学生学习知识步入社会后，感觉所学无用的尴尬局面。

（3）对于交叉学课的系统化建设要予以重视。金融科技化对于复合型背景金融人才的需求大大提升了，传统上的劳动密集型工作则有被人工智能渐渐取代的危险。因此，对于大学金融教育而言，要紧密结合金融业未来的发展趋势不断更新、完善课程体系的建设。除了对经典理论的学习之外，应当根据专业特点，不同程度地融入计算机编程、大数据分析、人工智能、数学与统计等相关课程，使得学生在校期间，就能对科技金融的整体框架有全面了解，为日后进一步的学习、就业打下基础。使之成为未来金融行业合格的生力军。

（4）重视学生实践能力的培养。学生实践方向的选择十分重要。要建立各种机制，

鼓励学生开展企业、社会实践。通过校企、院企以及学生个人与企业的三级联动机制，为学生创造更多的实践机会。学生自己选择的实践以个人兴趣为主。校企、院企合作实践平台的选择则应结合金融业发展趋势及就业市场的供求关系，妥善加以选择。通过完善的实践制度，可以帮助学生深化在校所学，同时也能够加深学生对企业、金融行业以及社会的认知，为最终迈向社会打下良好的基础。

参考文献：

[1] 刘鸿儒. 金融学课建设要牢记时代使命 [J]. 中国金融，2018 (12)：30~31.

[2] 易纲. 新中国成立70周年取得辉煌成就 [J]. 中国金融，2019 (19)：9~13.

[3] 刘青. 金融业云计算应用现状及对会计和监管的挑战 [J]. 金融会计，2019 (8)：61~67.

32 "互联网+"背景下金融专业混合式教学模式研究

杨凌霄　张潇月　贾晗*

摘要："互联网+"背景下混合式教学有效融合了在线教育与面授教育的优势，通过灵活的教学策略为学生提供高度参与、个性化强的学习体验，有助于提升课程教学效果。因此，各高等院校也在不断推进混合式教学的广泛应用，但是仍在教学模式选择、教学资源建设、教师能力培养、学生自主参与等方面面临较大问题。鉴于此，本文针对金融专业课程特征积极探索网络资源与课堂教学有效融合的时空重构方式，提出基于"互联网+"对分课堂的混合式教学模式，期望进一步提高金融专业人才培养质量。

关键词：混合式教学；对分课堂；金融专业

引　言

伴随现代信息技术的快速发展，"互联网+"模式推动了诸多传统行业经营模式的巨大变革，教育行业正是其中深受影响的领域之一。从早期在线教育开始，"互联网+"模式就大大拓展了人们获取知识的渠道，也逐渐促使传统教学模式随之不断延伸与重构，以面授讲解为主的传统教学模式正在被在线教学模式、翻转课堂教学模式、O2O 教学模式等融合与替代（赵文杰等，2018），其中，混合式教学更被视为未来教育的新常态（Porter et al.，2014）。

混合式教学可以理解为传统面授教学与在线网络学习的有机结合，教师把控学习方向，充分调动学生的自主性与积极性，推动学习者认知结构的融合、迁移与创造，从而提升教学质量与学生的综合素质。近年来，随着 MOOC、SPOC 等基于网络课程平台的广泛普及，混合式教学在高等院校专业课程中也得到了井喷式的发展，但也存在线上线下教学隔离、教学资源建设更新不及时、师生互动受限等困境，限制了混合式教学效果的发挥。对于理论性、实践性与变革速度都极强的金融专业而言，"互联网+"背景下

* 杨凌霄，上海立信会计金融学院金融学院讲师、博士。张潇月，上海立信会计金融学院 2016 级金融学（CFA）本科生。贾晗，上海立信会计金融学院 2016 级金融学（CFA）本科生。

的在线课程能够提高信息流动速度，创造泛在学习环境与全新学习体验，但是也因其碎片化、多任务、无约束的特征，从而容易促使创新模式成为“滋生浅层学习的温床”（张浩和吴秀娟，2012），如何有效使用混合式教学模式，推进线上线下教学的真正融合互通，提高提升学习者在真实情景中运用理论技能解决实际问题的综合能力，对接当代社会发展对建构高层次金融人才关键能力的诉求，已成为“互联网+”时代高等院校金融专业教学改革的关键问题之一。

一、混合式教学概念的演变

自20世纪90年代末至今，混合式教学已经过20年的发展，国内外教育界已将其宽泛界定为“面授教学与在线学习的融合”，但是伴随信息技术的发展与教学维度的深化，混合式教学的概念也经历了由强调技术特性转向教学特性的过程，厘清混合式教学概念的演变有助于构建真正有效的混合式教学策略。

2000年开始，混合式教学开始引起国内外学者与教育实践者的关注。这一阶段的信息技术开始应用于传统教学之中，混合式教学模式随之出现，被界定为在教学过程中结合了一定比例的在线教学与面授教学的模式。许多学者认为混合式教学是传统面对面教学与新兴在线教学之间的过渡阶段，信息技术教学过程中的主导作用是该阶段混合式教学重点强调的内容。

2007年之后，混合式教学的界定包含了技术关注与教学特征两个层面。一方面，在技术应用特征上，混合式教学中在线教学与面授教学的比例得以更清晰的界定，如Sloan联盟认为只有30%～79%的教学内容采用在线教学模式的才能称为混合式教学，而Means等（2013）则认为混合式教学中25%以上的教学内容须采用在线教学模式。另一方面，这一阶段的混合式教学更加关注学习策略的创新设计，强调混合式教学对学习交互的影响，它被界定为学生间、师生间、学生与教学资源间线下交互与线上交互的融合（Bliuc et al.，2007）。由此，越来越多的教育者认识到混合式教学是教学模式的根本性创新，它不仅是信息技术应用于教学过程的体现，更重要的是促使教学中心转向学生，增强了教学过程中的交互环节，促进了评价机制的综合性。

2013年以后“互联网+”时代的到来，推进移动信息技术正式纳入混合式教学范畴，混合式教学中的在线学习范畴扩展至移动通信设备支持与传统网络学习环境。更重要的是，各国教育者更加重视教学特征中学习体验的创造，混合式教学被界定为一种“以学生为中心”的理念下教学与辅导方式的新型融合，旨在为学生创造一种高度参与、个性化强的学习体验（Goodyear and Dudley，2015；Smith，2017）。伴随混合式教学的范畴界定逐渐从技术强调过渡至学习体验，混合式教学的基本目的也进一步明确，这种创新教学模式因能够取线上线下教学二者之长，将移动终端与互联网技术有机融合至课堂学习过程中，有助于灵活开展教学策略设计，从而提升增强学习效果。

二、高等院校金融专业开展混合式教学存在的问题

“互联网 +”背景下在线课程发展如火如荼，MOOC、SPOC 等网络课程平台成为高等院校专业学习的第二课堂，混合式教学模式也随之成为教学改革的重要方向。对于金融专业而言，知识变更速度快、创新能力要求高，有效使用新阶段混合式教学模式有助于切实提升人才培养质量，因此近些年来越来越多的院校开始尝试使用混合式教学模式。但是，基于“互联网 +”阶段混合式教学的概念范畴可知，真正有效的混合式教学是在信息平台基础上对教学策略开展充分的“再设计”，创设积极、个性的学习体验环境，引导学生主动参与课程，不断反思知识的本质属性及其与实务的内在关联，实现从浅层学习走向深度学习。而目前混合式教学开展的过程中，“再设计”这一关键环节普遍未得到充分重视，教学模式、教学资源、教师能力与学生参与等方面仍存在明显问题。

（一）线下主导型混合式教学模式较为普遍

虽然开展混合式教学尝试的院校较多，许多课程也建设了网络资源，但是整体学习过程仍以主要面对面的课堂现场授课、讨论的方式完成知识传授。在线学习与移动学习的主要作用仍在于呈现教学资源，比如案例视频的课上展播、知识点课下辅助学习等。这种线下主导型模式仅是互联网技术与专业教学表面结合而实质分离的表现，师生间、学生间围绕教学资源开展的交流不足，互联网技术仅是辅助了知识信息的单向流动，没有合适的教学策略设计推进以共享、交互为核心的学习体验升级。

（二）网络教学资源建设性质单一、更新不足

网络教学资源是开展混合式教学资源的基础。多数高等院校早已开展网络课程平台的大力建设。但是从资源内在性质而言，以往多数网络课程集中提供的课程简介、课程大纲、授课计划、课程 PPT、部分授课视频等属于课程基本素材，只是课堂教学资料的网络翻版，脱离课堂环境后对学生自主学习的激励作用较小。而课程前沿拓展资料、原创案例资料、在线习题及在线考试等自我评价机制等有助于学生延伸学习的资源并不丰富，学习进度跟踪等个性化网络学习工具较为缺乏，难以吸引学生真正参与到网络课程之中。同时，传统网络课程平台都提供了互动栏目，其中主要包括 BBS 论坛、答疑区、作业发布与提交等模块。但从互动栏目的应用来看，BBS 论坛普遍存在人气不足的情况，能够开展丰富交流讨论的课程较少，在这种情况下，网络课程平台实质上也只承担静态发布教学资料的功能，学生能浏览，但不能及时有效的沟通，网络课程也就逐渐偏离原有目标，造成教学资源利用率低、资料更新速度降低、混合式教学技术基础薄弱、教学效果无法提升的恶性循环。

（三）教师教学胜任力仍需强化

“互联网+”时代的混合式教学以提升学习体验为核心，也强调教师不能简单复制传统面授教学的方法，应在课程准备、策略设计、交流组织、动机激发、技术支持等方面提升综合教学能力，为学生提供良好的教学环境。2014年，iNACOL曾发布一份专项研究报告，从四大维度对从事混合式教学的教师应具备的能力进行了总结，如表32.1所示。特别是对于金融专业而言，教师不仅需要扎实的理论基础，更应具备创新能力、数据思维与实践能力，从而及时引入市场前沿内容，激发学生网上学习的兴趣，提高课堂互动交流的气氛，鼓励学生不断反思知识的本质属性及其与金融实务的内在关联，夯实专业学习效果。但是目前来看，教师有效使用在线教学与混合式教学的经验较少，混合式教学的胜任力有待提升。而针对这一教学胜任力的培训课程与同行交流也尚未得到充分推广，进一步限制了教师开展混合式教学的能力提升。

表32.1　　iNACOL混合式教学教师能力

领域	具体能力
理念	教学的前瞻视野、把握教育变革方向
素质	勇气、协作的能力
适应能力	反思、持续创新、沟通的能力
技术能力	数据思维和实践能力、教学策略、教学管理、教学工具应用能力

（四）学困生大量存在，学生参与度不足

大量研究发现，学生对混合式教学的积极性、接受度与认可度直接影响教学效果（So和Brush，2008；LIorente等，2016）。但是我国长期以来的传统教育模式使很多学生更加习惯于信息传递式课堂，上课以接受、记忆知识为主要目标，再加上智能手机普及带来的娱乐方式干扰，学生往往机械跟随老师指令，记笔记、背概念，以完成表面任务避免课程惩罚为最终目标，学习投入度不足，对课程交流互动参与度较低，不质疑、不思考，难以把握信息内在逻辑。对于金融专业而言，更多课程涉及金融知识的综合应用，比如证券投资分析，需要学生运用证券分析方法确定目标证券与交易策略；个人理财规划，需要学生运用财务分析知识分析家庭资产负债表，确定合理的家庭资产配置结构等。这些课程本身更适合混合式教学模式，需要学生调用综合理论知识、构建学习共同体，通过充分的讨论、协商、互助、合作，达到学习要求，但是往往因为学生的学习动机、学术困难、技术障碍等原因，导致课下网络学习进度停止、课程讨论氛围难以形成，最终影响了混合式教学的教学效果。

三、金融专业混合式教学模式的重构与设计

针对现有金融专业混合式教学存在的问题，未来在改进教学策略设计时可考虑融合

张学新（2014）提出的对分课堂模式，其核心是将课堂时间一分为二，一般由教师开展知识点讲授，另一半由学生主导开展交互式学习，两段任务中留出学生课下自主学习实现知识内化的过程。对分课堂模式能够帮助教师在把控学习要点的前提下实现角色转变，推动学生自主吸收知识并参与讨论学习。基于“互联网＋”对分课堂的混合式教学更加强调了教师在网络平台上的问题引导与讨论过程监控，从“拉”和“推”两个方向提升学生参与学习对话的强度，增强其知识迁移与应用的程度，提高基于知识点的交流讨论效果，从而更适合现阶段混合式教学模式的推广与应用。具体的教学策略设计包括以下四点：

（一）教学步骤周期化

基于对分课堂的混合式教学将采用周期化的教学步骤，即教师建立在线课程资源后，梳理课程知识要点，并采用2线上＋2线下的教学步骤，即每一组知识点的课程学习，都先由学生完成线上预习，再由教师视情况完成要点讲授引导，之后要求学生课下利用在线平台吸收知识，最后安排课程讨论互动时间。在每一个阶段，尽量促使学生有效利用网络资源提升学习体验：新要点讲解前发布预习与测验任务，学生需利用在线课程资源和微课视频完成预习并完成微测验、微作业，帮助教师了解学生预习程度与学习需求，以更好地设计课堂教学活动。正式授课时教师可根据学生预习情况调整要点讲授安排，利用在线课程中的案例视频资源等完成课内面对面讲授，并适当增加小组讨论、移动终端交互等师生交流方式，多渠道实现实时答疑。课后通过在线课程平台推送相关要点拓展资料与讨论课流程，督促学生完成知识的吸收与内化，并形成自身观点，做好参与交流讨论的准备；讨论课由教师根据基本流程引导学生积极参与，为充分调动每一位学生的积极性，应考虑综合使用小组讨论、移动终端平台交流等方式提高课堂气氛。

（二）课程模式个性化

金融专业课程理论体系繁杂、实务革新迅速，不同课程特点也具有差异，因此具体应用混合式教学模式时应考虑进行针对性创新。对于基础理论课程，教师对内容框架、基本概念与重点难点的讲解应更详细，讲授时间安排要更长，有助于学生课下的吸收积累，讨论课程可以采用“补习班”模式，采用学生提问学生回答、学生提问教师回答等角色互换形式对知识点查漏补缺；对于实务性较强的课程，教师讲授内容应在知识要点之外安排多案例解读，为学生创设理解理论知识点的仿真情境，提高学生学习的趣味性，同时为讨论课程安排更多的课堂时间，以案例为载体，加强课堂对话，通过沙龙、辩论等形式提高学生参与课堂的兴趣；同时，可在条件具备的情况下，针对性地尝试“大班讲授、小班研讨”模式的配合，根据学生课程吸收程度分班讨论，既提高学生在讨论课上的参与程度，又真正实现了个性化辅导，有助于提高教学效果。

（三）网络资源动态化

在线课程建设是构建混合式对分课堂的重要条件。为了提升在线资源与课程面授的结合，可先在校内 SPOC 平台与移动课程平台上加强相关资源建设。网络资源建设既应包括传统教学材料，也应根据混合式教学策略需求录制知识点微课视频、案例视频、行业专家实务授课等内容；同时应加强在线平台互动模块的多样性，保证课下预习、吸收过程中微测验、微作业、讨论布置等内容的顺利推送，也需要支持课上快速交流，从而便于了解学生的先期知识结构、学习兴趣、学习需求与实验体验，从而判断学生的差异性，及时调整课程内容与时间安排，真正提升混合式教学创造的教学体验效果。更为重要的，无论是课程学习资源，还是互动模块的内容与形式，都应保障及时更新，为混合式教学的开展提供动态化的技术支撑。

（四）教学方法灵活化

实现金融专业实验的深度教学，要依赖于合理教学方法的选择。因此混合式教学模式将强调教学方法的灵活使用。比如，在基础理论知识点讲授过程中使用问题驱动法（PBL），以问题为学习起点，引发学生的认知冲突与学习兴趣，激励学生带着问题了解知识要点，完成课后知识内化，并真正积极参与到讨论课程中，通过观点碰撞引发学生新的想法与新的理解，完成自身知识体系的更新与重构。对前沿实务内容多安排案例视频展示与实务专家解读，创设理解理论知识点的仿真情境；对于实验课程的设计与操作使用情景模拟法，利用角色体验模拟，构建学习小组，推动学生在不同实验情境下体验金融业务中的不同角色，熟悉理解金融实务的不同侧面，加强理论知识的立体化认知，促使学生增加职业归属感；对于课堂讨论，除了组内讨论与展示方式，也可以通过沙龙、辩论、头脑风暴、在线抢答等方式提高学生参与课程的积极性与主动性。

（五）评价体系过程化

混合式教学强调“以学生为中心”，教学策略设计与实施的目的就是推动学生主动参与到学习过程中，逐步实现知识体系的重构与创新应用。因此课程评价也应从传统注重单一结果考核转向多维过程考核，强调评价过程的持续性、评价方式的多样性和评价主体的多元性。考虑借助在线平台全面检测学生的课下学习过程，作为评分的重要组成部分；考虑将学生的微测验结果、讨论总结、交流与展示情况均纳入考评体系；同时开展教师评价、同学互评与学生自评等多主体评价，帮助学生全方位地了解自身的学习水平。

参考文献：

[1] 冯晓英，王瑞雪，吴怡君．国内外混合式教学研究现状述评——基于混合式教

学的分析框架［J］. 远程教育杂志，2018（03）：13～24.

［2］姜佰谦，段洪成. 互联网＋环境下混合式教学模式的探索与实践——以哈尔滨金融学院会计学专业实践为例［J］. 中国国际财经，2017（11）：99～101.

［3］武开，徐荣贞，尹国琳. 混合式教学辅助平台功能分析与实例设计［J］. 黑龙江教育（高教研究与评估），2018（05）：5～7.

［4］许红叶，杨维国，谢黔江. "互联网＋教育"背景下翻转课堂与混合式教学模式结合点研究［J］. 课程教育研究，2019（05）：225～226.

［5］张学新. 对分课堂：大学课堂教学改革的新探索［J］. 复旦教育论坛，2014（05）：5～10.

［6］Goodyear V, Dudley D. "I'm a Facilitator of Learning!" Understanding What Teachers and Students Do Within Student－Centered Physical Education Models［J］. Quest, 2015（3）：274～289.

［7］Means B, Toyama Y, Murphy R F, et al. The Effectiveness of Online and Blended Learning：A Meta－Analysis of the Empirical Literature［J］. Teachers College Record, 2013（3）：134～162.

［8］Powell A, Rabbitt B, Kennedy K. iNACOL Blended Learning Teacher Competency Framework［J］. International Association for K－12 Online Learning, 2014.

33 基于科研反哺教学的科研组织形态及政策建议研究

——一流本科专业建设的思考*

张云　杨凌霄　韩城聿　沈天笠

摘要：科研作为高校基本职能之一，在一流本科专业建设和人才培养中具有重要作用，也是高等教育内涵式发展的重要组成内容，科研反哺教学促进专业建设质量提升，推动形成高水平人才培养体系，科研更应发挥应有的作用。高校科研组织形态具有不同的具体形式，包括校企联合研发，科研教学融合，虚拟科研服务，智库咨政启民等，未来需要更新理念，注重教学与科研并重；统筹兼顾，协同推进教师分类发展；专项支持，完善科研反哺教学制度；创新思维，激发教研互动创新。

关键词：科研组织形态；一流本科专业；新文科；金融学

一、研究背景

为深入落实全国教育大会精神，贯彻落实新时代全国高校本科教育工作会议和“六卓越一拔尖”计划2.0系列文件要求，教育部启动一流本科专业建设“双万计划”，计划2019—2021年建设10000个左右国家级一流本科专业点和10000个左右省级一流本科专业点。2019年底，《教育部办公厅关于公布2019年度国家级和省级一流本科专业建设点名单的通知》（高教厅函［2019］46号）正式发布，首批国家级和省级一流本科专业建设点名单公布，同时也正式掀开一流本科专业建设点建设序幕。

“双万计划”目标是推动新工科、新医科、新农科、新文科建设，做强一流本科、建设一流专业、培养一流人才，全面振兴本科教育，提高高校人才培养能力，实现高等教育内涵式发展。科研作为高校基本职能之一，在一流本科专业建设和人才培养中具有

---

* 基金项目：2018年度上海市教育科学研究一般项目“应用型高校科研反哺教学理论与实践——面向需求的新型组织形态研究”（立项编号C18025）；上海立信会计金融学院教学研究与改革项目“金融学专业实验实践教学模式改革的探索与实践”。张云，上海立信会计金融学院金融学院副院长、教授。杨凌霄，上海立信会计金融学院金融学院讲师、博士。韩城聿，南京审计大学瑞华审计与会计学院学生。沈天笠，上海立信会计金融学院金融学院学生。

重要作用，也是高等教育内涵式发展的重要组成内容，特别是在建设新工科、新医科、新农科、新文科示范性本科专业，科研反哺教学促进专业建设质量提升，推动形成高水平人才培养体系，科研更应发挥应有的作用。首先，科研反哺教学是高校提高教学和人才培养质量，也是高校集中资源提升学科专业建设影响力的重要方法，高校注重科研反哺教学，既具有办学定位、人才培养、科学研究等方面的现实需求，同时也是高校有效消除教学环节教学内容与实务脱节现象、提高学生知识应用能力和就业竞争力的重要路径。其次，开展科学调研、多方位了解教师需求，在尊重教师个人发展需求基础上，有针对性地探索科研管理机制体制创新，构建满足应用型人才培养需求的新型科研组织形态，有助于构建教师团队合作长效机制，有助于加强校校、校企、校政合作，提高高校办学质量和社会声誉，而这一点对于金融学等社会科学领域专业尤为重要。本文以金融学类专业为例，立足于一流本科专业建设需求，基于科研反哺教学研究科研组织形态及政策措施。

二、文献综述

科研组织是根据科学技术发展的特点，把人力、资金和设备科学地结合在一起，建立科学研究的最佳结构，科研组织的结构包括跨学科综合研究组织结构、矩阵式组织结构、弹性组织结构。创新高校科研组织形态是提升科研反哺教学效果的有效途径，国内外相关研究对于高校科研组织形态等进行有益探索，相关研究可归纳为三条主线。

研究主线一是构建指标体系进行科研组织绩效量化评估，探索科研组织形态与建设路径。关于绩效评估研究内容包括：一是绩效影响因素研究（Martin 和 Stephen，1992；张艳和彭颖红，2006；肖志鹏和王晓林，2009），二是具体评价指标的设计研究（Jarratt，1985；William，1993；万群和刘卫东，2006；李孝明和蔡兵等，2009；张爱琴和陈红，2009），三是评价评估与创新（周园和梅强等，2006；李巨光，2009；杨道现，2012；赵彦志和周守亮，2016）。科研组织和团队绩效评估，一方面提供了评价科研团队成绩的标准，另一方面也对科研团队的发展提出了方向性引导；但从结论看，对科研服务社会需求效果指标的评估结果差异较大，而且在经济社会快速发展的条件下，绩效评估特别是指标体系也应随之发生改变。

研究主线二是基于跨学科交叉理论和实践，解析科研组织、个人协同创新关系。跨学科研究已经成为21世纪科学技术发展与知识创新的主导范式，相关研究包括：一是大学开展跨学科研究的导向、影响因素和战略举措（Long，1971；Robinson，2007；Feller，2007；陈丽磷，2007），二是大学跨学科研究的组织形式和管理模式（Etzkowitz，2000；Rhoten，2004；Bozeman 和 Boardman，2007；金薇吟，2007；王迎军，2012；丁大尉和胡志强，2017），三是跨学科科研团队的运作经验和协同创新（耿益群，2008；陈思宇和常永才，2009；陈艾华和邹晓东，2010；黄宇和李战国等，2013；肖建华和张栌方，2016）。国外对高校跨学科研究组织理论研究比较深入，论证组织协同创新优于个体研究的重要性，国内研究大多集中在单个组织研究，缺乏系统完整的专项研究。

研究主线三是着眼于新型科研组织建设，探索高校科研成果转化、服务教学关系。加速高校科研成果转化是社会普遍关注的问题，国外 Jason 和 Riccaboni 等（2002）、Donald 和 David 等（2003）对比美国和欧洲校企合作科技转化、科研支持教学等情况，国内吴洁和解洪成（2003）、孙泽文和叶敏（2012）、周琼（2013）等研究了科技成果转化的过程、模式和制约因素、路径等。本文以金融学类专业为例进行研究。从学科归类来看，金融学专业属于经济学科，经济学科领域与成果转化相关的组织形态主要是新型经济智库建设（王荣华，2010；南荣素，2013；李国强，2014；胡鞍钢，2014；上海社会科学院智库研究中心，2014），这也是近期讨论的热点。相关研究都证实了高校科研组织创新作用的重要性，也指出了当前经济学相关科研与社会需求脱节、支持教学效果不佳等现象，应用型高校科研组织新形态处于探索之中。

已有研究分析了科研组织绩效评估、协同创新以及新型科研组织建设，具有很好的总结和启发价值，相关研究也指出高校协同创新科研活动具有参与主体多元化特点，科研人员分别来自高校院系、行业企业、地方政府等不同性质的组织，其知识背景、行为方式、利益诉求等均有较大差异，如何将各个自成体系的创新力量有效协同起来，以最优化的组织模式实施创新是重点问题。近年来，大家讨论中国高校在学科专业建设中趋同性和一致性特点比较明显，高校考核评价鼓励教师产出科研成果，但忽视成果对教学的支持效果。如何以一流本科专业建设为契机，突破现有约束建立科研反哺教学配套机制，实现带动高校优化专业结构、促进专业建设质量提升、形成高水平人才培养体系的目标，是新背景下研究科研组织新形态及政策措施的新思路。

三、科研组织形态反哺教学的具体形式

教育部推出一流本科专业建设，建设新工科、新医科、新农科、新文科示范性本科专业，需要突出“示范领跑”作用，引领带动高校优化专业结构、促进专业建设质量提升，推动形成高水平人才培养体系。构建科研组织形态，科学发挥科研反哺教学作用，可以有力支持专业建设和人才培养，形成示范引领的育人新模式和新要素。不同高校具有不同特点，特别是高校不同学科专业对应不同行业，本文以金融学为例分析不同科研组织形态的具体形式。

（一）校企联合研发，对接行业发挥支持作用

高校与企业合作开展联合研究与开发，是国内外高校学科专业建设和科学研究的常见模式。一方面，高校充分发挥智力支持作用，帮助企业解决难题和开拓创新；另一方

面，高校可以了解和掌握行业发展前沿，提升研究机构和团队研究成果的实用性，特别是对于应用性研究而言极为重要，可以指导研究对象和方向，可以更好地实现研究价值。在校企联合研发过程中，高校不仅让学生可以参与校企联合，得到行业实务锻炼机会，同时行业需求指导高校进行人才培养方案改进，实现人才培养对接行业需求。以上海地方公办高校上海立信会计金融学院为例，学校和二级学院积极与金融机构开展合作研发，联合东海证券有限责任公司、东海期货有限责任公司、大智慧有限责任公司等组建立信海集方金融工程实验中心，开展投资策略研发和交易员培训，有效提升学生金融创新实践能力，联合开发具有自主知识产权的投资分析软件，都有力支持了人才培养和专业建设。

（二）科研教学融合，创新教学发挥互动作用

高校科研活动和教学活动本质上具有互补性的，高校教师的许多科研成果可以应用于教学过程中。以金融学等经济学科为例，教师从事家庭金融和资产配置等相关研究，所收集的货币政策、金融数据、投资案例、资产管理创新等素材，均可以应用于“金融学”“投资学”“金理理财”和“金融模拟实验”等课程，这些素材和资料一般都具有较好的全面性和实效性，对于提升学生学习积极性和主动性具有积极作用；而且，教师还可以结合教学内容安排，吸引学生参与研究调研、文献整理和数据分析工作，既支持基础性研究工作，又锻炼学生的实践能力和综合分析能力。科研与教学融合互动这种形式是高校应该重视和积极鼓励的，好的科教融合能带来知识的创新和学生能力的提升。科研与教学的融合可以实现科研渗透教学，加深学生对知识的理解和应用，配合这种形式，教学方式也需要积极创新。科研教学方式融合推动教学方式方法创新，最简单的路径就是教学设计和执行过程中以研究内容和进程为基础，设计分组研讨、问题分析以及调研实践等的教学内容和教学模式。

（三）虚拟科研服务，交叉增值发挥创新作用

伴随着科学技术发展，信息化、网络化、大数据、人工智能、云计算等应用，高校开始实行虚拟科研服务组织，这种形式具有便捷、高效的特点，已经在科研服务上显示出强大的影响力。众所周知，原有的单一学科内进行知识挖掘显现出其不足，学科专业交叉可以形成新的增长点，在边缘学科、交叉学科和科技融合的时代，高校科研组织通过虚拟科研服务形式可以把不同学院、系部、研究院所、学科、专业等联合在一起，形成知识交叉增值的新通道。金融学科与统计学、计算机和信息技术的交叉融合，已经成为适应行业快速发展的必要途径，典型例子就是金融科技的快速发展。在具体实施过程中，可以构建高校内部的创新平台作为起步，逐渐发展吸引校外人员参与，注重以问题为核心引导建立团队，这种创新平台需要以服务为导向、基于需求实现灵活反应的自我创新。虚拟科研服务形式下的交叉合作团队，注重利用自身学科专业优势和特点与其他

学科专业进行交叉和互补，促进科研内容、方法和数据以及解决问题思路等的拓展和创新，基于科研创新拓展支撑专业建设和人才培养创新，一定程度上可以改变国内高校专业建设和人才培养同质化问题。

（四）智库咨政启民，服务社会发挥育人作用

高校智库是高校吸引人才、服务社会经济发展的重要途径。上海很早就启动了“上海高校智库”建设项目，整合上海高校的优质资源、优势学科，探索打破传统院系组织模式，发挥高校人才应用研究、对策研究和战略咨询服务功能，通过智库服务上海乃至全国社会经济发展战略需求。高校智库建设为专业建设和人才培养作出贡献，一方面，高校智库成为人才聚集地，特别是通过兼职、柔性引进等方式吸引企业、政府等优秀人才加盟，校内外人才合作互补，形成学科专业建设、科学研究和人才培养的合力；另一方面，有效提升高校科研成果的应用落地，高校科研成果服务于咨政启民，对高校老师和政府企业人员来讲是个人价值和社会价值的实现方式，学生积极参与智库研究工作，也提升了科研素养、科研方法和认识问题、解决问题的能力。

四、高校推进科研反哺教学的政策建议

高校科研组织形态呈现多种形式，本文从科研反哺教学的视角分析科研组织形态，校企联合研发、科研教学融合、虚拟科研服务、智库咨政启民等都可以发挥支持人才培养和专业建设的重要作用，高校在推动科研反哺教学过程中还需要注重更新理念、统筹兼顾、专项支持以及创新思维。

（一）更新理念，注重教学与科研并重

2018 年新时代全国高等学校本科教育工作会议强调，要深入学习贯彻习近平新时代中国特色社会主义思想和党的十九大精神，坚持“以本为本”，推进“四个回归”，加快建设高水平本科教育、全面提高人才培养能力，造就堪当民族复兴大任的时代新人。教育部部长陈宝生指出，高教大计、本科为本，本科不牢、地动山摇，高校领导注意力要首先在本科聚焦，教师精力要首先在本科集中，学校资源要首先在本科配置，教学条件要首先在本科使用，教学方法和激励机制要首先在本科创新。可见，我国高校需要注重倡导教学与科研并重的工作理念，高校领导和教育管理部门应从管理政策上引导并设定一定的制度保障措施，来推进高校管理者和教师共同树立教学和科研并重、共同发展的意识，通过构建相应的制度体系来切实推进教师教学和科研活动相互协同发展。在职称评审和成果奖励制度上，坚持教学与科研并重的理念，需要把教学成果等同于科研成果，甚至在一定时间段内要高于科研成果以激励老师投身于本科教学和教研；在教学质量保障体系建设中，需要摈弃以教学工作数量、科研文章数量为主要依据的旧制

度，应该投入精力建立适合高校自身发展特点的评价指标体系。

（二）统筹兼顾，协同推进教师分类发展

高校可以推进教师分类管理，很多高校将教师分为教学型、教学科研型和科研型三类教师。兼顾教学科研的教学科研型教师是主体，一般比重会在70%以上，当然不同办学定位的高校在不同类教师比例上有一定的弹性，比如研究型大学的科研型教师占比会较高，而教学型大学的教学型教师占比可以高一些。除了教学科研型教师之外，另外两类教师对于促进科研反哺教学同样具有重要作用，教学型教师主要精力在于教学，往往具有丰富的教学经验和资历，可以发挥把关科研反哺教学有效性的作用，提供创造性和针对性的建议；而科研型教师，则可以大胆地把科研成果转化应用，与另两类教师联合进行教学应用，甚至针对教学和专业建设需求进行设计。分类管理教师是发挥教师特长、更好促进学科专业发展的有效途径，如何分类协同推进各类教师发展，是促进科研反哺教学发挥作用的重要支撑。另外，教师群体本身也需要不断的成长，吸取专业知识、提高知识素养和人文素养，以一流本科建设为契机，在科研反哺教学视角下建设科研组织新形态，创造条件（教学硬件和软件条件）变教师从被动应付式发展为主动发展，不断地认识自我、自我检查，自我提高，从教学能力、教学方法、教学效果等方面逐步完善自己的教研水平。

（三）专项支持，完善科研反哺教学制度

科研反哺教学需要不断完善相关配套制度，在一流本科专业建设过程中，还可以设置专项项目加以支持。一流本科专业建设不仅需要提升专业建设和人才培养的水平，同时也需要凝练人才培养和培养人才的特色。不同地区不同高校的金融学一流本科专业建设，不仅需要适应国际国内金融发展趋势，形成人才培养的差异化定位以及具有特色的人才培养方式方法；而且各个高校可以形成自身培养人才的特色，满足区域经济金融发展需求，比如浙江高校可以培养小微金融人才，上海地方高校可以考虑培养私募基金人才等。具有特色的一流专业开展人才培养，需要具有特色载体和方式方法，因此设置专项支持研发是有效路径。以金融学专业的实践实验课程为例，可以设置教师科研项目应用于教学专项项目，明确支持经费和考核成果要求，教师作为指导教师可以把自己的科研项目进行拆分，分解给多位学生后进行个别指导，学生收集整理文献资料、实际案例和数据计算等都可以形成独特的研究分析报告，教师可以根据实际需求和考核标准进行指导完善，形成教学案例、综合计算应用题，甚至在整体设计基础上可以开发综合实验项目，文献分析和实际案例可以继续应用于将来学生的毕业论文之中。教师科研项目本身就具有一定特殊性，一定程度体现了教师的研究优势和行业发展需求，积累多年，可以逐渐形成人才培养的教学资源。

（四）创新思维，激发教研互动创新

高校促进科研反哺教学，需要通过创新科研组织形态，而在实现过程中需要重点关注教研互动创新。首先，要鼓励老师创新。有学者指出教师不进行科研创新，无法在课堂上传授前沿理论知识，难以指导出高水平的毕业论文，学生对导师的科研方法和理论学习是使之最为受益的地方；除此之外，教师对于高等教育、人才培养以及教学设计和方法的反思，都是研究创新工作内容，需要鼓励教师创新。其次，鼓励教与学创新。高校教师在教学中可采用思维训练、案例分析、头脑风暴、专题讨论等方法训练学生的思辨能力，鼓励学生发表自己的看法，而且当前高校为培养创新人才大都设置大学生创新创业训练项目，教师在引导性“教”的基础上鼓励学生自主完成创新性研究项目设计、条件准备和项目实施以及报告撰写，突出自主性的“学”，有助于提升学生创新能力培养。最后，组织建设和制度完善也需要创新思维。学科专业交叉虚拟组织本身就是一种创新思维的体现，而具体实现内容更是创新过程；校企合作的模式和平台也需要不断创新，特别是在信息技术驱动金融改革创新的大背景下，产学研用合作已经进入“脑洞大开”的创新时期。

参考文献：

［1］陈艾华，邹晓东．资助改革研究　推进教育创新——美国 NSF 工程教育研究项目研讨会述评［J］．高等工程教育研究，2010（04）：93～99.

［2］陈思宇，常永才．大学如何规划跨学科研究：美国高校新近经验［J］．三峡大学学报（人文社会科学版），2009（04）：88～91.

［3］丁大尉，胡志强．网络环境下的当代虚拟科研组织：内涵、特征与问题［J］．科学学研究，2017（09）：1301～1307.

［4］耿益群．美国研究型大学跨学科研究中心与大学创新力的发展——基于制度创新视角的分析［J］．比较教育研究，2008（09）：24～28.

［5］胡鞍钢．建设中国特色新型智库：实践与总结［J］．上海行政学院学报，2014（02）：4～11.

［6］黄宇，李战国，冯爱明．高校科研创新团队建设：困境与突围［J］．高等工程教育研究，2013（02）：97～100，169.

［7］金薇吟．学科交叉机制：分解与整合［J］．学位与研究生教育，2007（09）：61～65.

［8］李巨光．基于科研团队特点的绩效评价体系初探［J］．管理观察，2009（17）：247～248.

［9］李孝明，蔡兵，顾新．高校创新型团队的绩效评价［J］．科技管理研究，

2009, 29 (02): 214 ~216.

[10] 南荣素. 建设高校财经智库 为经济发展重大需求服务 [J]. 中国高等教育, 2013 (20): 39 ~40.

[11] 孙泽文, 叶敏. 高校科技成果转化: 过程、方式与制约因素 [J]. 广西社会科学, 2012 (12): 164 ~168.

[12] 王迎军. 以构建协同创新机制为契机 推进人才培养模式改革 [J]. 中国高等教育, 2012 (21): 33 ~36.

[13] 万群, 刘卫东. 高校科研团队业绩评价指标体系研究 [J]. 中国高校科技与产业化 (学术版), 2006 (S2): 32 ~34.

[14] 吴洁, 解洪成. 高校科技成果转化模式的探讨 [J]. 现代管理科学, 2003 (10): 16 ~17.

[15] 肖志鹏, 王晓林, 邵海翁. 地方高校学术团队绩效评价研究 [J]. 北京印刷学院学报, 2009, 17 (01): 48 ~51.

[16] 杨道现. 学科集群和产业集群协同创新能力评价方法研究 [J]. 科技进步与对策, 2012 (23): 132 ~136.

[17] 张爱琴, 陈红. 产学研知识创新网络的协同创新评价研究 [J]. 中北大学学报 (社会科学版), 2009 (04): 44 ~47.

[18] 张艳, 彭颖红. 高校科研创新团队的绩效评估 [J]. 中原工学院学报, 2006 (05): 61 ~65.

[19] 赵彦志, 周守亮. 多元嵌入视角下科研组织的网络治理与创新绩效关系 [J]. 经济管理, 2016 (12): 170 ~182.

[20] 周琼. 高校科研成果转化的问题及途径 [C]. //Information Engineering Research Institute, USA. Proceedings of 2013 2nd International Conference on Social Science and Education (ICSSE 2013) Volume 48. Information Engineering Research Institute, USA: Information Engineering Research Institute, 2013: 543 ~548.

[21] 周园, 王念新, 梅强. 高校学科团队绩效评价研究 [J]. 科技管理研究, 2006 (01): 182 ~184.

34　基于 OBE 理念的信用评级实验实训教学模式的设计与改进

黄燕　李杰群　吴洁　周珊珊　王景　付丹丹*

摘要：OBE 理念为信用评级实验实训教学模式改革提供了成果导向的教育思路。本课程教学团队从学生应达成的学习效果出发，结合多年课程教学和实践教学经验并通过学生评教与问卷调查等方式，尝试从知识、能力、素养方面尽可能细化具有可操作性和具体化的课程教学目标，进一步明确预期学习产出；然后反推、设计并改进实验教学任务的教学内容，采用更为契合的教学方法实现预期学习产出，并对预期学习产出的实现度进行多维度的合理评估，为持续性改进教学活动提供依据。

关键词：OBE；信用评级；实验实训教学

一、基于 OBE 理念的信用评级实验教学模式的探索

OBE（Outcome Based Education）理念也称为成果导向教育，与传统教育相比，OBE 的最大特点就是在教学设计、计划实施与结果评价上，都体现了以学生为重，以学生最终学习成果为导向的反向设计理念。正是因为 OBE 理念主张所有的教学目标及为实现教学目标而制订的教学方案都应为学生所取得的学习成果而服务，其实现了教育范式由“教师中心”向“学生中心”的根本转变，有助于实现教学从“授之以鱼”向“授之以渔”转变。从本质上讲，OBE 理念强调围绕“定义预期学习产出——实现预期学习产出——评估学习产出”这条主线开展教学活动，这构成了教学质量持续改进的闭环。也就是说，OBE 理念教学的各个环节设计和实施都应紧密围绕学生，体现学生主体地位，教师根据他们为每个学生预设的学习成果组织教学，教师主要发挥引导、启发和监控作用。

“信用评级实训”课程是在“信用评级”专业理论课程教学的基础上开设的实验实

---

* 黄燕，经济学博士，上海立信会计金融学院讲师，主要研究方向：信用管理、金融监管。李杰群，经济学博士，上海立信会计金融学院副教授，主要研究方向：信用管理。吴洁，经济学博士，上海立信会计金融学院讲师，主要研究方向：信用管理、公司金融。周珊珊，经济学博士，上海立信会计金融学院讲师，主要研究方向：信用管理、创新经济。王景，在读本科生，上海立信会计金融学院 2017 级信用管理专业学生。付丹丹，在读本科生，上海立信会计金融学院 2016 级信用管理专业学生。

训专业必修课，着力培养和训练学生的信用评级专业的应用实践能力，要求学生通过课程学习与实践，能够掌握行业分析的基本方法，能够针对企业主体进行定性与定量分析，根据财务数据计算评级指标，完成评级报告的撰写工作。根据信用评级行业实务工作的基本特点，能够完成信用评级报告的撰写就是对学生学习成果的直接体现。因此，本课程教学团队从学生应达成的学习效果出发，结合多年课程教学和实践教学经验并通过学生评教与问卷调查等方式，尝试从知识、能力、素养方面尽可能细化具有可操作性和具体化的课程教学目标，进一步明确预期学习产出；然后反推并设计如何教、如何学，即通过合理地组织教学内容，采用合适的教学方式来实现预期学习产出；最后对预期学习产出的实现度进行评估，为持续性改进教学活动提供依据。

二、信用评级实验实训教学的实验任务设计

（一）课程主要实验任务的教学内容

本课程围绕信用评级公司业务类型学习、信用评级业务程序学习、行业信用风险分析、企业信用评级财务数据分析、信用评级现场调研模拟和信用评级报告撰写等项目设计了相应的专业实验实训教学任务，并基于“信用风险综合实验平台”中的“行业分析与风险评估报告”和“信用评级系统”两大系统展开①，通过教师授课示范、案例讲评和学生实践完成实验任务报告等教学环节，从而完成课程主要实验任务。学生通过本课程的学习与实践，达到以下目标：熟悉国内外知名的信用评级机构已开展的主要评级业务类型及行业发展趋势，掌握行业信用风险分析的基本方法并撰写行业信用风险分析报告，熟悉信用评级业务的一般程序与操作规程，掌握信用评级现场调研的基本内容与要求并能完成调研提纲的拟定与调研报告的撰写，能够针对企业主体进行定性与定量信用评价分析，完成评级报告的撰写工作。

实验任务一：信用评级公司业务类型与业务程序学习

为了引导学生更直观地认识了解信用评级行业机构的发展现状，要求学生通过浏览国内外知名的信用评级机构的公司网页，查阅该机构列明的评级业务范围并仔细阅读至少一份在各评级业务项下发布的信用评级报告，比较国内评级机构和国外评级机构所从事的信用评级业务范围的异同及特点。以同一类型的主体评级报告为例，选择比较两家信用评级机构公布的信用评级报告的异同点。在《信用评级》教学内容学习的基础上，进一步学习《信贷市场和银行间债券市场信用评级规范》《中国人民银行关于加强银行间债券市场信用评级作业管理的通知》和《非金融企业债务融资工具信用评级业务自律指引》。分析说明信用评级的基本程序，明确在各业务操作环节需注意的问题。

---

① 黄燕，李杰群．基于“信用风险综合实验平台”的信用评级实验实训教学研究，金融教育教学改革和创新论文集［M］．立信会计出版社，2018.

实验任务二：案例企业信用评级财务指标分析和现场调研模拟

为了强化学生财务数据分析能力训练，并更清晰明确如何准备信用评级现场调研，在本实验任务中要求学生阅读学习补充课程资料，研读给定的案例企业基本财务报表以及基本情况的补充材料。在此基础上，进一步搜集该企业的相关基本信息，分析财务报表中提供的连续三年的财务数据，计算反映偿债能力、营运能力和盈利能力的相关财务指标并填写财务指标比较表，撰写财务分析简报。在此基础上，拟定现场访谈的调研提纲，依此开展现场调研模拟。

实验任务三：行业信用风险分析及评级报告撰写

在课堂讲授行业划分的一般标准、行业信用风险分析的基本原理与分析框架以及业内的典型分析案例的基础上，学生自主选择目标行业，分别从行业基本状况、行业环境分析、行业特点分析、行业风险分析以及行业展望等方面完成行业信用风险分析及评级报告的撰写。

实验任务四：企业信用评级分析及评级报告撰写

基于“信用风险综合实验平台”的“信用评级系统”，课程要求学生在此前行业分析的基础上选取行业内公开上市的企业作为评级对象，收集信用数据完成目标企业的信用评级分析工作。教师指导学生确定目标企业，学生搜集目标企业的相关信用信息与资料，主要包括目标企业近三年的年度财务报告及相关行业资料等。在资料收集与数据处理的基础上，学生在“信用评级系统”中开始作业，依次完成企业基本素质评分、填写资产负债表、填写利润表、填写现金流量表、填写其他财务数据、发展前景评分、撰写评级报告等教学任务。

（二）课程实验任务教学效果评价

为了更为全面系统地评测学生课程实验任务的学习效果，本课程教学团队按实验任务分别从实验任务难易程度、实验任务安排的课时充裕程度、对实验任务改进的意见与建议等方面设计了调查问卷，并通过问卷星向完成课程学习的学生发放和回收问卷。

首先，课程实验任务难易程度和安排课时充裕程度的各选项的占比情况如表 34.1 所示，从中可以看出，课程实验任务的难易程度从实验任务一到试验任务四逐渐增加难度，实验任务一对大多数学生而言难度适中，而实验任务四对大多数学生而言还是相对较难。实验任务二的安排课时对大多数学生而言比较紧张，这些问题需要考虑在后期教学中对实验任务的教学内容设计和课时安排方面进行调整与完善。

其次，从学生反馈的实验任务改进的意见与建议来看，学生还要求适当扩充专门针对课程实验任务的授课示范和案例讲评，比如增加对国外评级机构网页的解读、依据财务报表取数进行财务指标计算与分析、调研提纲的问题设计、行业分析的背景介绍、行业财务指标数据的收集或测算、报告撰写中的用语表达等。此外，学生还希望针对“信用评级”课程中有关金融机构评级、债项评级以及信用评级质量检验等授课内容相应增加实验实训任务。

表 34.1 "信用评级实训"课程评价问卷调查分析

实验任务	实验任务难易程度（占比%）			实验任务安排课时充裕程度（占比%）	
	难	适中	简单	时间合适	时间仓促
实验任务一（课时：8）	22	74	4	87	13
实验任务二（课时：8）	43	67	0	26	74
实验任务三（课时：12）	56	44	0	65	35
实验任务四（课时：20）	78	22	0	56	44

三、基于 OBE 理念的课程教学过程优化设计

为了贯彻 OBE 理念，即以学生为中心、以学生学习产出为导向，一切教学活动围绕学生预期的学习成果来组织课程教学，强化学生信用评级专业技能的训练与培养，在综合分析评估问卷调查结果的基础上，本课程教学团队结合多年的课程教学与实践教学科研经验，遵循"逆向设计"原则从细化实验目标、实验环节设计、实验项目改进、教学方法设计、实验任务考核等方面对课程教学过程进行了优化设计。

（一）细化教学实验目标，明确预期学习成果

根据布鲁姆教育目标分类法，在明确课程目标的基础上，还需从知识目标、能力目标、情感目标三方面细化实验实训课堂的教学目标。其中，还需要分别从事实、概念性、程序性、元认知等知识维度和记忆、理解、应用、分析、评价和创造等认知维度对实验任务中涉及的知识点进行梳理。

同时，通过进一步明确预期学习成果，保证以 OBE 理念指导实验任务的改进设计。针对前述问卷调查中学生反馈的实验任务四难度较大的情况，可以考虑将企业信用评级报告的制作按照信用评级模型设计、报表数据录入、信用评级评分测算、财务分析报告、现场调研报告拟写、定性分析报告、信用评级报告概述（简报）等子项目成果进一步细化分解实验任务，通过教学目标更加明确的单项实验子任务，降低学习难度，提高学习效率，以期提升信用评级实验实训课程教学质量。

（二）关注学习过程，以学生为中心，改进教学模式

在每学期开课前通过更为标准化的学情调查问卷了解学生前期基础知识的积累准备情况。采取自愿报名和协调安排组建学习小组，引入翻转课堂模式，引领学生更为灵活地采用线上线下的混合式教学模式拓展学习的时间与空间，同时利用同期开课的"信用评级"理论课程细化对实验任务中涉及的教学重点与难点的讲授理解。

在课堂上还可以通过小组仿真模拟的教学方式加深学生对信用评级业务环节中信用

评级机构岗位设置与职责要求的理解，强化学生在信用评级业务流程中现场调研环节前期准备与现场访谈的实践能力，在完成评级报告撰写的基础上，可进一步组织学生模拟上会评审环节，进一步熟悉信用评级的审核与评审操作流程。

（三）优化评价体系，坚持持续改进

OBE 理念重点聚焦学生预期学习成果的达成，评价体系的设计也应遵循以学生为中心的原则，测度和评估学生知识、技能、素质等学习成果的提升情况，这是对传统教学评价体系的优化和创新。如前所述，基于 OBE 理念，学习成果预设、教学过程实施、学习成果评价是教育教学过程的三要素，三者之间应形成一个闭环，从而对最终预设成果带来持续改进。因此，在具体评价操作过程中，需要对各阶段的学习成果进行及时评价、对教师和学生进行双向评价。为了增加评价维度，可以在已有课程考核方式的基础上进一步细化考核方式，考虑在教师评定的基础上增加学生自评和同组学生互评，更为全面地考核学生的实验态度和实验操作质量并充分发挥学生的积极性，同时注重考察学生的团队协作能力。

持续改进应是一种长期的、持续进行的制度化、程序化改进体系，从各个层面总结教学现状、经验和不足，突出教学的成果导向性。例如，注重教学积累，还可对历届学生已完成的评级报告进行分析整理，针对实验实训过程中存在的共性问题整理制作成具体案例，丰富实验任务前期教师讲授示范的案例来源，通过展示讲解引导学生更为有效、直观地理解实验任务要求，保证实验任务的完成质量。同时，在教学过程中继续加强教学互动与交流，及时了解学生意见，不断改进教学效果，完善调查问卷设计与调查，以更为全面系统地了解学生、教师及从业人员对信用评级实践教学的基本认识与要求，进而能根据实际情况的变动动态调整教学目标。

参考文献：

［1］黄燕，李杰群．基于“信用风险综合实验平台”的信用评级实验实训教学研究，金融教育教学改革和创新论文集［M］．立信会计出版社，2018.

［2］王凯，李静．OBE 理念下经管类课程混合教学模式设计研究［J］．现代教育科学，2019（1）：92～97.

［3］安德森．学习、教学和评估的分类学［M］．华东师范大学出版社，2008.

［4］胡子江．基于项目化的信用评级课程教学模式探索［J］．教育教学论坛，2017（5）：206～208.

35　浅谈“企业信用管理”课程设计及案例教学

洪玫　李辉　赵雨丹*

摘要：随着我国进一步国际化的发展和企业、金融及征信机构对信用管理的迫切需求，如何构建以市场需求为导向的企业信用管理科学的教学体系尤为重要。本文对“企业信用管理”课程内容进行了设计，包括企业信用管理的基本知识和操作技巧，“理论与案例”相融合式的教学内容，国际化应用型人才培养等，建立一个科学的、理论与实践教学相结合的“企业信用管理”课程教学体系。

关键词：企业信用管理　课程设计　案例教学

“企业信用管理”既是信用管理专业的专业主干课，也是经管类专业的专业选修课。该课程能够使学生比较系统地掌握企业信用管理的方针政策；掌握企业信用管理的管理模式、具体操作实施的流程和方法；学会使用正确的信用观念和方法，进行企业的信用管理。通过案例教学，将理论教学和实际应用密切结合，掌握所必需的业务知识和工作能力，成为国内外企业、金融机构的信用管理专家。企业信用管理人才随着我国国际化的不断发展，企业、金融及征信机构对信用管理人才的需求将加大。

一、构建以市场需求为导向的“企业信用管理”课程设计

培养人才、发展科学和服务社会是高等院校的三项基本职能，以满足岗位需要为目标，提高培养人才的质量，深化教学改革，构建以市场需求为导向的企业信用管理科学的教学体系，构建培养具有国际化应用型人才培养的新模式，主动适应外界环境来实现企业信用管理应用型创新人才培养层次定位。在实践检验中，形成我国“企业信用管理”课程的理论基础、思想体系、学科框架，保障和提高应用型信用管理人才培养的质量。

该课程主要讲授企业信用管理的基本知识和实际操作技巧，包括如何设置企业信用

---

* 洪玫，上海立信会计金融学院信用管理专业教授，上海市信用研究会会长，硕士生导师，上海市重点课程“企业信用管理”负责人，主要讲授“公司金融”“企业信用管理”等课程，主要研究方向为信用管理基础理论与应用。李辉，上海立信会计金融学院金融学院 2019 级金融学类 11 班本科生。赵雨丹，上海立信会计金融学院金融学院 2019 级金融学类 8 班本科生。

管理部门、制定企业授信政策、对客户的选择、调查客户的资信情况、制定企业信用政策、防范和控制信用风险、逾期应收账款的催收，较全面地介绍国外先进的企业信用管理理念和方法等。该课程的教学内容主要分为四个知识模块：

（一）企业信用管理基础知识

重点包括从经济学的视角对信用的阐释和理解、对企业存在的失信现象进行探讨、了解企业信用管理包括的具体内容、掌握企业信用管理的职能和企业信用管理工作的现实意义等方面的内容。

（二）科学的信用管理模式

建立科学有效的企业信用管理体系，包括企业前期、中期、后期三个不同管理阶段的信用管理工作内容和步骤，掌握企业信用管理系统的设计原理和工作流程。了解一般企业或金融机构的信用管理部门设置和业务流程。

（三）企业信用管理的基本内容

这是本课程的教学重点，包括如何制定企业的信用政策；事前对客户的资信调查与评估，授信额度与授信期限的确定；事中企业内部信用风险控制和转移风险的方法和技能，加强企业内部应收账款管理和企业债权的保障；事后逾期应收账款的管理追收；强化企业契约意识和合同管理，运用企业信用信息化管理手段，形成互联网＋信用管理专业技术，防范和控制企业信用风险，不断提高企业的信用能力。

（四）企业信用管理实践

教育是基础，理论是先导。教育及其理论既要能总结和提炼社会实践的精华，又要能引导实践。坚持以培养学生的能力为本位，强化其职业性、技能性和实践性教学。通过讲授国内外实际案例，模拟企业信用管理的实际场景，综合培养学生运用理论知识解决现实问题的实践创新能力。

二、积极开展“企业信用管理”案例教学

案例教学是汇集启发性、互动实践性为一体，培养学生的判断能力、综合分析能力，提高学生解决问题和决策能力的一种实践教学方法。通过对学生企业信用管理基础知识和综合管理技能的培养，强化学生的实践能力，形成“理论＋案例”相互融合式的教学风格和独具特色的企业信用管理教学模式。从信用管理专业特色定位和人才培养模式探索的高度对“企业信用管理”课程进行教育教学研究，指导课程的建设和改革。通过案例教学能够使学生掌握企业信用管理的方法和技能，在一定程度上弥补学生缺乏

实际操作经验的不足。

（一）案例的选用与教学组织

案例教学应具备的基本条件是要有充足的适合教学内容需要的典型案例。课堂教学选用的案例应该与相对应的专业知识有密切的关联性和实践性，案例的内容应真实、完整、新颖。根据案例内容涉及的理论分析点分为专题型案例和综合型案例。一般情况下专题型案例只涉及一个理论分析点。而综合型案例会涉及多个理论分析点，存在的问题较多，案情过程错综复杂，分析难度也大。

（二）案例的撰写与分析

以案例中的案情介绍为依据，对案情介绍中的重要事件与存在的主要问题，对照相关理论知识点，运用所学的理论知识仔细考察分析，或做出决策，或做出评价，或提出解决问题的具体意见或方案。案例分析应避免远离案例主题，要观点明确，重点问题突出，内容完整，逻辑结构合理，条例清晰，尽量运用数据、图表简洁流畅，同时引导学生提出问题。通过案例的综合分析提出企业信用管理存在的主要问题，并针对问题提出不同的解决方案，同时引导学生自己撰写案例，完成一个企业信用管理相关内容的选题、提要、案情介绍和综合分析的完整案例。

（三）案例教学的培养目标

案例教学体现了对学生知识和能力的双重培养，是将理论知识与实践相结合，体现的是一种更高层次的能力培养。要使我们培养的学生真正地具备较强的创新能力，适应社会的需求，必须具备独立的思考能力和分析解决问题的能力。通过对国内外著名企业强化信用管理的案例教学，实现对学生的创新能力和实践能力的培养，了解不同企业信用管理中面临的问题，加深对企业实际信用管理应用场景的理解。

三、“企业信用管理”课程体系国际化

在建设有中国特色社会主义市场经济的过程中，国际化是不可避免的，也是各行各业规范发展的一个重要内容。国外的信用管理教育相对比较成熟，主要是在高校开设信用管理专业、在经管类专业开设信用管理课程、针对企业信用管理从业人员的不同层次需求开展专业性的常规教育和短期培训。还有一些大型的金融机构、国际信用公司也有一些信用管理方面的培训课程。

（一）大学信用管理专业教育

英国奥克汉姆学校的信用管理学院（ICM）是国外提供信用管理专业教育最大的一

所高等院校。该学院针对企业信用管理从业人员的不同层次需求，开发出版了许多著名的信用管理专业基础教材，也是欧洲信用管理正规教育的著名学府。例如，拜斯教授的《信用管理教程》和波特·爱德华的《赊销管理手册》等都是由ICM出版的。

（二）大型征信机构、企业及金融机构的在职教育

国外信用管理在职教育较发达，主要是针对信用管理从业人员。一些大型征信机构、银行、金融机构及大型企业针对防范和控制企业面临的信用风险、客户的资信调查、金融机构的资信评级等开展在职培训，针对性和实践性都很强是这种培训的主要特点，培训课程的设置具有成熟的体系，有些大型信用管理企业提供的培训颁发的结业证书具有全球通用的权威性。

通过“企业信用管理”课程设计及案例教学建设，形成突出企业信用管理能力本位的教育思想，适应国际化对企业信用管理人才的需求，建立一个科学的理论与实践教学相结合的“企业信用管理”课程教学体系。

参考文献：

［1］关伟．企业信用管理（M）．中国人民大学出版社，2009.

［2］李敏，张美灵，韩家平．企业信用管理（M）．复旦大学出版社，2004.

［3］谢旭．全程信用管理实务与案例（M）．中国发展出版社，2007.

［4］上海市征信管理办公室．企业信用管理典型案例集（M）．上海世纪出版集团、上海教育出版社，2005.

［5］李沅，顾乐群．国际化人才培养模式探索——以信用管理专业为例［J］．企业文化，2015.

［6］曾君．信用管理专业人才培养质量影响因素研究［G］．西南交通大学，2017.

36　以上海金融对外开放为站位探究金融类高校师资队伍建设

王云鹤　闫东明　刘晨昊*

摘要：上海金融开放市场上面临新的机遇和挑战，从人才输出的重要渠道——高校来说，要洞察市场需求、更新培养市场型、应用型人才，其第一要素和基础是高校师资队伍的来源和质量。本文以市场为导向的高校师资建设与人才培养，来探究上海金融类高校在师资培养方面的双师型师资建设体系，进一步从人事制度、师资引进政策、师资需求方面进行逐层剖析，并提出完善人才引进制度，拓宽教师来源渠道，搭建校企合作平台，强化双师双能型意识，改进师资培养模式，强化教师激励措施等建设策略，以期为上海金融类高校双师双能型教师队伍建设提供可行的参考。

关键词：应用型高校；双师双能型；师资建设；人事制度

上海作为金融中心，在对外开放的探索中不断扩大金融辐射面。因此，对金融应用型人才的需求不断加大，在金融市场人才需求的结构、方向、质量上都发生了转变。上海金融开放市场上的机遇和挑战，从人才输出的重要渠道——高校来说，对输出质量和模式提出了新的要求，要洞察市场需求，更新培养市场型、应用型人才。而培养应用型人才的第一要素和基础是高校师资队伍的来源和质量，针对师资，一方面要改进教学体系，另一方面要调整师资队伍结构，注重产教融合、双师双能型教师队伍建设，培养出符合市场需求的人才，从而打造出金融对外开放和应用型人才资源相辅相成的发展途径。

2019 年国务院颁布的《国家职业教育改革实施方案》中提出要推动具备条件的普通本科高校向应用型转变，建设到 2022 年，完成一大批普通本科高等学校向应用型转变。从全面提升师资专业和市场相结合的教学能力水平出发。而培养“双师双能型”教师队伍是培养应用型人才的首要基础，是适应和符合应用型本科高校教学需要的必要条件。通过聘用金融相关行业师资走进课堂进行讲座的方式，让学生走出校园、近距离接触行业和社会，从而对学生的实践性和实操能力进行充分锻炼。目前各高校都逐步确

* 王云鹤，上海立信会计金融学院金融学院，诺丁汉大学会计与金融硕士。闫东明、刘晨昊，上海立信会计金融学院 2017 级金融学 9 班本科生。

立了双师双能型教师的引进和培养工作程序，部分高校已经将“双师双能型”列入教师职称评定的必选项。但是，在师资建设过程中针对人事制度的执行、师资建设、人才培养与上海金融开放背景的融合上还存在提升的空间。

因此，本文结合当前上海金融扩大对外开放的政策背景，结合高校以市场为导向的需求的师资建设与人才培养，探究上海金融类高校在师资培养方面的双师型师资建设体系，进一步从人事制度、师资引进政策、师资需求方面进行逐层剖析，并提出完善人才引进制度，拓宽教师来源渠道，搭建校企合作平台，强化双师双能型意识，改进师资培养模式，强化教师激励措施等建设策略，以期为新建应用型地方本科高校双师双能型教师队伍建设提供可行的参考。

一、上海金融对外开放背景

2020 年是新中国成立 70 周年的延续征程，是中国改革开放 40 多年后的又一个新的里程，习近平总书记在十九大报告中表达了“中国开放的大门不会关闭，只会越开越大”的意愿，因此后续的目标是继续坚持探索“引进来”和“走出去”的有机结合，以寻求最优开放途径。习近平总书记在 2018 年中央经济工作会议中明确指出，“要扩大中国对外开放，放宽市场准入，适应新形势，把握新特点，加快形成全面开放新格局”。新中国坚持从沿海到内地的开放路线，从建立经济特区到建立自由贸易区，呈现出了由点到线、由线到面的发展态势。在这个进程中，上海作为对外开放的先行者，在其身处沿海的重要战略位置的基础上，更是在建设自由贸易区和长江经济带的推动下，以建设“五个中心”建设为发展目标服务国家战略，不断推进上海的科技创新中心、金融中心建设。同时，作为先行示范者，一直践行和致力于完善我国现代市场体系，具体包括积极扩大中国（上海）自由贸易试验区的影响力、构建长三角一体化等，因此上海的独特地位和改革成就对其未来的发展定位提出了更高的要求。

上海作为全球金融中心，地位不断提升，根据英国智库 Z/Yen 集团的全球金融中心指数（GFCI）排名，上海 2019 年上升至全球第 5 位，居亚洲第三（见图 36.1）。但是，目前上海作为全球金融中心还存在一些需要提高的环节。例如，国际机构的参与程度、对外开放程度等，与伦敦和纽约等金融中心相比，上海整个市场的参与程度以及离岸业务的比重较低。因此，这将是上海在接下来金融开放中应着重加强的环节。

因此，面对经济全球化的复杂性和不确定性，进一步扩大对外开放战略，金融开放要与金融创新紧密结合（高洪民，2018）。上海金融开放政策是金融要素在跨境市场的流动，是相互的，而不是单边受惠的，金融人才的流动是其中很重要的一环。这对输出人才的高校，在输出质量和模式上提出了新的要求，要洞察市场需求，更新培养市场型、应用型人才。

Centre	GFCI 26 Rank	GFCI 26 Rating	Rank(+/-)	Rating(+/-)	Region
New York	1	790	0	-4	North America
London	2	773	0	-14	Western Europe
Hong Kong	3	771	0	-12	Asia/Pacific
Singapore	4	762	0	-10	Asia/Pacific
Shanghai	5	761	0	-9	Asia/Pacific
Tokyo	6	757	0	1	Asia/Pacific
Beijing	7	748	2	10	Asia/Pacific
Dubai	8	740	4	7	Middle East & Africa
Shenzhen	9	739	5	9	Asia/Pacific
Sydney	10	738	1	2	Asia/Pacific
Toronto	11	737	-4	-18	North America
San Francisco	12	736	4	9	North America
Los Angeles	13	735	4	11	North America
Zurich	14	734	-6	-5	Western Europe
Frankfurt	15	733	-5	-4	Western Europe
Chicago	16	732	4	15	North America
Paris	17	728	10	29	Western Europe
Boston	18	727	-5	-5	North America
Melbourne	19	720	-4	-9	Asia/Pacific
Montreal	20	716	-2	-6	North America

图 36.1　2019 年全球金融中心指数（GFCI）排名

二、金融对外开放背景下高校师资建设的发展

在上海金融对外开放的背景下，外资涌入的同时，更多中国制造和中国创造走出国门，因此，对上海的本科应届毕业生来说增加了就业机会的同时，也对其毕业后的应用和创新能力提出更高要求。应用型高校在转型过程中，已经将此社会和市场的需求纳入人才培养方案中，当前应用型地方本科高校的发展问题也已经得到了充分的重视，但是因其起步晚，其师资队伍结构存在许多不足，高等教育质量检测国家数据平台显示，截至 2018 年年末硕士以上教师比例为 50%，“双师型”教师仅被 20% 的高校所提及。实现应用型人才培养的目标的基础便是以良好的教学能力和产学研合作能力的教师队伍作为支撑，教师是人才培养的第一线，提升教师的实践能力，是人才培养和向社会输出人才的基本保证。因此，改革完善师资制度是在上海扩大对外开放下应用型大学转型和定位发展的根本动力，而建设“双师型”师资队伍建设便是促进“应用型”市场人才培养的主要途径。

三、加强应用型高校师资队伍建设的必要性

（一）促进应用型转型高校内涵式发展的需要

金融类高校在上海扩大金融对外开放政策的引导下，向应用型转型的过程中要有针

对性地进行变革和发展，通过对比普通高校和应用型高校的区别（见图36.2），可直观地了解到应用型金融高校更注重人才培养的互动性、评价体系的多样性，在教学和科研中以市场需求为导向转变了传统的教学和培养模式；从教师能力结构来看，应用型金融类高校更重视教师教学、科研和实训能力的发展和成果转化，因此对教师的专业背景和行业背景都提出了更高的要求。

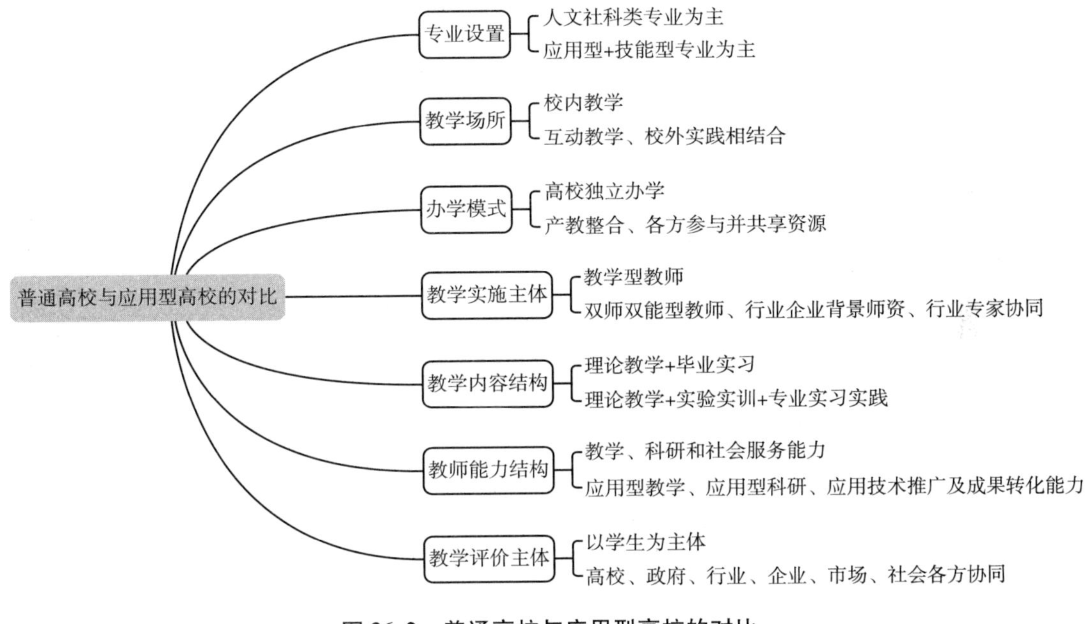

图36.2 普通高校与应用型高校的对比

（二）培养社会急需高级技术应用型人才的需要

金融对外开放的市场对人才需求的转向起到促进作用，高校及时找准人才培养方向并且相应地完善师资改革，可以有效、快速地实现对口人才向市场输送。因此，这对高校能否找准转型发展的着力点、定位突破口，从而真正增强上海金融类高校对上海区域经济社会发展服务的能力提出了要求。

（三）提升本科学生的创新创业能力的需要

创新创业是扩大对外开放背景下各企业和行业急需的应用型能力，是为行业企业技术进步服务的能力，是大学生为市场创造价值的能力。传统高校教育以课堂讲授为主、实验实训为辅，形成了教师—学生的专业知识输出模式。而提高本科学生创新创业能力的第一步就是要在教学模式上进行改变，教育的重心应更多地放在本科生创新能力、实践能力、创业能力的培养上。这便对财经高校创新、创业教育、师资素质以及能力等方面提出更高的要求，其目的是打造以及培养具有理实一体化的创新、创业的教育师资队伍。

（四）提高金融类高校专业核心竞争力的需要

从纵向层次来看，财经类高校与金融市场的关联十分紧密，通过构建由高层次人才、学科领军人才、专业带头人为领航的梯形师资队伍，以增强本校专业核心竞争力。通过引进高层次人才和培养教学科研骨干等，打造和学校发展理念相契合的人才团队，进而可以通过高层次人才的带动产生人才聚集效应，构筑科学合理的人才梯队，发展学科专业的强有力力量。

从横向结构来看，高校可通过行业进入等方式扩大教育的横截面，通过外聘行业师资方式，来补充和增强师资需求，从而与行业动态以及市场资讯相结合，以提升本校市场导向的核心竞争力。在此过程中，应用型人才力量能够有效地进入高校课堂与人才培养相结合，与服务地方相结合，进而形成水平提升的新局面，是建设特色竞争力的有效路径。

四、当前应用型高校师资队伍的现状分析

通过查阅上海部分高校师资建设与培养文件，了解到大多数上海财经类高校对教师的专业技能和实践教学能力提出了要求，部分学校专门出台了相关“双师双能型”教师队伍建设的意见或文件，并从师资经历和组织形态方面进行了定性，例如，把相关资格证书、企业 2 年以上相关工作经验、行业产学研实践项目或技能培训且取得合格证书等条件纳入“双师双能型”教师的定义范围。其培养模式涉及高校、行业企业及政府多方协作，行业应提供配套实训实践基地，参与师资培养和人才培养方案的建设，高校在组织和保障方面需要出台相关政策和文件对培养过程中的师资待遇、经费提供、平台建设等方面进行保障。

一方面，在引进师资角度将方向从传统学术型人才转向市场型人才，除了学术能力和背景之外开始重视行业实践经历；同时，通过聘用行业师资、行业客座教授等方式，对现行师资进行有效补充，从而完善专业教师队伍。另一方面，对于现行师资的培养上，各高校也组织相关培养模式来促进教师发展。例如，行业产学研挂职、建设实验队伍、鼓励学历研修、考取证书等。通过鼓励教师参加相关项目来认定“双师型”资格，给予经费支持其在项目中的各项工作，并通过中期考核和期末结项的方式来督促教师完成相应指标，流程如图 36. 3 所示。其考核条件涉及结项报告、不同等级期刊发表、开设相关实训课程或双语课程、主持或参与省部级项目等。教师在这些教师发展工程项目进行过程中可得到提升和不同方面能力的锻炼，同时从相关考核指标出发，更可对教师的科研、文字撰写、社会观察等方面进行锻炼。

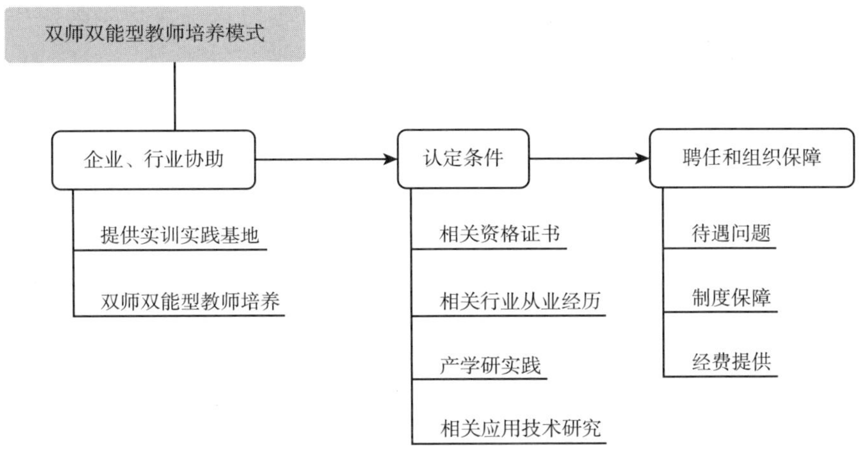

图 36.3 双师双能型教师培养模式与流程

五、当前应用型高校师资队伍存在的问题

（1）内在规划性缺失导致人才引进的低效率。高校目前人事引进制度在不断改进和变革中，对于存在的需求和资源可能存在不对等的状况。同时，由于高校用人需求和博士应届毕业的时间上的不能充分衔接或高校事业编制的面试、人事档案备案以及试用期等制度制约，导致人才引进的效率和质量难以有效把控。

（2）外在环节限制导致人才引进资源少。高校在双师型队伍建设的指导下，需要充分的行业师资进行补充，但这同时也对其学历和科研能力提出和其他“学术性”师资同等的要求，一定程度上抑制了人才资源进高校的数量；另外，行业薪资待遇和高校待遇的反差对比较为明显，尤其是在上海的高成本生活压力下，又是行业人才转型的一个重要考量因素。

（3）后续管理过程中的制度制约。这包括指标化严重、指向死板、定期认定不灵活等问题，师资队伍的建设和激励不应该仅仅是数据和指标的匹配，而这恰好是当前高校在师资队伍建设中普遍存在的问题，其原因可能是：人事工作一人一策，个人情况具有特殊性而难以制定成普遍通用的制度；其他评定标准难以量化，操作性较低等。

（4）师资建设过程中行业教师的专业性、教学能力不强，师风师德有待加强，这些使高校的制度建设、师风师德的树立、教学方法和教学思维的转变存在困难。

六、应用型高校师资队伍建设的途径

综上所述，当前应用型高校在师资队伍建设方面面临着制度制定、考核管理、后续长效机制等问题，针对以上问题本文从以下四个方面提出相应的师资建设途径。

（1）应充分组建应用型教育联盟，利用网络平台和共享资源打造新型教学模式。

这样可以节约人力，不受时间空间的限制，集中打造可共享的优质教学资源，培养创新型师资。通过教师对互联网、网络课程及设备应用的掌握，可实现师资能力和教学效率的提升，对学生进行创新创业指导教学起到有效支撑。

（2）在职称晋升、教师发展方面提供相关政策支持。在职称评定中明确“双师双能型”教师的重要性，列为晋升指标之一；同时，也要在相关教师发展方面提供配套的政策、经费等支持。

（3）建立内部激励机制，充分利用团队效应。引进高层次导师制度，形成有学科带头人、高层次人才领航的科研岗、教学人员、外聘、行业师资的纵向教学科研师资队伍。注重师资培养与激励过程中的应用技能导向，加强对行业背景较强的师资进行专业性、教学能力、师风师德方面的培养培训。

（4）形成常态化培训机制，避免一蹴而就，注重制度制定和实施管理的可持续性。高校应明确双师双能型教师的认定标准、培育机制和激励机制，但是要注意双师双能型教师不能仅一次认定，终身享有荣誉和享受待遇。因此，应设立针对双师双能型教师的动态认定机制：采取聘期考核机制，重点考核双师双能型聘期内流程化的教学实践（见图 36.4），包括开展实践教学，进入行业企业锻炼、深造、调研，指导学校创新创业，搭建产教融合平台，申报或指导产教融合科研项目，参与技术技能研发、推广等内容，完善考核指标和评分标准，对综合成绩不达标的，采取淘汰机制；而被动态考核淘汰的双师双能型教师，需补齐短板以后重新进行认定、重新聘用。

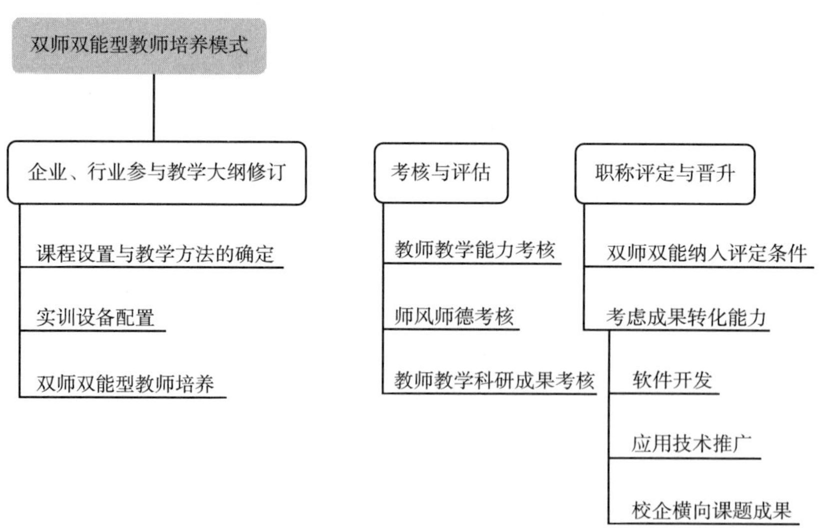

图 36.4 双师双能型培养长效机制模式

结 语

金融对外开放的背景，对于高校的人才输出和师资队伍建设是机遇也是挑战，上海的扩大对外开放对应用型人才的需求存在人才结构、方向、质量上的转变，因此对上海财经类高校输出人才提出了新的要求。培养应用型人才的第一要素和基础是师资队伍的来源和质量。师资一方面要改进教学体系，另一方面要调整师资队伍结构。注重产教融合、双师双能型建设。本文从人事制度、师资引进政策、师资需求方面对双师双能型师资队伍建设逐层剖析并提出了相应的意见。高校双师型教师队伍是高校实现其应用型人才培养目标的坚实保障。高校是实施高校双师型教师激励的主体，但不是唯一的主体。其中涉及企业、行业参与，教育资源、宏观制度的供给和改革，教育部门、人事主管部门、财政部门的参与和支持的问题。只有多方参与、多方联动、多方驱动、多方激励，才能构建多方位、深层次的激励机制，才能实现高校双师型教师队伍数量和质量的双提升。

参考文献：

［1］教育部，国家发展改革委，财政部．关于引导部分地方普通本科高校向应用型转变的指导意见［Z］．教发［2015］7号．

［2］教育部．关于全面开展高职高专院校人才培养工作水平评估的通知［Z］． 教高厅［2004］16号．

［3］高德毅，宗爱东．课程思政：有效发挥课堂育人主渠道作用的必然选择［J］．思想政治理论导刊，2017（1）：31～34.

［4］刘志彪．长三角一体化发展示范区建设：对内开放与功能定位［J］．现代经济探讨，2019，（6）：1～5.

［5］吴震．新形势下地方应用型本科院校创新创业师资队伍现状与建设方向研究——以合肥师范学院为例［J］．河南教育（高教），2017（02）.

［6］韩汉君．经济一体化与上海对外开放战略的调整［J］．上海经济研究，2001，（2）：15～20.

［7］US Department of Education. Succeeding Globally through International Education and Engagement：U. S. Department of Education International Strategy 2012－16［M］．Washington：US Department of Education，2012.

［8］LEO，ZHANG. Stock Connect for the Future［J］．中国外经贸（英文版），2014（12）.